Coordinadores

FLORENCIO LUENGO HORCAJO
JOSÉ MOYA OTERO

ESCUELA, FAMILIA, COMUNIDAD: CLAVES PARA LA ACCIÓN

ISBN: 978-84-7197-904-9
Depósito Legal: BI – 3150 – 08
Printed in Spain
Impreso en España por: RGM
Padre Larramendi, 4
48012 Bilbao (Vizcaya)

Índice

Prólogo

Hubo un tiempo, llamémoslo *premoderno*, en que la sociedad no necesitaba escuelas para educar ni para educarse, pero sí que precisaba para ello de las mismas instituciones primarias, todas y cada una, que sostenían el resto de la vida en común, en particular de la familia y la comunidad. Hubo otro, llamémoslo *moderno*, en que, por el contrario, una parte minoritaria de la sociedad se empleó a fondo en educar al resto valiéndose para ello de una institución secundaria creada *ad hoc*, la escuela, pasando por encima y en contra de las instituciones primarias: cultura escolar contra cultura popular. Hoy vivimos un tercer momento, llamémoslo *postmoderno*, en el que ni las instituciones primarias (familia, vecindario, comunidad) ni las instituciones secundarias dedicadas (la escuela en el sentido más amplio) pueden bastarse por sí solas. Las primeras, porque el conocimiento alcanzó hace ya tiempo (con la modernidad) tal grado de elaboración y de complejidad que de ninguna manera puede emanar simplemente de las actividades espontáneas (aunque duela a tanto rapsoda del juego, los métodos naturales, etc.); las segundas, porque ese conocimiento elaborado y complejo ya no es patrimonio de unos pocos ni cabe en estrechos conductos, sino que está amplia aunque desigualmente distribuido por toda la sociedad y discurre por todos los caminos imaginables, entre los cuales la escuela sólo es un pequeño reducto de recursos inevitablemente limitados (aunque duela a los nostálgicos de los –para ellos– buenos tiempos).

La creciente conciencia de que la escuela no puede educar por sí sola ha encontrado expresión en la popularidad del apócrifo refrán africano: *se necesita toda una aldea para educar a un niño*, que recuperó en 1994 Jane Cowen-Fletcher y popularizó en 1996 Hillary Rodham Clinton, ambas en sendos títulos de libros sobre la educación y sobre la infancia. Programas como las *ciudades educadoras* de la UNESCO o las *escuelas democráticas* de Atlántida, pasando por un sinfín de iniciativas locales, apuntan en este sentido: la implicación de la comunidad local en programas educativos amplios, que engarcen educación y ciudadanía, desarrollo personal y social, escuela y entorno. Pero conviene no olvidar el reverso: *ya no basta con una aldea para educar a nadie.* El viejo refrán africano (no por nada se conservó precisamente ahí) expresa la premodernidad, choca con la modernidad y recobra su valor, pero sólo parcialmente, en la postmodernidad; o, si se prefiere evitar este término ambiguo, y a veces de dimensiones frívolas, en la economía global, la sociedad del conocimiento y la era del cambio acelerado. Además de una aldea, necesitamos ahora una escuela, y necesitamos que ambas actúen al unísono, con unidad de propósito. Que no se convierta la celebración de la aldea en una sofisticada coartada para exonerar de toda responsabilidad a la escuela. Lo que necesitamos no son invocaciones a la sociedad sino proyectos e iniciativas de trabajo conjunto de la escuela con la comunidad, la puesta en marcha de redes de cooperación capaces de movilizar recursos escolares y extraescolares, el conocimiento oficial y selectivo de la escuela y el conocimiento difuso y vivo de la ciudad a los profesionales y al público.

Creo que ése es el valor de las experiencias y metodologías que se presentan en esta obra. Escuelas que, más que recintos cerrados, son redes abiertas y redes que, en la medida en que sepan trabajar por un proyecto compartido, serán ellas mismas escuelas: escuelas más completas y multilaterales para los alumnos, escuelas de democracia para la comunidad, escuelas profesionales para los docentes.

Mariano Fernández Enguita

Introducción

Nuestra conclusión precisa es que la vida es desarrollo y que el desarrollo, el crecimiento, es vida. Traducido a sus equivalentes educativos, esto significa: 1) que el proceso educativo no tiene un fin más allá de sí mismo; él es su propio fin; 2) que el proceso educativo es un proceso de reorganización, reconstrucción y transformación continuas (Dewey, 2002: 53).

Según la feliz expresión popular comentada en el prólogo, difundida especialmente por José Antonio Marina y el proyecto Atlántida en nuestro país, hace *falta toda una tribu para educar a un solo niño*, a lo que convendría añadir que tal necesidad fue sustituida en las culturas letradas por instituciones muy cerradas, llamadas escuelas. Las escuelas, en cualquiera de sus formas, suplieron las funciones educativas de una «tribu» que, por otra parte, había dejado de existir como consecuencia de las transformaciones derivadas del liberalismo económico. Lo cierto es que siglos después esa expresión no suena nostálgica sino utópica: no sirve para añorar tiempos pasados sino para definir tiempos futuros. Merece la pena recordar lo que ha ocurrido para que esa expresión se haya cargado de un nuevo significado y de un nuevo sentido: la escuela cerrada sobre sí misma ha provocado un triple aislamiento que, a estas alturas de la historia, resulta injustificado.

La escuela ha separado a la infancia y a la juventud del mundo real con la intención de prepararlas para el futuro (un futuro ignorado), de esta forma la pretendida «escuela para la vida» se convertía en un paréntesis necesario en el «mundo de vida» (Habermas, 1987) de las futuras generaciones, todo lo que se aprende en esa escuela no tiene valor para esta vida sino para la futura. Lamentablemente los sujetos de la educación han sido conscientes de este aislamiento mucho antes que los agentes educativos, de aquí que las expresiones de rechazo de la escuela sólo hayan sido consideradas como expresiones de rebeldía sin mayor trascendencia (salvo cuando estas expresiones adoptan la forma de indisciplina). La dificultad para comprender esta situación guarda una estrecha relación con el segundo aislamiento.

La escuela ha separado a los educadores de sus pares privándolos así de su pertenencia a una comunidad de saberes que hubiese contribuido notablemente a su desarrollo profesional. La escuela ha favorecido la identificación del profesorado con su grupo de alumnos o con el conocimiento que tienen que transmitir y, en consonancia, ha favorecido una conciencia profesional restringida. Los educadores y educadoras comprueban día a día que su reconocimiento social dista mucho del que cabría esperar atendiendo a su formación, a la importancia de su misión y a las condiciones en que la desarrollan. Salvo raras excepciones, la sociedad no es consciente de la complejidad que entraña las tareas que tienen asignadas y las expectativas que tienen sobre lo que hacen son muy limitadas. Las formulas retóricas que se emplean para reforzar la autoestima de los educadores esconden en realidad una escasa conciencia del aislamiento profesional que padecen.

Pero con ser grave este doble aislamiento, tanto por sus consecuencias educativas como sociales, no es más grave que el aislamiento de la escuela respecto a la sociedad. La sociedad ha roto sus lazos de unión con la escuela, ha dejado sus esperanzas, sus aspiraciones y sus ideales en la puerta de los recintos escolares, justo en el lugar en el que los padres o madres dejan a sus hijos. Lo cierto es que la gravedad de este aislamiento resulta especialmente grave para las sociedades democráticas y esto en razón de un sencillo principio que expondremos brevemente y que luego trataremos de desarrollar: una sociedad democrática construye su futuro sobre la conciencia de sus ciudadanos y ciudadanas de modo que una pérdida de conciencia sobre la realidad puede suponer un grave riesgo para la supervivencia.

Las sociedades democráticas, como afirmaba Dewey, y nosotros hemos tratado de recordar, reclaman una especial atención a la educación ya que,

> ....a través de la educación la sociedad puede formular sus propios propósitos, puede organizar sus propios medios y recursos, y así configurarse de una manera definida y económica en la dirección que desee tomar (Dewey, 1997: 55).

De aquí que la relación entre educación y democracia sea para nosotros, como para miles de personas en todo el mundo, uno de los problemas de nuestro tiempo. Quienes compartimos el Proyecto Atlántida pensamos que la democracia es un modo de vida definido por unos valores que afectan a todos los ámbitos sociales y personales (democracia de los ciudadanos). Una forma de vida que alcanza todo su sentido como forma de participación y deliberación en los asuntos comunes de la ciudadanía, y se plasma en valores tales como la solidaridad, la cooperación, la justicia, la tolerancia y el desarrollo sostenible, que deben ser objeto de una educación cívico-moral. En consonancia con esta visión de la democracia, tendemos a pensar que la democratización de la educación representa el camino más seguro para seguir progresando.

Para romper el triple aislamiento que acabamos de exponer es necesario, a nuestro juicio, caminar en dos direcciones: democratizar los procesos e instituciones educativas y construir comunidades que vuelvan a asumir como propia la tarea de educar. Dicho de otro modo y volviendo a la expresión con la que iniciábamos esta exposición: para que la tribu pueda llegar a educar, es necesario crearla y es necesario, además, que la escuela asuma su responsabilidad en esta creación.

La escuela tiene también la función de coordinar dentro de las disposiciones de cada individuo las diversas influencias de los diferentes ambientes sociales en que se introduce. Un código prevalece en la familia; otro, en la calle; un tercero, en el taller o en el comercio; un cuarto, en la asociación religiosa. Cuando una persona pasa de uno de estos ambientes a otro, está sometida a presiones antagónicas y se halla en peligro de dividirse en un ser con diferentes normas de juicio y emoción en las distintas ocasiones. Este peligro impone a la escuela una misión estabilizadora e integradora. (Dewey 2002: 30).

Pues bien, los distintos capítulos de este libro recogen algunas de las ideas, de los recursos y de las experiencias que desde el Proyecto Atlántida hemos logrado reunir en los últimos años en el afán de lograr que la escuela asuma esta nueva misión integradora de las distintas prácticas sociales. Buena parte de estas ideas y recursos orientan nuestra búsqueda en una nueva dirección: ya no es suficiente que las escuelas eduquen, es necesario que las sociedades se hagan educadoras.

El capítulo 1 ofrece una selección de las bases teóricas que permitirían construir una visión de la realidad suficientemente fundamentada que oriente la búsqueda de las condiciones institucionales que reclama para sí la educación democrática. La selección de estas bases ha permitido ampliar los fundamentos tradicionales aportados por John Dewey con los desarrollos actuales aportados por autores tan dispares como Paulo Freire, Jurgen Habermas o Urie Bronfenbrenner. Para nosotros, la búsqueda de una educación democrática puede ser concebida como un proceso de «creatividad social» (Villasante, 2000), y como tal requiere tanto un «mapa» que represente la realidad educativa (bases teóricas) como una «caja de herramientas» que fortalezca y orienta nuestra capacidad de acción (bases metodológicas). No se trata, en ningún caso de un proyecto de ingeniería social, o de aplicación de las teorías a la práctica, sino de un proyecto de construcción social de la realidad que requiere, como no podía ser menos, el concurso de distintas «disciplinas» (según la expresión de Peter Senge). Los distintos capítulos que conforman el libro van presentando estas «disciplinas» hasta llegar al último capítulo en el que se presenta una ejemplificación que pretende ilustrar la confluencia de todas esas disciplinas en un lugar, en un momento y en una comunidad.

El capítulo 2 presenta algunas de las herramientas que han resultado de mayor utilidad en la democratización de los procesos educativos así como en la ampliación de la participación social en la educación. El núcleo central de este capítulo es el siguiente: la educación democrática reclama la liberación de los seres humanos de todas aquellas condiciones que sólo pretenden su instrumentalización, o, como diría Habermas, la «apropiación de su naturaleza interior». *Este proceso de liberación*, es decir, de reducción de la dependencia y, por tanto, de autonomización, *que no de liberalización*, requiere de los mejores recursos disponibles y, sobre todo, requiere un ensamblaje de todos esos recursos para aumentar su potencial liberador. En este capítulo, se presentan tres nuevas disciplinas: (a) la planificación democrática, (b) la definición de la zona de mejora y (c) la gestión participativa del centro y de las aulas. El efecto conjunto de estas tres disciplinas junto a la presentada en el capítulo primero (la complementariedad de las visiones) aumentará la capacidad de las instituciones escolares para desarrollar una educación democrática.

El capítulo 3 presenta los primeros desarrollos de las ideas y los instrumentos que desde el Proyecto Atlántida hemos venido utilizando para lograr la estrecha colaboración entre la escuela, las familias y los municipios. Desde nuestra concepción de una educación democrática estrechar estos lazos de relación nos ayuda a crear la tribu que luego podrá educar con éxito a los sujetos educables. Dada la novedad de este planteamiento y sus múltiples dificultades las tentativas que hemos realizado no siempre han tenido éxito, pero allí donde se han iniciado y se han mantenido, han constituido una fuente inestimable de conocimiento y una vía segura para la mejora. El capítulo 4 representa, en este sentido, un caso muy especial.

La experiencia vivida en la escuela unitaria de Mala, que presentamos en el capítulo 4, tiene para nosotros un valor especial, representa un caso ejemplar: muchas de las ideas que hasta ese momento el lector ha tenido ocasión de conocer pueden encontrar en este capítulo su auténtico sentido. La Escuela Unitaria de Mala logra crear una «tribu» con capacidad para educar, allí donde sólo existían familias preocupadas por el futuro de la escuela unitaria de su municipio. En la experiencia de Mala confluyen todas las disciplinas que nos permiten hacer de la democratización de la educación un camino para la mejora de la escuela y de la sociedad. La escuela de Mala evidencia como ninguna otra que nosotros hayamos conocido el modo en que la democratización de la educación rompe el triple aislamiento que amenaza nuestro futuro: los niños y niñas de este centro aprenden de la vida en la escuela, el profesorado de este centro se integra en un amplio movimiento que le permite fortalecer y mejorar sus propias destrezas profesionales y, finalmente, la sociedad vuelve a interesarse por lo que ocurre en la escuela y lograr construir un nuevo futuro para el municipio desde la escuela. El centro, integrado en la comunidad y como eje de ella, enlaza escuela y vida, reconstruye las relaciones de los agentes de la comunidad y se convierte en motor de pequeños cambios cotidianos.

Los anexos que figuran al final del libro y que completan esta aproximación a la relación entre democracia y educación representan otras tantas experiencias valiosas para lograr comprender el potencial de mejora inmerso en la búsqueda de las condiciones adecuadas para una educación democrática.

Una vez presentado el libro, que deseamos sea de utilidad para las personas e instituciones comprometidas en la mejora de la educación, sólo nos resta formular una pequeña petición: el camino que hemos iniciado con este trabajo sigue abierto y el futuro está por construir, de modo que desde aquí enviamos nuestra invitación a romper aislamientos y conformar redes educativas fuertes.

José Moya y Florencio Luengo

PRIMERA PARTE

CAPÍTULO I
APORTACIONES TEÓRICAS
PARA UNA EDUCACIÓN DEMOCRÁTICA

Antonio Bolívar, José Moya y Florencio Luengo

INTRODUCCIÓN

Se trata únicamente de saber si las descripciones que pueden hacerse a base de la luz que arrojan varios focos teóricos se pueden conjugar en un mapa más o menos de fiar (Habermas, 1998).

El Proyecto Atlántida nace como un movimiento abierto a la participación de todos los agentes educativos, cuya misión es contribuir al progreso de la educación promoviendo las ideas y los valores propios de una educación democrática. Concebimos la educación democrática como la mejor expresión del derecho a la educación y comprometemos nuestro esfuerzo en lograr que esa creencia pueda llegar a ser compartida por toda la sociedad. Nos preocupan las condiciones de escolarización y queremos lograr *buenas escuelas para todos*, pero nos importa –sobre todo– que la sociedad asuma su responsabilidad moral con la educación y oriente sus esfuerzos a la búsqueda de una vida digna para todas las personas, por eso hacemos nuestra la necesidad de un gran *compromiso social por la educación*.

La búsqueda de una educación democrática tiene tras de sí una amplía tradición de saberes y experiencias, que respetamos y asumimos como propios pero a los que deseamos contribuir con nuevas ideas y experiencias. Desde nuestra constitución como grupo hemos centrado nuestra atención en cuatro grandes problemas:

La creación de buenas escuelas para todos a través de procesos de mejora.
La mejora de la convivencia en los centros.
La educación para una ciudadanía activa y responsable.
Definición y valoración de la contribución que las competencias básicas –para nosotros aprendizajes imprescindibles de la ciudadanía– pueden hacer para la configuración de un currículo democrático.

Estas cuestiones no son muy diferentes a las que preocupaban a los primeros impulsores de una educación democrática, pero sí son distintas las condiciones en las que nosotros hemos tratado de resolverlas. Nuestro sistema educativo, a pesar de estar muy descentralizado, sigue otorgando una limitada capacidad de autonomía a los centros y éstos apenas encuentran referencias directas sobre las que construir ese proyecto educativo que les permitiría constituirse como una *comunidad educativa*. En estas condiciones, el presente capítulo, dedicado a *Aportaciones teóricas para una Educación Democrática* y el posterior de *Bases metodológicas para una Educación Democrática*, pueden servir de referentes para que muchos centros definan sus propios proyectos educativos y logren forjar alianzas sólidas para alcanzar una buena educación para todos. Como no podría ser de otra manera, nos preocupa y ocupa realizar el recorrido teórico y las propuestas metodológicas acompañados y acompañando experiencias de escuelas democráticas que desarrollan procesos que pueden ejemplificar las claves de la mejora, como incluimos en la segunda parte: lo que llamamos *Redes de Escuelas Democráticas de Ciudadanía*, uniendo nuestro esfuerzo al de otras organizaciones nacionales e internacionales.

La búsqueda de una educación democrática puede ser concebida como un proceso de «creatividad social» (según la feliz expresión del profesor Villasante), y como tal requiere tanto un «mapa» que represente la realidad educativa (bases teóricas) como una «caja de herramientas» que fortalezca y oriente nuestra capacidad de acción (bases metodológicas). No se trata, en ningún caso, de un proyecto de ingeniería social, o de aplicación de las teorías a la práctica, sino de un proyecto de construcción social de la realidad, que requiere, como no podía ser menos, el concurso de distintas «disciplinas». La primera de esas disciplinas es la que abordaremos en este capítulo: la integración de los marcos teóricos a través de la fusión de distintas perspectivas basadas en su complementariedad. Esto significa que el problema epistemológico por excelencia no es la selección de un determinado marco teórico (por ejemplo, una teoría del aprendizaje), sino su armonización con otros marcos de aprendizaje en el mismo o en diferente nivel de la realidad.

En ningún caso, y esta es una característica esencial del proyecto, hemos tratado de aplicar o reproducir soluciones preformadas, lo cual pondría en duda la autenticidad de nuestra búsqueda, sino que hemos tratado de explorar entre todos y, especialmente, con los centros educativos y las comunidades educativas, las posibilidades reales de mejora que tienen nuestras ideas. Esto significa que asumimos, desde el principio, que es la escuela el lugar donde se prueban las ideas y no el lugar donde se aplican y que son las comunidades educativas las que deben adquirir el poder para asumirlas como propias.

Sin lugar a dudas, de entre todas las ideas y experiencias que conforman nuestra tradición, debemos un reconocimiento especial a las aportadas por John Dewey (1859-1952) para quien la relación entre democracia y educación constituía la clave de bóveda para construir la nueva educación. Son muchas las ideas actuales que, como reconoce Gilbert (2001), tienen su origen en la obra de John Dewey: la educación centrada en el alumno, el plan de estudios integrado, la construcción del conocimiento, la agrupación heterogénea, los grupos del estudio cooperativo, la escuela como comunidad, el reconocimiento de la diversidad, el pensamiento crítico, etc. Pero, por en encima de todas ellas, hay una idea que sigue iluminando nuestra búsqueda: la educación es un proceso de vida y no una preparación para la vida. Por eso seguimos creyendo con Dewey que la escuela «tiene que representar la vida presente: tan real y vital para el niño como la que lleva en su hogar, en el vecindario o en el patio de recreo» (Dewey, 1997: 39).

En una de las más reconocidas formulaciones de lo que debe ser una educación democrática, Amy Gutmann (2001) señala que ésta debe preparar a todos los alumnos para participar, como ciudadanos políticamente iguales, en la configuración deliberativa del futuro de su sociedad. Conscientes de la reproducción social que suele conllevar la experiencia escolar, pero mismo al tiempo en una actitud decidida de que así no suceda, el ideal de una democratización de la educación se caracteriza por las siguientes condiciones formales: no represión, no discriminación y deliberación democrática.

1. En una sociedad consciente de la reproducción social, la educación *no debe ser represiva*. Esto quiere indicar que debe cultivar –frente al prejuicio– la libertad de pensamiento, la tolerancia frente a la intolerancia, el respeto mutuo contra el desacuerdo razonable. Estas son conjuntamente habilidades cognitivas y virtudes que la educación ha de cultivar en los futuros ciudadanos. Esto implica cultivar la reflexión crítica.
2. En una sociedad que quiera ser democrática, la educación de todo niño ha de ser *no discriminativa* de raza, religión, clase, género y cualquier otra característica no relacionada con la educabilidad. Esta *no discriminación* extiende la lógica de la no represión, de modo que todo alumno reciba la más excelente educación posible. En el marco de una educación justa, las únicas diferencias aceptables son aquellas que favorecen a las minorías, es decir, las discriminaciones positivas.
3. Se deben instituir *prácticas de deliberación y toma de decisiones democráticas*. La educación debe enseñar las habilidades políticas y virtudes de la toma de decisiones deliberativa, racional, de autogobierno, etc. en una sociedad pluralista donde la gente puede diferir moralmente. Esto implica incentivar que los estudiantes aprendan cooperativamente y respeten sus razonables diferencias.

Una educación democrática puede adoptar diferentes modelos de escuela, aunque compartan la misma tradición y se orienten por principios muy similares (López Ruiz, 2005b). La *Coalición de Escuelas Esenciales* es una propuesta para las escuelas públicas norteamericanas, basada en diez principios que bien podrían representar un proyecto educativo de centro. Las *Escuelas Aceleradoras* muestran una preocupación por el alumnado desfavorecido y tratan de ofrecerles las mejores condiciones para alcanzar el éxito escolar. En este tipo de escuelas tratan de enriquecer el currículo, en lugar de empobrecerlo mediante una «vuelta a lo básico». Las *Escuelas Ciudadanas* forman parte de un amplio movimiento de ciudades educadoras surgido en Brasil cuyo fundamento se puede encontrar en las ideas de Paulo Freire. Las *Comunidades de Aprendizaje* conforman otro modelo de escuela, también orientado hacia los más desfavorecidos socialmente, pero con la intención de fortalecer el compromiso de alcanzar los mejores resultados para todos.

Todos estos modelos de escuela y otros muchos que por razones de espacio no podemos mencionar, ponen de manifiesto algo muy sencillo pero, desgraciadamente, olvidado: que «las escuelas pueden ser lugares rebosantes de entusiasmo en las que tanto los estudiantes como los profesores se comprometen en un trabajo serio que deriva en experiencias de aprendizaje ricas y vitales para todos» (Apple y Beane, 1997: 16).

1. LA DEMOCRACIA COMO PROYECTO COMÚN DE UNA VIDA JUSTA

La «democracia» se puede entender de muy diversas formas. Desde una concepción «restrictiva», representativa o «mínima» (limitada a garantizar formalmente la participación de todos los miembros en la toma de decisiones), a una concepción «comprehensiva», participativa o «fuerte» de democracia (Cortina, 1993), que abarca más dimensiones que la participación, para configurarse en una forma moral de vida. En un sentido similar, Wilfred Carr (1993a) ha distinguido, con razón, dos modelos de democracia aplicables a la democracia escolar: *modelo mercantil* de democracia, y *modelo moral* de democracia. En el segundo sentido, por el que apostamos, el modo moral de vida está constituido por un conjunto de valores humanos fundamentales. La democracia no es sólo un sistema político, sino la expresión como forma de vida de los valores que la constituyen. Además prescribe normativamente aquellos principios morales que conforman una sociedad democrática.

La virtud esencial de toda sociedad democrática es la capacidad de quienes la forman de convertirse en sujetos de su propia historia, es decir, de construir de forma consciente y responsable las condiciones que consideran justas para alcanzar una vida digna. La educación, como bien sabía Dewey, es una condición necesaria para que cualquier sociedad democrática pueda elegir conscientemente su futuro.

> *Mediante la ley y el castigo, mediante la agitación y discusión social, la sociedad puede regularse y formarse de un modo más o menos fortuito y casual. Pero a través de la educación la sociedad puede formular sus propios propósitos, puede organizar sus propios medios y recursos, y así configurarse de una manera definida y económica en la dirección que desee tomar* (Dewey, 1997: 55).

Las sociedades democráticas se caracterizan, además, por alcanzar un equilibrio en la distribución del poder que dificulta (cuando no impide) el dominio de unas personas o grupos sobre otros. Pues bien, el mantenimiento de ese equilibrio de poder depende en gran medida del modo en que producen, se distribuyen y se redistribuyen los bienes y, de un modo especial, uno de los bienes por excelencia: la educación.

> *En una economía agraria, de hogares en gran medida autosuficientes, el problema distributivo era ante todo, aunque no sólo, el de la distribución de la tierra (y el gran ideal de justicia: la tierra para quien la trabaja); en una economía industrial, cuyo nervio y paradigma es la fábrica, el problema es la distribución de la propiedad del capital (y, el ideal, la socialización de los medios de producción); en una economía post-industrial, de la información, el problema es la distribución del conocimiento (y, el ideal, la igualdad o las oportunidades educativas para todos).* (Fernández Enguita, 2006: 89).

La democracia es, a la vez, una forma de organización de la política, es decir, de los poderes; y también una concepción de la sociedad, es decir, de los derechos, libertades y responsabilidades de cada uno. La defensa de la libertad individual y de la sociedad civil ha de ser conjugada con la comunidad política, con la dimensión política e institucional de la democracia. Creemos, como Audigier (2005), que –por una serie de razones– la democracia en la escuela debe tender a cultivar especialmente la dimensión social y cívica, dado que la enseñanza de la dimensión política se encuentra aquejada de una grave crisis. Así lo hizo el Informe Crick (1998), base del establecimiento de la *Citizenship Education* en el *National Curriculum* inglés en el 2000, al establecer como los tres ámbitos prioritarios la responsabilidad social y política, el compromiso con la comunidad y los conocimientos («alfabetización») políticos necesarios para desenvolverse en la vida pública.

Como ha señalado uno de nosotros en otro lugar (Bolívar, 2007: 9), no son las estructuras formales básicas de una democracia las que dan fuerza y estabilidad a una democracia, como se creyó durante mucho tiempo, sino las virtudes cívicas y la participación activa de sus ciudadanos los que dan vigor democrático a las instituciones y las hacen sostenibles. De ahí la importancia del cultivo de la Educación para la Ciudadanía. En este sentido, como afirma Guttman (2001: 351) en su excelente texto sobre *la educación democrática*, podemos decir que «en una sociedad democrática la «educación política» (el cultivo de las virtudes, el conocimiento y las habilidades necesarias para la participación política) tiene primacía moral sobre otros objetivos de la educación pública».

Quienes compartimos el Proyecto Atlántida pensamos que la democracia es un modo de vida definido por unos valores que afectan a todos los ámbitos sociales y personales (democracia de los ciudadanos). Una forma de vida que alcanza todo su sentido como forma de participación y deliberación en los asuntos comunes de la ciudadanía, y se plasma en valores tales como la solidaridad, la cooperación, la justicia, la tolerancia y el desarrollo sostenible; que deben ser objeto de una educación cívico-moral. En consonancia con esta visión de la democracia, tendemos a pensar que la democratización de la educación representa el camino más seguro para seguir progresando.

2. LA EDUCACIÓN COMO UN BIEN ESENCIAL: UNA NUEVA INTERPRETACIÓN DEL DERECHO A LA EDUCACIÓN

La educación, en la medida en que constituye un bien esencial, es una responsabilidad de toda la sociedad y sea cual sea la forma que ésta adopte no deja de ser nunca un asunto de interés público. En nuestro caso, partimos de un principio base que se puede enunciar del modo siguiente: «el reconocimiento del derecho de todos los ciudadanos a una buena educación básica y la consideración de la escuela pública como un espacio insustituible para afirmarlo permanentemente y procurar realizarlo con la mayor coherencia posible en cada tiempo y lugar» (Escudero, 2005, p. 10).

Durante las últimas décadas, especialmente a partir de la segunda guerra mundial, el ejercicio efectivo del derecho a la educación se ha ido extendiendo considerablemente. Por un lado, se ha ampliado la edad de las personas que pueden acogerse a él y, por otro lado, se ha ampliado el tipo de educación al que da derecho. Esta ampliación permite afirmar que, en este momento en toda Europa se ha universalizado el derecho a la educación. Ahora bien, esta universalización supone acoger en el sistema educativo a muchos sujetos que hasta ese momento no estaban siendo atendidos por el sistema educativo (caso de los niños y las niñas con graves deficiencias) o mantener en el sistema educativo a sujetos que, por su edad, deberían abandonarlo (caso de los niños y las niñas mayores de 16 años de edad). En cualquier caso, lo cierto es que esos cambios cuantitativos van a entrañar profundos cambios cualitativos. Unos y otros cambios nos obligan a reconsiderar profundamente lo que significa para cada sujeto el derecho a la educación y a revisar las condiciones iniciales de escolarización. Dicho de otra forma: cualquier interpretación democrática del derecho a la educación nos obliga a revisar seriamente el «orden escolar» instituido, valorando sus posibilidades y limitaciones, sin descartar la posibilidad de un nuevo orden, una nueva institucionalización de la educación más allá de la escolarización.

El derecho a la educación es un derecho individual, es decir, es un derecho de cada una de las personas, que los poderes públicos deben garantizar y satisfacer plenamente. Ahora bien, una cuestión sustancial es: ¿a qué educación es a la que tenemos derecho? La respuesta a esta cuestión depende esencialmente de las condiciones y características en que se haya institucionalizado la educación, es decir, de las formas en que los y las estudiantes hayan sido escolarizados para educarse. Enfrentados al problema de encontrar el tipo de institucionalización que mejor corresponde a una interpretación democrática del derecho a la educación, nos vemos obligados a mirar con atención todo aquello que hemos venido haciendo como educadores y educadoras y todo aquello que podríamos hacer, pues sólo de esa tensión entre lo real y lo posible surgirán las ideas que podrán orientar nuestra búsqueda.

Dentro de este contexto de interpretación progresista del derecho a la educación, uno de los miembros del Proyecto Atlántida nos recuerda que la educación democrática entendida como un proyecto ético de justicia social, ha de lograr no sólo que todos los ciudadanos accedan a la escuela sino que:

> *participen efectivamente de una enseñanza de calidad, logren los aprendizajes considerados indispensables, los resultados obtenidos sean justamente valorados y, de ese modo, abran a cada estudiante aquellas puertas que le permitan continuar su formación de por vida y realizar sus propios proyectos como sujetos y como ciudadanos* (Escudero, 2005: 13).

Si es preciso aprender y vivir los valores compartidos que constituyen la mejor tradición democrática, como vamos a señalar en otro apartado, también –mediante procesos deliberativos– se debe analizar y reconocer lo no compartido o diferente: pluralidad de modos de vida, distintos puntos de vista en la argumentación, creencias, ideologías. Esto debe motivar la necesidad de llegar a acuerdos en términos mutuamente aceptables, mediante la negociación, contraste y discusión de las distintas posiciones o perspectivas.

En relación con la agenda actual de reformas queremos señalar que no es tanto la información lo que nos preocupa, en esta sociedad de la información y del conocimiento, cuanto la exclusión de hecho de amplias capas de la población, los rebrotes de intolerancia y xenofobia o la desafección política. La escuela debe reafirmar su papel de primer orden en la formación de la ciudadanía: abierta a todos los alumnos y alumnas sin discriminación, integrando la diversidad sociocultural y diferencias individuales, tiene que contribuir a una socialización integradora. Se pretende construir ciudadanos iguales en derechos y reconocidos en sus diferencias, que tienen capacidad y responsabilidad para participar en el campo político y social, revitalizando el tejido social de la sociedad civil.

Los principios de equidad implican que toda persona (muy especialmente, los alumnos en mayor grado de dificultad) tiene derecho a una educación básica que garantice a todos aquellas *competencias básicas* que les permitan participar e integrarse en la sociedad del conocimiento (Bolívar, 2008). Se trata de garantizar el derecho a la educación de todos los alumnos, entendido como la adquisición de aquel conjunto de competencias necesarias para su realización personal, ejercer la ciudadanía activa, e incorporarse a la vida adulta de manera satisfactoria. Adquirir y poseer dicha cultura común se identifica con lo que se puede llamar también el «currículum democrático» (Guarro, 2002). La misión primera del sistema escolar es, en efecto, que todos los alumnos posean los conocimientos y competencias juzgados como indispensables o fundamentales. Ese mínimo común denominador de la enseñanza obligatoria debe garantizar la «renta básica» de cualquier ciudadano, como –en analogía– representa el salario cultural mínimo.

3. LA EDUCACIÓN COMO PROCESO DE SUBJETIVACIÓN: LA ECOLOGÍA DEL DESARROLLO HUMANO Y LOS CONTEXTOS EDUCATIVOS

Hace algo más de un siglo, Dewey reconocía con claridad un hecho cuyas consecuencias, desgraciadamente, no se han desarrollado con la misma claridad: la educación es, a la vez, un proceso social y psicológico. O, dicho de otro modo, la educación es un proceso de subjetivación gracias al cual las sociedades y las personas se construyen juntos. Las sociedades se reconocen en sus ciudadanos y sus ciudadanos se reconocen en la sociedad que construyen.

Concebir la educación como un proceso de subjetivación significa que, siguiendo el modelo del pensamiento complejo, el todo (educación) es más que la suma de las partes, pero también que cada una de las partes es más que todo y, sobre todo, que de la integración adecuada de las partes emerge el todo. Lo que merece la pena ser explorado en todo momento y lugar es el modo en que las personas terminan por identificarse a sí mismas a través de su participación en los procesos sociales, pero sin quedar sujetados a los diferentes roles que tienen que asumir en esos procesos.

Reconocido este hecho, nunca insistiremos lo suficiente en que cada sociedad define, históricamente, aquello que entiende por educar y que, de este significado, depende su futuro como sociedad. La tensión entre la educación como proceso de socialización (que aspira a la sujeción de las personas a sus respectivos roles) y la educación como proceso de subjetivación (que aspira a que cada persona pueda definir su propia identidad como sujeto) es una tensión creativa que se manifiesta de múltiples formas y en múltiples discursos (por ejemplo, el debate entre comunitaristas y liberales, o el debate entre democratización y mercantilización de la educación).

Una educación democrática es una educación pensada *para* una sociedad democrática, es decir, una educación que aspira a lograr que todas y cada una de las personas que la conforman puedan participar activamente en la construcción de su futuro. Pero la educación democrática es también una educación *en* la democracia; esto significa que el aprendizaje de la ciudadanía se desarrolla en todas y cada una de las situaciones e instituciones y, especialmente, en la escuela.

En este sentido, la educación democrática es heredera de una teoría del desarrollo humano que vincula la plena realización del proceso de humanización a la capacidad de respuesta a los diferentes ambientes. Esta teoría, propuesta por Bronfenbrenner (1987), se articula alrededor de un conjunto de conceptos básicos, proposiciones e hipótesis que, en conjunto, ponen de manifiesto la ecología del desarrollo humano. Bronfenbrenner considera el desarrollo humano como un proceso adaptativo pero, a diferencia de Piaget, distingue distintos ambientes o niveles a los que corresponden otras tantas formas de adaptación.

La perspectiva ecológica de Brofenbrener dibuja una visión de la relación entre el desarrollo humano y los ambientes en los que éste se desarrolla que, para el propósito que aquí nos ocupa, resulta de gran utilidad. Especialmente importantes pueden ser los conceptos de «desarrollo» y de «ambiente.» Estos son definidos de un modo propio.

Bronfenbrenner, define cuatro niveles o sistemas que configurarían la ecología del desarrollo (García, 2001); la conceptualización de estos diferentes sistemas pone de manifiesto la complejidad del proceso adaptativo, ya que en muchos casos estos sistemas coexisten en su interacción con el sujeto.

El ambiente ecológico se concibe como un conjunto de estructuras seriadas, cada una de las cuales cabe dentro de la siguiente, como las muñecas rusas. En el nivel más interno está el entorno inmediato que contiene a la persona en desarrollo. Puede ser su casa, la clase o, como suele suceder cuando se investiga, el laboratorio o la sala de tests. Aparentemente, hasta ahora nos hallamos en terreno conocido (aunque hay más para ver que lo que hasta ahora ha encontrado el ojo del investigador). Sin embargo, el paso siguiente ya nos conduce fuera del camino conocido, porque nos hace mirar más allá de cada entorno por separado, a las relaciones que existen entre ellos. Estas interconexiones pueden ser tan decisivas para el desarrollo como lo que sucede dentro de un entorno determinado. Es posible que la capacidad del niño para aprender a leer en los primeros cursos no dependa menos de cómo se le enseña que de la existencia y la naturaleza de los lazos que unen la escuela y el hogar. El tercer nivel del ambiente ecológico nos lleva aún más lejos, y evoca la hipótesis de que el desarrollo de la persona se ve afectado profundamente por hechos que ocurren en entornos en los que la persona ni siquiera está presente. Examinaré datos que sugieren que entre las influencias más poderosas que afectan al desarrollo del niño en las modernas sociedades industrializadas están las condiciones de empleo de sus padres (Bronfenbrenner, 1987: 23).

Así pues, para Bronfenbrenner, el desarrollo de cualquier persona está vinculado a distintos ambientes y al modo en que se relacionan entre sí. Dicho de otra forma, el mundo de vida de cada persona (Habermas, 1987) está constituido por distintos ambientes a los que ha de responder de una forma adaptativa construyendo, de esta forma, su propia identidad como sujeto. Los ambientes o sistemas, definidos por Bronfenbrenner, son:

Microsistema: corresponde al patrón de actividades, roles y relaciones interpersonales que cualquier persona desarrolla en su entorno más próximo (por ejemplo, la familia, el grupo de amigos, etc.).

Mesosistema: comprende las interrelaciones de dos o más entornos (microsistemas) en los que la persona en desarrollo participa (por ejemplo, la relación entre la familia y el grupo de iguales, o entre la familia y la escuela, o entre el grupo de amigos del barrio y los amigos de la escuela, etc).

Exosistema: incluye todos aquellos sistemas en los que las personas no participan directamente, pero que enmarcan y, por tanto, condicionan los sistemas anteriormente identificados (por ejemplo, el sistema educativo, el sistema económico-social, etc.). La consideración de un entorno como ecosistema es relativa al proceso de socialización del sujeto, de modo que para un bebé el sistema sanitario puede ser un exosistema, pero para su mamá puede constituir un microsistema.

Macrosistema: se refiere a los marcos culturales o ideológicos que afectan o pueden afectar transversalmente a los sistemas de menor orden (microy exo) y que les confiere a estos una cierta uniformidad, en forma y contenido, y a la vez una cierta diferencia con respecto a otros entornos influidos por otros marcos culturales o ideológicos diferentes (García, 2001).

El desarrollo humano es definido como «un cambio perdurable en el modo en que las personas perciben su ambiente y se relacionan con él». El desarrollo del ser humano es de tal naturaleza que permite una diferenciación progresiva de los comportamientos instintivos y se crean nuevos patrones de comportamiento, sin que, en muchos casos, esos patrones se hayan enseñado explícitamente o se haya proporcionado entrenamiento para su adquisición. Los patrones de comportamiento definen una forma de interacción con lo real y se interiorizan como esquemas de acción. Los esquemas son acciones susceptibles de realizarse sobre los objetos. Dichas acciones pueden ser físicas (esquemas de acción) o interiorizadas (esquemas operatorios). La forma en que se configuran los diferentes esquemas y la forma en que se relacionan entre sí ponen de manifiesto la existencia de diferentes estadios en el desarrollo intelectual de los seres humanos.

Estos conceptos tiene importantes consecuencias sobre nuestra visión de lo institucionalización de la educación: (a) los ambientes y/o sistemas postulados por Brofenbrenner pueden ser considerados como otros tantos contextos para el desarrollo humano y, como tales, dotados de valor educativo; (b) el valor educativo de la escuela no aparece vinculado, exclusivamente, al conocimiento que transmite, sino que el ambiente escolar debe ser considerado como un agente activo; (c) por otro lado, hacen del desarrollo humano un proceso de integración y de diferenciación progresiva que amplía y mejora la capacidad de respuesta a los cambios ambientales; (d) nos obligan a considerar la relación entre los distintos ambientes (familia, escuela, comunidad) como constitutivos de un nuevo «orden escolar». Todos y cada uno de estos elementos pueden ser importantes para la democratización de la educación, pero quizá se, el último de estos apartados el que merezca una consideración especial; no en vano Brofenbrenner ha denunciado con crudeza la situación por la que atraviesa la escuela americana:

La escuela se ha ido aislando progresivamente del hogar, con importantes consecuencias para la conducta y el desarrollo de los niños. Mientras las escuelas de barrio desparecen, los edificios escolares están más lejos, son más grandes y más impersonales. Hay menos posibilidad de que padres y maestros se conozcan y emprendan actividades conjuntas. Las escuelas se trasladan a las afueras de las poblaciones.

La escuela se ha convertido a lo largo de las dos últimas décadas en uno de los más potentes focos de alienación de la sociedad americana. Sus manifestaciones más dramáticas se observan en las crecientes tasas de homicidios, suicidios y delincuencia en los niños de edad escolar.

La alienación de niños y jóvenes, y sus secuelas para el desarrollo, reflejan una ruptura de las interrelaciones entre los diversos segmentos de la vida del niño, como son la familia, la escuela, la vecindad o el mundo laboral (Bronfenbrenner, 1985: 45-56).

3.1. La educación como socialización: de una sociedad de clientes a una sociedad de ciudadanos

Ni la escuela, ni la familia son las únicas instancias socializadoras, pero todo el mundo las reconoce como responsables de una *socialización educativa*, es decir, como una socialización que persigue algo más que la sujeción o fidelización de las personas a unas condiciones dadas. Uno de los problemas esenciales a los que se enfrenta la educación democrática es recordar que las instancias socializadoras persiguen intereses muy distintos y que siendo como es la educación una responsabilidad social, es necesario encontrar el modo de dilucidar la legitimidad de esos intereses.

La importancia y la gravedad de este problema se hacen evidentes si tenemos en cuenta el peso relativo de la influencia socializadora de los medios de comunicación y/o de las grandes multinacionales sobre los jóvenes en relación con el peso relativo de la influencia que puede tener la escuela. Así nos enfrentamos a situaciones nuevas: por ejemplo, la escuela tiene que intentar evitar los efectos indeseables sobre comportamiento alimentario de los jóvenes como consecuencia del éxito que tienen las compañas de las grandes multinacionales de la comida rápida.

Estamos en unos tiempos en que la capacidad educadora y socializadora de la familia se está eclipsando, por lo que la tarea educativa de la escuela acumula aspectos que antes podían quedar algo relegados. La apelación a que la escuela eduque en dichas dimensiones no puede, entonces, convertirse en un recurso instrumental por el que se delega en los centros educativos determinadas demandas y aspiraciones sociales que, en realidad, tienen su origen y lugar en un contexto social más amplio (extraescolar), por lo que también debe ser acometidos –con acciones paralelas– en estos otros ámbitos sociales e instancias más poderosas (medios de comunicación, estructuras de participación política, valores familiares, etc.). Si no se desea generar expectativas sociales infundadas en cuanto a la resolución de los problemas educativos, es necesario, siguiendo una visión ecológica, reconstituir el sujeto educativo de modo que no sea ni la familia ni la escuela (por separado y en exclusiva) quienes asuman la responsabilidad sobre el desarrollo humano, sino que esta responsabilidad sea compartida por la familia, la escuela y la comunidad. Dicho sencillamente, es necesario concebir y desarrollar un *escenario educativo ampliado*.

Pero, en un escenario educativo ampliado, dentro de una sociedad de la información, la escuela sola no puede satisfacer todas las necesidades de formación de los ciudadanos. En una sociedad del conocimiento, también, los muros de la escuela se rompen, dejando de ser la enseñanza monopolio exclusivo de las escuelas. Se precisa conexionar las acciones educativas escolares con las que tienen lugar fuera del centro escolar, en la familia, comunidad educativa y en los medios. Por eso es preciso configurar un *nuevo espacio público de educación*, donde confluyan las acciones de diferentes agentes e instituciones.

¿Cuál es el papel de las familias, en este contexto? Como señala Barroso (1998), depende del papel que se prime en su relación con la escuela: a) como *responsables legales de la educación de sus hijos* la familia debe poder participar, a nivel individual o colectivo, en supervisar el proceso educativo. Este papel conduce a una participación individual o «corporativa», ligada a la idea de información, rendimiento de cuentas o de control. Por el contrario, b) entendidas como *coeducadoras*, se requiere la implicación de las familias para articular las prácticas escolares con el necesario apoyo de la familia. Esta segunda perspectiva, por su parte, conduce a una *participación social y cívica*, entendida como solidaridad o corresponsabilización. Si bien ambos papeles son fundamentales, con sus propias estructuras y modalidades, para revalorizar la participación conviene primar la segunda. Una nueva relación entre familia y escuela no debe estar basada en la de-legación, sino en la co-ligación o corresponsabilidad.

Numerosos análisis sociológicos han puesto de manifiesto cómo la capacidad educadora y socializadora de la familia, progresivamente, está disminuyendo, lo que convierte a los centros educativos, como ha dicho Juan Carlos Tedesco (1995), en una «institución total»: asumir tanto la socialización «primaria» como la tradicional socialización secundaria en la cultura escolar. Esta merma del potencial formativo de la familia conduce a abdicar, en alguna medida, de su primaria función educativa para, en su lugar, cederla a otros agentes (por ejemplo, medios de comunicación), lo que torna más difícil la función educativa de la escuela. La participación de las familias es también asumir la responsabilidad inalienable que, en coordinación implícita con el profesorado, tienen en el pleno desarrollo de la personalidad y en la educación de sus hijos (Bolívar, 2006).

Por ello, en lugar de delegar la responsabilidad en el centro educativo, se precisa más que nunca la colaboración de las familias y de la «comunidad educativa» (barrios, municipios) con el centro educativo. Desde una perspectiva actual, el asunto se liga a la tarea de revitalizar el tejido asociativo de la sociedad civil, para compartir de la educación de los ciudadanos, más ampliamente, en el ámbito de la familia y de la ciudad. Las AMPAs deben ser una palanca para articular mejor la comunidad y el sistema educativo. A su vez, la mayor autonomía a los centros y, especialmente, la tendencia a una mayor descentralización educativa a los municipios debe realizarse con nuevas formas de participación que configuren las «ciudades educadoras».

La ciudad será educadora cuando reconozca, ejercite y desarrolle, además de sus funciones tradicionales (económica, social, política y de prestación de servicios) una función educadora, cuando asuma la intencionalidad y responsabilidad cuyo objetivo sea la formación, promoción y desarrollo de todos sus habitantes, empezando por los niños y los jóvenes (Declaración de Barcelona, 1990-1994).

Pues bien, lo propio de la educación democrática es recordar que este es un problema de todos, es un problema social, y que en ningún caso podemos ignorar el conflicto de intereses entre las distintas instancias socializadoras: por un lado hay un interés manifiesto de *sujetación*, mientras que por otro hay un interés manifiesto de liberación. La educación democrática no se orienta a crear clientes fieles, ni personas consumistas, sino ciudadanos responsables, y persigue el compromiso de todas las instancias socializadoras para dotar de valor educativo sus actuaciones. En este sentido, se podría decir que las mismas razones que animan el movimiento de las ciudades educadoras son las que han venido orientando los procesos de democratización de la educación.

Las razones que justifican esta nueva función se deben buscar, ciertamente, en motivaciones de orden social, económico y político, así como, y sobre todo, en motivaciones de orden cultural y formativo. Es el gran reto del siglo XXI: «invertir» en la educación, en cada persona, de manera que ésta sea cada vez más capaz de expresar, afirmar y desarrollar su propio potencial humano, con su singularidad: constructividad, creatividad y responsabilidad. Y sentirse al mismo tiempo miembro de una comunidad: capaz de diálogo, de confrontación y de solidaridad (Declaración de Barcelona, 1990-1994).

El concepto de «ciudadanía», como el de «democracia» o «civismo», es complejo y está tensionado por distintas significaciones, lo que exige ser precisado. En paralelo a lo anteriormente señalado, la ciudadanía, como vínculo entre el ciudadano y una comunidad política, recuerda Adela Cortina (1997: 43), tiene una doble raíz –la griega y la romana– que origina a su vez dos tradiciones: «la republicana, según la cual, la vida política es el ámbito en el que los hombres buscan conjuntamente su bien, y la liberal, que considera la política como un medio para poder realizar en la vida privada los propios ideales de felicidad». Esto da lugar a dos concepciones de ciudadanía:

1. Una *interpretación mínima* que la entiende en términos formales (estatus legal o jurídico: quién es poseedor del estatus civil y derechos de ciudadano de un país). El ciudadano tiene un estatuto jurídico (que puede ser extendido a minorías), asentado en un conjunto de derechos (y deberes). Es miembro reconocido de una colectividad, lo que implica la pertenencia a una comunidad política, que es justo la que aporta un sentido de pertenencia y el sentimiento de su propia identidad.

   La educación, en este caso, se limita a dar información de los derechos y deberes, pretendiendo una socialización acrítica en los valores convencionales, como respeto pasivo de lo establecido, en lugar de un ejercicio activo de los derechos políticos. Este tipo de educación (llamada «cívica» o «para la convivencia») se ha referido a conocer aspectos institucionales, estructurales, leyes o temas de la justicia.

2. Una *interpretación amplia*, por la que –lógicamente– aquí abogamos, la entiende en términos culturales y políticos, como un ejercicio dinámico más que una condición estática. Un ciudadano es consciente de ser miembro de una comunidad humana (no limitada a un país), comparte un conjunto de valores y comportamientos, obligaciones y responsabilidades, y participa activamente en todos los asuntos de su comunidad. Todas ellas pueden quedar recogidas en el «civismo», como conjunto de virtudes públicas que posibilitan la convivencia.

Esta perspectiva amplia va más allá de una democracia limitada a la representación, para propugnar otro tipo de *democracia deliberativa*, que abra nuevos espacios de interacción, de trabajo conjunto y experiencias compartidas. Educar para una ciudadanía activa y participativa requiere pasar de una concepción de democracia formalista, procedente del ámbito político, a una concepción distinta de comunidad democrática de aprendizaje, en modos deliberativos, apropiada a una organización que se define como «educativa».

Con discursos y prácticas diversas, a menudo contradictorias, estamos ante una creciente ola de pensamiento neoliberal que, bajo lemas como la descentralización-autonomía y elección por los clientes de la oferta educativa, recorre la política educativa y curricular de los países occidentales. Así, en lugar de un producto uniforme o estandarizado manufacturado por el Estado, en función de una autonomía, se impele a que los centros puedan ofrecer diferentes productos (proyectos educativos) a elegir por los potenciales clientes, generando de este modo una calidad en función de la supervivencia en el mercado. La educación, especialmente en las clases medias y altas, está empezando a considerarse un servicio, en el que se puede «invertir», dentro de este mundo competitivo.

En la situación actual, cuando los discursos sobre la calidad amenazan con diferenciar la oferta educativa para tornarla en un bien de consumo privado, es preciso reforzar la dimensión comunitaria y cívica de la escuela, revitalizando el modelo de gestión democrática de la educación al tiempo que se articulan nuevas iniciativas y líneas de acción, en conjunción con las familias, municipios y otras instancias sociales. Frente a la lógica neoliberal de elección de un producto por los clientes, es preciso reafirmar la implicación, participación y responsabilidad directas de la ciudadanía (padres, alumnos y profesores) para hacer del centro un proyecto educativo comunitario.

3.2. La educación como subjetivación: la construcción de la autonomía y la identidad a través de la ciudadanía

La educación es un modo de socialización de las personas cuya finalidad es ampliar y mejorar sus posibilidades como sujetos de su propia vida. La escuela, cuando es educativa, no es sólo un agente de socialización sino, sobre todo, un agente de humanización. La escuela educa para la ciudadanía como una condición necesaria para que las personas puedan construir, a través de experiencias compartidas, su propia identidad.

El ciudadano en una sociedad democrática, frente al súbdito del antiguo régimen, no se somete más que a leyes que él mismo (o sus representantes) se ha dado, a la vez que debe saber elegir el propio proyecto personal, en la medida en que es responsable de dicha elección. En términos pedagógicos, como resalta Gutmann (2001), esto implica equipar a los niños y jóvenes con las habilidades necesarias para evaluar y juzgar modos de vida distintos de los de sus padres. Un hombre o mujer están formados políticamente cuando tienen capacidad de orientarse en la esfera pública, y esto se expresa en la capacidad de juzgar, en tener un juicio propio. Cultivar este lado propio, no implica dejar de conciliarlo con el lado común (valores comunes heredados que configuran una comunidad: aprender a convivir). Educar para el ejercicio de ciudadano, es –por una parte– introducir al niño/joven en las normas y valores que merecen ser conservados y enseñados, no sujetos al arbitrio de cada uno. Por otra, contrastar los puntos de vista, defender aquellos valores deseables por su generalización para todos, adoptar posiciones o decisiones, que puedan contribuir a una autonomía. El ciudadano, a diferencia del consumidor o el cliente, es un sujeto de sus propias acciones y está en condiciones de participar activamente en la construcción de la sociedad como en la construcción de sí mismo, es decir, de aquello que le es propio: su subjetividad.

La escuela pública, hija del proceso de formación de los Estados nacionales modernos, ha tenido como misión fundamental la integración y socialización política de los individuos en una comunidad de ciudadanos. Si este proyecto debe ser reafirmado hoy, al tiempo se ve necesitado de *reformulación* para integrar las reivindicaciones identitarias y las demandas de reconocimiento cultural. Integrar lo común con lo diverso es también uno de los propósitos de redefinición de la ciudadanía en la escuela pública en el actual momento, donde el principio de igualdad ha de ser compensado con el derecho a la diferencia, lo común conjugado con lo diverso.

En cualquier caso, la creación de una ciudadanía es una meta consustancial con la escuela pública. Como señala Neil Postman (1999), contra la agresión que está suponiendo en el contexto anglosajón el auge del multiculturalismo, o que hace que las escuelas sean públicas no es tanto que las escuelas tengan objetivos comunes como que los tengan sus alumnos. La razón para ello estriba en que la educación pública no sirve a un público, sino que lo crea. Esta idea es clave en lo que ha sido la misión de la escuela pública: crear un público porque comparten unos valores comunes. La escuela, desde sus inicios ilustrados, siempre tuvo como meta contribuir a dar una cohesión política (al tiempo que identidad cultural) a la ciudadanía. Otro asunto es que esta preocupación debe unirse hoy, en nuestras sociedades cada vez más multiculturales, a una tolerancia y respeto de la diferencia.

La educación en lo común no se opone, pues, a la autonomía personal. Al contrario, un ciudadano debe valorar los distintos modos de vida, tener capacidad para comprender y apreciarlos, así como para optar por uno propio. En este sentido se opone a un modo pasivo de socializar en los valores comunes, pero la promoción de la autonomía personal es más una consecuencia indirecta de la educación cívica, no un propósito directo o explícito. Una educación en valores cívicos consiste justamente en enseñar hábitos, virtudes públicas y valores, que configuran la mejor tradición de vida humana en común; la cuestión es hacerlo en modos que no impidan –al contrario, promuevan– el progresivo desarrollo de la autonomía moral. Es en función de asumir –de modo reflexivo y crítico– las normas y valores del grupo social; por lo que se estará contribuyendo a pensar y tomar decisiones fundamentadas por sí mismo.

Por tanto, en la actual coyuntura de herencia irrenunciable de la modernidad de promover la autonomía moral, y las nuevas perspectivas de (re)evaluación de modernidad tardía, de la necesidad de unos valores comunitarios, la respuesta es: educar en los valores y competencias propias de un ciudadano, de un modo que no impida la posible autonomía moral posterior. En estos casos, los docentes son conscientes de las contradicciones inevitables del ejercicio cotidiano de la tarea educativa de la escuela, al tener que irse construyendo dialécticamente entre reproducir las actitudes e ideologías vigentes, como inevitable función socializadora de la escuela, e inducir un sentido crítico y liberador para una autonomía moral. Sin la recuperación de un sentido comunitario de la vida, y el lugar de la educación dentro de ella, no es del todo posible una acción educativa en este ámbito.

En un trabajo recientemente publicado, el profesor Pérez Gómez (2006) se mostraba a favor de una *escuela educativa*, algo que podría resultar sorprendente (¿acaso no es toda escuela, por el hecho de serlo, educativa?) si no fuera porque, tanto para él como para Dewey, el valor educativo (sea de la escuela, del currículo o de una determinada práctica) es variable, tanto puede perderse como adquirirse y, para Pérez Gómez, nuestra escuela, la escuela que hemos heredado, ha perdido buena parte de su valor educativo. Las razones de esa pérdida son bien conocidas y ya fueron enunciadas por Dewey (1997):

Creo que una buena parte de la educación actual fracasa debido a que niega ese principio fundamental de la escuela como una forma de vida comunitaria. Concibe la escuela como un lugar en el que se da cierta información, en el que hay que aprender ciertas lecciones, o donde se habrán de formar determinados hábitos. Se imagina que el valor de todo ello yace en su mayor parte en el futuro remoto; el niño ha de hacer esas cosas en nombre de otra cosa que habrá de hacer; no son sino una mera preparación. Como resultado no se convierten en parte de la experiencia de vida del niño y por ende no son verdaderamente educativas (p. 41).

La instrumentalización de la escuela, su utilización para alcanzar un rápido proceso de enculturación que permita progresar en el interior de sistema educativo, dota a la educación de un valor de cambio que reduce, cuando no hace desaparecer, su valor de uso. Esta «transmutación de valores» (por utilizar una expresión ya conocida en el marco de la ética) se hace evidente en los actuales discursos sobre la calidad en educación, como muy bien supo ver Wilfred Carr (1993b):

Lo que quiere dejar claro esta breve, y abiertamente simplificada, discusión acerca del concepto de «calidad» es que la definición de la calidad en educación requiere explicitar si los criterios que van a ser empleados se derivan de valores intrínsecos o de valores instrumentales. Según la forma de ver la calidad de la enseñanza de los profesores y de otras personas implicadas en educación, que lo hacen desde una perspectiva de educadores profesionales, la calidad en la educación se refiere a su valor intrínseco dentro de un proceso educativo global. Desde esta perspectiva la enseñanza será de «calidad» en tanto en cuanto sea inherentemente educativa en lugar de, por ejemplo, un proceso de instrucción pasiva o de entrenamiento. Indudablemente, si los profesores y demás personas implicadas en la educación no perciben su enseñanza de esta forma, su concepción de sí mismos como educadores profesionales se viene abajo.

Se debe decir que aquellos que no son educadores profesionales –como los políticos, economistas y empresarios– tenderán a interpretar y valorar la calidad en la enseñanza en términos de valores ajenos al proceso educativo. Desde sus perspectivas, la educación es vista como algo que sirve a propósitos extrínsecos, como el interés nacional, las necesidades económicas de la sociedad o las demandas del mercado de trabajo (p. 7).

La necesidad de una *escuela educativa*, o como le gusta decir a Darling-Hammond (2001), la necesidad de *buenas escuelas para todos*, es una necesidad reconocida y aceptada por todos los miembros del Proyecto Atlántida, pero no lo es menos la necesidad de ampliar y mejorar la función educativa de todos los agentes sociales (familia, municipios, organizaciones sociales, etc.). La educación democrática es, por encima de todo, un compromiso de toda la sociedad con la educación, es la búsqueda de una *sociedad educadora* interesada en lograr tanto un equilibrio consciente y deseable entre reproducción y transformación, como en ampliar y mejorar el valor educativo de los diferentes contextos educativos.

Mejorar la escuela actual puede ser necesario, pero no es suficiente: necesitamos que toda la sociedad asuma que la educación (en cualquiera de sus manifestaciones formal, no formal e informal) es un deber moral. No falta quien formula esta nueva necesidad como un nuevo *contrato moral del profesorado* (Martínez, 2001) o un nuevo *compromiso educativo* (LOE, 2006), para nosotros sigue siendo la misma búsqueda: la búsqueda de una educación democrática.

> *Los educadores comprometidos con la democracia se dan cuenta de que es probable que las fuentes de desigualdad en la escuela se encuentren también en la comunidad. Como mínimo, entienden que es demasiado fácil que la vida en el exterior disipe las posibilidades que se originan en las experiencias democráticas en la escuela (Guttman, 2001). Viéndose a sí mismos como parte de la comunidad más amplia, tratan de extender la democracia a ella, no sólo para los jóvenes, sino para todas las personas. En resumen, quieren la democracia a gran escala; la escuela es tan solo uno de los sitios en que se centran. Este es un punto crucial (Apple y Beane, 1997: 27).*

4. LA ESCUELA COMO ORGANIZACIÓN: AUTONOMÍA PARA LA MEJORA

Desde una mirada actual del cambio educativo, un cierto desencanto se ha extendido sobre lo que han dado de sí las amplias y continuas reformas centralistas (de arriba-abajo) de la segunda mitad del siglo pasado. Estas reformas que se suceden, como olas que pasan, no suelen llegar a afectar significativamente al núcleo duro de la enseñanza en el aula, que suele permanecer impasible cual resistente roca. David Tyack y Larry Cuban (2000) examinaron las reformas educativas de la última centuria en la sociedad estadounidense concluyendo que hay un persistente *gap* entre reformas políticas y práctica docente. Al final, las reglas básicas que gobiernan la cultura escolar (a las que llamaron «gramáticas escolares») asimilan cualquier cambio externo a sus propias reglas, por lo que las escuelas «reforman» las reformas externas, que suelen quedar en muchos casos como una retórica legitimadora del cambio.

Por eso, en lugar de la tendencia en exceso racionalizadora y estructural de los procesos de cambio, propia de la modernidad, es preciso volver la mirada a *la escue-*

la como lugar estratégico de un cambio generado desde abajo. Una vía más propicia para reformar la escuela, decían Tyack y Cuban, es la «transformación desde dentro», apoyando y estimulando el trabajo del profesorado. Las fuerzas del cambio han de provenir de las propias escuelas, comprometidas frente a circunstancias adversas; que intentan responder a los retos que les plantean los respectivos contextos.

Es preciso, pues, promover la emergencia de dinámicas de cambio, que devuelvan el protagonismo a los propios agentes. Se parte de implicar a los propios miembros de la comunidad escolar en dinámicas de trabajo y compromisos que capaciten a la escuela para autorrenovarse, de manera sostenida, cambiando los modos de hacer en función de determinados proyectos de mejora. Estas iniciativas deben, con el tiempo, abarcar a toda la organización y, además, tener una incidencia directa en la enseñanza-aprendizaje en el aula. A su vez, se tiende a crear redes entre escuelas que comparten los mismos principios innovadores, como modo de apoyo mutuo.

Frente a tendencias neoliberales o mercantilistas, desde una perspectiva comunitaria por la que aboga Atlántida, cabe retomar la autonomía, como han reclamado los movimientos de renovación, para convertir el centro escolar en expresión de los valores y demandas de la propia comunidad local. Desde un desarrollo del currículum basado en la escuela, el proyecto educativo se basa, pues, en la implicación, participación para construir colegiadamente el diseño del centro y tipo de educación deseado. La autonomía permite tomar el centro escolar como la base de la mejora, posibilitar la toma de decisiones por los propios agentes, aumentar la participación de padres y profesores, al tiempo que incardinarse en el medio y contexto cultural o –incluso– incrementar la eficacia en la gestión de los centros públicos.

En España, como hemos analizado en otro lugar (Bolívar, 2004), en las últimas décadas, se ha vivido la contradicción entre grandes proclamas para favorecer la autonomía de los centros y equipos directivos y, luego, la supervivencia de una tradición normativista que ha impedido desarrollar proyectos propios y ha encorsetado las prácticas docentes hasta límites desprofesionalizadores. Una pesada tradición, que ha creado una «cultura» escolar en la propia Administración y centros escolares, ha ido generando una *colonización jurídica*, por regulaciones normativas, de la mayor parte de ámbitos de la vida escolar, dando como resultado una acción docente rutinizada, con los consiguientes procesos de desprofesionalización. Una tendencia homogeneizadora, tan fuerte, no favorece el desarrollo de proyectos propios. Al respecto, las propuestas de la Ley Orgánica de Educación, en coherencia con tendencias internacionales, por un lado, incrementan la autonomía, y por otro avanzan en rendimiento público de cuentas para garantizar una equidad de la ciudadanía en la adquisición de las competencias básicas.

4.1. La autonomía en la agenda de las reformas

La autonomía de los centros educativos, en prácticas y discursos renovados, continúa estando a la orden del día. Es, además, una de las cuestiones más necesitadas de clarificación, por mezclarse distintas ideologías, presentar varios rostros y recubrir, bajo un mismo campo, políticas e intenciones opuestas. En especial, es objeto de discusión en la educación de la ciudadanía cómo conjugar los principios de libertad de educación (a menudo asociada a una lógica de eficacia) y de equidad educativa (unida al principio de justicia).

En los discursos actuales de las políticas educativas occidentales la lógica de autonomía está cediendo paso al rendimiento de cuentas, la participación para hacer proyectos educativos propios a su subordinación a la lógica de la eficacia y la elección de centros educativos, lo local a lo global. Así, de un medio para potenciar los procesos de desarrollo de los centros, la autonomía está quedando subordinada al control de los productos conseguidos (evaluación externa de resultados). Se incrementa la autonomía pero se recentraliza por el rendimiento de cuentas a la administración educativa o a la clientela. De este modo, lo que empezó siendo un medio para articular las comunidades locales, coordinar e implicar a los agentes en la mejora de la educación, está siendo redefinido, cuando no subvertido, mediante nuevos dispositivos recentralizadores.

En el fondo, el asunto es cómo organizar el funcionamiento de los centros para provocar la mejora escolar, meta irrenunciable de cualquier sistema educativo. Nos encontramos con el dilema de actuar por *regulación y presión normativa* (falta de autonomía) o dando mayores grados de autonomía que, por un lado, puedan provocar el compromiso e *implicación interna* o, por otro, el rendimiento de cuentas. Si bien sabemos que una política *intensificadora* puede inhibir los esfuerzos de mejora del profesorado y del centro, perdiendo el potencial de sinergia que debía tener; tampoco cabe confiar sin más en las iniciativas y procesos de todo el profesorado. Esto último, si bien debe ser potenciado por las instancias centrales, no puede ser presupuesto. La autonomía suele tener –en contrapartida– un control por resultados (ya sea rendimiento de cuentas público o por la elección y preferencia de los clientes).

Uno de los nuevos modos de regulación del gobierno de la educación en las últimas décadas ha sido la descentralización, gestión basada en la escuela o incremento de autonomía. Diversas lógicas y razones han contribuido a este movimiento: desde argumentos políticos de que un gobierno más cercano puede hacer a los centros educativos más responsables ante las demandas e intereses de la ciudadanía (en otros casos, clientela), a perspectivas mercantilistas de romper con estructuras burocráticas (monopolios protegidos) que impiden la competencia, como motor de la mejora y eficiencia, pasando por los propiamente pedagógicos de facilitar la adaptación del currículum o incrementar el compromiso e implicación del profesorado. Desde unas u otras motivaciones, en cualquier caso, hay una coincidencia en que la autonomía puede ser un medio e incentivo para movilizar a los actores educativos y sociales, dinamizando el funcionamiento de las instituciones públicas, por medio de una identidad institucional en torno a objetivos comunes, que den una cohesión a la acción educativa de los centros educativos.

Por otra parte, la autonomía no es un fin en sí misma, sino un medio a disposición de los centros para su propio desarrollo, en orden a prestar un mejor servicio público de educación. Como tal, no basta decretarla, pues no preexiste a la acción de los sujetos, sino que es asunto de crear las condiciones para que cada centro pueda, en un largo proceso, «construir» organizativamente su autonomía. Tanto la autonomía como la descentralización son fenómenos siempre graduales, por lo que manifiestan una heterogeneidad en las formas y prácticas específicas que adopta en cada país. La autonomía es un concepto construido social y políticamente en cada centro escolar, como ha defendido Barroso (2004); las declaraciones formales de autonomía no la crean, aun cuando pueden favorecer o no su desarrollo. Será la creación de condiciones oportunas las que posibiliten, mejor o peor, capacitar a los centros escolares a construir, en distintos grados de desarrollo (nunca homogéneamente), su autonomía para un mejor servicio público de la educación.

Revisando lo que ha sucedido con los nuevos discursos sobre la autonomía, observamos que, en lugar de haber primado una lógica propiamente pedagógica, se ha quedado en un nuevo modo de gestión, que transfiere –responsabilizando– al centro escolar determinadas competencias, respondiendo –en último extremo– a una tendencia neoliberal, en un momento de crisis de los servicios públicos. En lugar de haber sido un medio para potenciar la apropiación (cogestión) de la educación por sus respectivas comunidades, en los mejores realizaciones, se ha quedado –más bien– en un medio para que los centros pudieran ofrecer diferentes proyectos educativos a elegir por los potenciales clientes. De este modo, la hegemonía que el discurso sobre la autonomía ha tenido en las pasadas décadas, está cediendo su lugar al rendimiento de cuentas, evaluación por resultados o competencia intercentros (Elmore, 2003). Vaciados o agotados los efectos del discurso de la autonomía o de la gestión basada en la escuela, son otros aires de eficacia, rendimiento o calidad los que recorren las políticas educativas occidentales.

4.2. La autonomía escolar para la mejora interna

La autonomía supone, entonces, la capacidad con que cuenta un centro para tomar decisiones por sí mismo. Desde una perspectiva de mejora se trata de potenciar la capacidad de los centros para desarrollarse y responder mejor a las demandas de su entorno. A las motivaciones de incrementar la eficacia se unen, desde esta otra lógica, los motivos de reprofesionalización del cuerpo docente así como una democratización de la toma de decisiones. Por otro, no basta una autonomía, como incremento de la capacidad de toma de decisiones a nivel de escuela, para implicar a los agentes en la toma de decisiones, en el compromiso colectivo y en el aprendizaje de la organización.

Por eso, potenciar la construcción de proyectos propios de centro no supone que la política educativa no tenga un papel clave en estimular las dinámicas endógenas de cada centro, ya sea mediante proyectos-contrato de autonomía, ya –sobre todo– por su apoyo decidido para que cada centro construya su propia capacidad de desarrollo y mejora. En consecuencia, prácticamente cabe entenderla como la creación de dispositivos, competencias, apoyos y medios que permitan que los centros escolares, en conjunción con su entorno local, puedan construir su propio espacio de desarrollo, en función de unos objetivos asumidos colegiadamente, y un proyecto –si es posible– contratado con la administración o comunidad. Sólo de este modo, el desarrollo interno de los centros puede ser un camino que permita reconstruir seriamente nuestros centros y educación. La autonomía también se aprende, sentencia Barroso (2004). Además de necesitar recursos humanos y materiales, comporta una concepción de la formación e innovación centrada en la escuela, una determinada concepción de los profesores como profesionales reflexivos, que comparten conocimientos en sus contextos naturales de trabajo, y exige ir rediseñando el centro como comunidad de aprendizaje para los alumnos, los profesores y la propia escuela como institución.

En lugar de tomar los Proyectos de Centro propios como documentos para responder a requerimientos administrativos, se trata de *realizar de la acción del centro*, y de sus unidades organizativas básicas (equipos y departamentos), en coordinación, *un proyecto conjunto* de educación. La cuestión de la autonomía, en último extremo, conduce a organizar la educación con otra lógica no-burocrática, que posibilite capacitar a los centros educativos para su propio aprendizaje y desarrollo institucional. Situados, pues, entre una lógica de acción burocrática y una lógica profesional, una *gestión por proyectos* podría reforzar el papel del centro educativo como unidad estratégica de la mejora.

Si las políticas lineales de imposición centralizada están ya definitivamente desacreditadas por la práctica e investigación educativas, esto no significa que la política educativa no tenga un alto papel que jugar. En un contexto de retraimiento del papel de la Administración educativa para, en función de descentralización y autonomía (unido a la ideología neoliberal en auge), cederlo a los clientes o a los propios centros, no es menos política lo que se precisa, sino *más y mejor política*.

Aprendiendo del conocimiento acumulado en los fracasos, es preciso reinventar la política centralista en una «nueva» política, como dice en un clarificador planteamiento Darling-Hammond (2001), informada por el conocimiento de cómo las escuelas mejoran y, a la vez, capaz de movilizar las energías de los centros y coordinar los distintos componentes del sistema. Como reclama la misma autora, hace falta un «nuevo paradigma de enfocar la política educativa. Supondría cambiar los afanes de los políticos y administradores, obsesionados en *diseñar controles*, por otros que se centren en *desarrollar las capacidades* de las escuelas y los profesores para que sean responsables del aprendizaje y tomen en cuenta las necesidades de los estudiantes y las preocupaciones de la comunidad» (p. 44).

5. EL CENTRO ESCOLAR COMO COMUNIDAD PROFESIONAL DE APRENDIZAJE

La innovación centrada en la escuela comporta una determinada concepción de los profesores como profesionales reflexivos que investigan y comparten conocimientos en sus contextos naturales de trabajo, y exige ir configurando el establecimiento escolar –con los recursos y apoyos necesarios– como *comunidad profesional de aprendizaje* para los alumnos, los profesores y la propia escuela como organización. Crecientemente se ha extendido un cierto desengaño o pérdida de credibilidad de que las reformas o cambios impuestos externamente puedan, por sí mismos, mejorar la educación. Si no cabe esperar una mejora por prescripciones de nuevos programas curriculares, parecería que sólo cuando el centro escolar se convierta en *unidad básica del cambio y de la innovación* ésta repercutirá, sin duda, en el aprendizaje y educación de los alumnos, misión última del sistema educativo, pero también en los agentes provocadores de dicho cambio: el propio profesorado.

Por ello, se confía en movilizar la *capacidad interna de cambio* de las escuelas para regenerar internamente, por integración y coherencia horizontal, la mejora de la educación. Lo que política educativa pueda dar de sí, dependerá de cómo es movilizado y concretado por los actores locales, es decir, de las particularidades de cada escuela, que deberá conjugar las demandas externas con sus propias prioridades. Es entonces cuando se argumenta que la transformación de las organizaciones tiene que producirse por un *proceso de autodesarrollo*, llegando incluso a reclamar que sean «organizaciones que aprenden» (Bolívar, 2000).

De este modo, a partir de los ochenta, cuando emergen perspectivas que reivindican y ponen de manifiesto que *el centro escolar importa* en la calidad de la educación ofrecida, se considerarán estrategias privilegiadas de mejora todo aquello que contribuya a potenciar la escuela como unidad básica: el trabajo colegiado en torno a un proyecto conjunto, desarrollo curricular basado en la escuela, oportunidades de desarrollo profesional y formación basadas en el centro, asesoría al centro educativo como unidad básica, etc. En suma se trata, en último extremo, de cambiar de una cultura de la conformidad, de la dependencia y de la ejecución individual de propuestas externas, por una cultura de la autonomía, del trabajo colegiado y de la innovación internamente generada. La formación no es algo limitado exclusivamente a la persona del profesor individual, debiendo incluir dimensiones colegiadas, profesionales y organizativas.

Una escuela que, además de lugar de trabajo, se configura como unidad básica de formación e innovación, desarrolla en su seno un aprendizaje institucional u organizativo, donde las relaciones de trabajo enseñan y la organización como conjunto aprende. *Pensar la escuela como tarea colectiva* es convertirla en el lugar donde se analiza, discute y reflexiona, conjuntamente, sobre lo que pasa y lo que se quiere lograr. Se participa de la creencia de que si se trabaja juntos, todos pueden aprender de todos, compartir logros profesionales y personales, y también de las dificultades y problemas que se encuentran en la enseñanza. Por ello, la colaboración entre colegas, el escuchar y compartir experiencias, puede constituir la forma privilegiada para lograr una comunidad profesional de aprendizaje.

El modelo de las «organizaciones que aprenden» puede tener interés para cómo hacer de las escuelas instituciones que mejoran. No obstante, he advertido en otras ocasiones (Bolívar, 2000) sobre la necesidad de reconstruir educativamente estas propuestas, de forma que pueda estimular iniciativas educativas de mejora, en lugar de distraernos con teorías novedosas o hacer transferencias infundadas a las escuelas, asimilándolas –sin más– a las organizaciones empresariales. Las *comunidades profesionales de aprendizaje* se pueden entender actualmente como una configuración práctica de las Organizaciones que Aprenden, así como de las llamadas «culturas de colaboración». Apoyar un desarrollo de los centros educativos como organizaciones pasa, como línea prioritaria de acción, por la reconstrucción de los centros escolares como lugares de formación e innovación no sólo para los alumnos, sino también para los propios profesores.

Como ha escrito Sarason (2003: 138-39), «no es posible crear y mantener a lo largo del tiempo condiciones para un aprendizaje efectivo para los estudiantes cuando, al tiempo, no se consigue que existen para el desarrollo profesional de sus profesores». Si a menudo se propone crear una nueva cultura de aprendizaje para los alumnos, es preciso resaltar que esto no sucederá del todo si no se ha generado también una cultura de aprendizaje para los propios profesores. De ahí que, de modo creciente, se hable de «reculturizar» la escuela para conformarla como una comunidad profesional de aprendizaje.

Si los profesores individuales pueden hacer poco cuando se enfrentan a los presiones y límites de las prácticas colectivas y hábitos institucionales establecidos, promover el cambio educativo como resolución de problemas, significa ir construyendo *comunidades profesionales de aprendizaje* (Stoll, Fink y Earl, 2004), a través de la reflexión y revisión conjunta de la propia práctica, que incrementen su propia satisfacción y efectividad como profesionales en beneficio de los alumnos. Esta innovación organizativa es vista como un poderoso enfoque para el desarrollo profesional y una potente estrategia para el cambio y mejora escolar. Como señala Ainscow (2001):

> *Fíjese que lo que me parece singular de las escuelas que dan señales de progreso (sean de Primaria o de Secundaria) es que sus equipos directivos y profesores parecen reconocer que para favorecer el aprendizaje del alumnado hay que vigorizar el aprendizaje de y entre los profesores. Entienden que hace falta animar y apoyar el desarrollo profesional de los profesores y que a través de esos procesos influyen en la manera en que los profesores entran en contacto con los alumnos y abren el camino a una mejora en el aprendizaje para todos* (p. 49).

5.1. Una Comunidad Profesional de Aprendizaje efectiva

Las actuales teorías del *aprendizaje situado* enfatizan que la cognición y el aprendizaje son procesos socialmente construidos y organizadas en torno a redes o comunidades de práctica, donde los nuevos miembros aprenden por su participación en dichas comunidades. Una comunidad de práctica supone el compromiso mutuo de los participantes, como empresa conjunta que ha sido negociada, con unos modos o historias compartidas de hacer las cosas, en que unos aprenden de otros, acordando significados comunes de las situaciones. Como señala Wenger (2001):

> *Las comunidades de práctica constituyen el tejido social del aprendizaje de una organización.[...] En consecuencia, la capacidad de una organización de profundizar y renovar su aprendizaje depende de fomentar la formación, el desarrollo y la transformación de comunidades de práctica* (p. 300).

Como comunidad de práctica, y no un agregado de profesionales, comparten el conocimiento adquirido sobre buenos modos de enseñar, al tiempo que una acción común del centro que, además, configura una identidad a los participantes. Apoyar un desarrollo de los centros educativos como organizaciones pasa, como línea prioritaria de acción, por la reconstrucción de los centros escolares como lugares de formación e innovación no sólo para los alumnos, sino también para los propios profesores (Bolívar, 1999; 2000). Un *profesionalismo ampliado* se construye e incluye, como un componente básico, en interacción con otros colegas en el contexto de trabajo. En lugar de una organización burocrática se rediseñan contextos y modos de funcionar, que optimicen el potencial formativo de las situaciones de trabajo y la acerquen a una *comunidad de aprendizaje*.

Pero las comunidades profesionales de aprendizaje no existen sólo para que los profesores trabajen más a gusto o para que haya un mejor ambiente en los centros (Morrissey, 2000), sino para incrementar la capacidad del profesorado como profesionales, en beneficio de lo que importa como misión de la escuela: la mejora del aprendizaje de todos los alumnos. Por eso queremos comunidades de aprendizaje *efectivas*. En una buena investigación sobre el tema, Bolam, McMahon, Stoll y otros (2005) definen que

> *una comunidad de aprendizaje efectiva tiene la capacidad de promover y mantener el aprendizaje de todos los profesionales en la comunidad escolar con el propósito colectivo de incrementar el aprendizaje de los alumnos.*

Una escuela configurada como una comunidad profesional de aprendizaje (Louis y Kruse, 1995; Bolam, McMahon, Stoll y otros, 2005) se estructura en torno a estas dimensiones:

- *Valores y visión compartidos*: conjunto de valores y visiones construidas y compartidas en torno a las metas de la escuela, comprometidas y centradas en el aprendizaje de los alumnos, donde predominan altas expectativas y haya una cultura de mejora.
- Responsabilidad colectiva por la mejora de la educación ofrecida: el personal está comprometido con el aprendizaje de todos los alumnos, existiendo una cierta presión entre compañeros para que todo el profesorado actúe en la misma dirección.
- Focalizada en el aprendizaje de los estudiantes y en el mejor saber hacer de los profesores: centrada en la misión de incrementar las oportunidades de aprender de los alumnos, lo que conlleva que los profesores se preocupan por aprender de modo continuo, mediante la planificación, trabajo y enseñanza en equipo.
- Colaboración y desprivatización de la práctica: relaciones cooperativas que posibiliten tanto un apoyo mutuo como un aprendizaje de la organización. Hay una disposición a poner en común lo que cada uno sabe hacer, solicitar ayuda a otros y aportarla, dentro de unas relaciones profesionales, donde los colegas son fuente crítica de conocimiento y de retroalimentación.
- Aprendizaje profesional a nivel individual y de grupo: todo el personal, incluidos los asesores, están implicados y valoran la mejora del aprendizaje profesional, teniendo lugar un conjunto de actividades dirigidas a tal finalidad. Se

desarrolla una práctica reflexiva mediante la indagación e investigación sobre la enseñanza y el aprendizaje (observación mutua, autoevaluación, investigación-acción), los datos se analizan y usan para la mejora.

- Apertura, redes y alianzas: las iniciativas externas son empleadas para analizar lo que sucede internamente, el personal está abierto al cambio y por establecer redes o alianzas con otras escuelas o instituciones, de modo que se apoyen conjuntamente en el aprendizaje.

- Comunidad inclusiva, confianza mutua, respeto y apoyo: las relaciones de trabajo están basadas en una confianza mutua, respeto y apoyo. Se cuida en extremo que todos los miembros se puedan sentir activamente implicados. Las diferencias individuales y la disensión son aceptadas dentro de una reflexión crítica que promueva el desarrollo del grupo, no existiendo en principio dicotomía entre individuo y colectividad.

Una comunidad profesional no pretende alcanzar mayores niveles de colaboración entre los profesores como un fin en sí mismo, es un medio para la finalidad básica de la institución escolar: el núcleo del trabajo conjunto debe ser el currículum escolar, con el objetivo prioritario de mejorar el aprendizaje de todos los alumnos. Además, una comunidad profesional respeta el «derecho a la diferencia» de sus miembros, donde la individualidad no supone individualismo, sin que esto impida una acción común, pues la colegialidad es también una virtud profesional, por lo que, como pautas organizativas de las relaciones en un centro, el *trabajo en colaboración y equipo* se combina con el ejercicio de la autonomía profesional.

La cuestión que tenemos delante es, pues, cómo las culturas escolares, dominadas por normas de privacidad, pueden ser transformadas en lugares en los que predominan las características anteriores. Esta cuestión ha sido la «piedra de toque» de numerosas propuestas de mejora que han recorrido los últimos tiempos. Reconstruir, rediseñar o reestructurar lugares y espacios atrapados por burocracia, trabajo individualista y toma de decisiones jerárquicas, por un trabajo en colaboración no es –en efecto– tarea fácil, como muestra el reciente libro editado por Stoll y Louis (2007). Y sin embargo, abre una amplia avenida para la mejora.

5.2. Procesos para desarrollar una Comunidad Profesional de Aprendizaje

Las líneas de acción se deben dirigir, conjuntamente, a *rediseñar* los lugares de trabajo, y a *(re)culturizar* los centros. La primera pretende un nuevo diseño organizativo, pensando –razonablemente– que no podemos esperar cambios relevantes en la cultura dominante en la enseñanza sin alterar los roles y estructuras, que incrementen

–conjuntamente– la profesionalidad del profesorado y el sentimiento de comunidad. Si es difícil actuar directamente en la cultura escolar, por ser algo intangible, los cambios estructurales a nivel organizativo parecen ser, además de manejables, una condición para provocar cambios culturales, pues los individuos cambian, cambiando el contexto en que trabajan.

Se trata de desarrollar contextos de relación cooperativa, donde los distintos agentes (internos y externos) educativos, en una comunidad de profesionales comprometidos, puedan contribuir a la reconstrucción social y cultural del marco de trabajo de la escuela para su propio desarrollo profesional. Se pretende, entonces, rediseñar los *roles y trabajo del profesorado* para promover un sentido de comunidad en el centro, con unas relaciones de colegialidad y colaboración que, implicando al profesorado en el desarrollo de la institución, conduzcan a un compromiso por parte del personal con las misiones consensuadas del centro. Trabajar en proyectos conjuntos puede ser un medio idóneo inicial para efectuar la transición del individualismo a la comunidad profesional.

No obstante, como acabamos de subrayar, el asunto es complejo, no está exento de tensiones y conflictos, siendo clave conjugar la dimensión individual (independencia en unas tareas) y los aspectos conjuntos (interdependencia en otras). Hay además factores imprevistos e impredecibles, externos (iniciativas de la administración) o internos (por ejemplo, cambio de personal), que siempre amenazan –hasta dar al traste con alguno de ellos– al desarrollo de proyectos de cambio. Sin ir demasiado lejos en la utopía, es necesario partir de la cultura escolar existente en los centros, con todas las limitaciones que impone, y de la necesidad de una redefinición de las condiciones de trabajo, para abrir –desde dentro– espacios socio-políticos de decisión sobre los que colaborar.

Crear y desarrollar comunidades profesionales de aprendizaje depende de diversos procesos dentro y fuera de la escuela, como los siguientes (Bolam, McMahon, Stoll y otros, 2005): centrarse en los procesos de aprendizaje, utilizar del mejor modo los recursos humanos y sociales, y gestionar los recursos estructurales y el apoyo de agentes externos.

a) *Centrarse en los procesos de aprendizaje.* Se ofrecen oportunidades para el desarrollo profesional permanente, que será más efectivo si está basado en el contexto de trabajo y en las oportunidades incidentales que ofrece la práctica (aprendizaje experiencial, práctica reflexiva, socialización profesional, investigación-acción, asesoramiento). La autoevaluación es una de las principales fuentes de aprendizaje, a partir del análisis de datos y toma de decisiones en planes de acción. Por último, del aprendizaje individual se pasa al colectivo mediante la transferencia y creación de conocimiento que supone el intercambio con los compañeros en una empresa colectiva.

b) *Liderar las comunidades profesionales de aprendizaje.* Es difícil desarrollar comunidades profesionales de aprendizaje en una escuela sin el apoyo activo de liderazgo a todos los niveles. Esto incluye la creación de una cultura favorecedora del aprendizaje, asegurar el aprendizaje en todos los niveles de la organización, promover la reflexión e indagación, y prestar atención a la cara humana del cambio. En esta tarea, el equipo directivo tiene un papel de primer orden, apoyado por agentes internos o externos de cambio, como los asesores. Dado que queremos que todos los profesores sean agentes de cambio, el liderazgo debe tender a ser distribuido o múltiple.

c) *Desarrollar otros recursos sociales.* Como empresa humana resulta clave el uso efectivo que se hace de los recursos humanos y sociales. Unas relaciones colegiadas productivas se basan en la confianza y el respeto. En esta dirección es preciso cuidar la dinámica de los grupos para que, en lugar de grupos enfrentados, predomine una colaboración.

d) *Gestionar los recursos estructurales: tiempo y espacio.* Las oportunidades de intercambio profesional se ven facilitadas por el empleo del espacio y tiempo en un centro escolar. De ahí que planificar el tiempo para que dicho aprendizaje ocurra en la escuela, en las aulas o en las reuniones es un factor crítico (Stoll, Fink y Earl, 2004). Igualmente factores espaciales pueden incrementar o inhibir las oportunidades de aprendizaje colectivo.

e) *Interacción y relación con agentes externos.* Una comunidad profesional no puede subsistir aislada, precisa de apoyo externo, relaciones y alianzas. En primer lugar, está documentado (Fullan, 2002; Domingo, 2001) que el asesoramiento externo es crítico en los procesos de cambio. Además, en el contexto actual, los centros deben establecer alianzas y relaciones con las familias y comunidad local, servicios sociales y otros agentes o instituciones. Por último, en la sociedad red, los centros escolares tienen que establecer redes con otros centros educativos de su zona para apoyo e intercambio mutuo.

Al final, para que haya una comunidad profesional, el aprendizaje individual o grupal debe ser extendido a la escuela como totalidad, lo que no deja de presentar *aspectos no resueltos*. En la investigación realizada por Kruse y Louis (1997) las autoras descubren un conjunto de dilemas relativos a la tensión entre conjugar pertenecer a un equipo (ciclo o departamento) y, al tiempo, a la comunidad más amplia de todo el centro educativo. Los profesores y profesoras se identifican, en primer lugar, con el equipo al que pertenecen y sólo en segundo lugar con el centro. Los dilemas que experimentan los profesores son: conjugar tiempo para el equipo y tiempo para el centro, centrarse en el currículum diseñado en el equipo con el del centro, organizar el equipo y el diálogo reflexivo de todo el centro, autonomía del equipo con los estándares establecidos por la escuela, preservar la paz en el interior del equipo con el análisis crítico de la práctica. Por tanto, concluyen las investigadoras, el desarrollo de fuertes equipos interdisciplinares no deja de presentar graves problemas para desarrollar un sentido de comunidad profesional del centro, base de una organización que aprende. El asunto es que puedan ser identificados y gestionados.

5.3. *Organizar los centros para el aprendizaje del profesorado*

De acuerdo con los nuevos modos de entender la organización escolar y el trabajo docente, la asesoría y formación debe dirigirse a articular las necesidades de desarrollo individual y las de la escuela como organización, donde los espacios y tiempos de formación estén ligados con los espacios y tiempos de trabajo y los lugares de acción puedan ser –a la vez– lugares de aprendizaje. En lugar de limitarse a cursos escolarizados de formación, como un medio instrumental –normalmente– para aplicar cambios externos, estas nuevas perspectivas abogan por el aprendizaje con los colegas en el contexto de trabajo, vinculando el desarrollo profesional con el organizativo. La formación permanente del profesorado es un proceso de aprendizaje resultante de las interacciones significativas que tienen en el contexto temporal y espacial de su trabajo y que da lugar a cambios en la práctica docente y en los modos de pensar dicha práctica.

El «modelo escolarizado» en la formación continua de adultos, realizado de manera puntual, como complemento o reciclaje de la formación inicial y poco articulado con las situaciones de trabajo, como hemos visto en España con motivo de la puesta en marcha de la LOGSE, ha tenido un carácter marginal y escasos efectos en relación con los problemas de las escuelas y con la actividad docente en el aula. Por eso, de acuerdo con las tesis que se desprenden de tomar el centro como lugar de cambio y de formación, ha llegado el momento de repensar qué puede ser la formación del profesorado, para incidir en otras propuestas alternativas (el lugar del trabajo como contexto formativo) que puedan contribuir a insertar la formación en las propias trayectorias y proyectos de escuela.

La formación permanente del profesorado no puede estar desconectada de los contextos de trabajo, como profesionales adultos debe articularse con ellos. Una experta en el tema señala las siguientes líneas de acción para organizar los centros de modo que hagan posible el aprendizaje del profesorado (Little, 1999):

1. *Poner en el núcleo del trabajo docente hacer indagaciones colectivas sobre el aprendizaje de los alumnos.* Se deben compartir, de modo sistemático y

sostenido en el tiempo, las observaciones sobre el progreso del aprendizaje de los alumnos.

2. *Organizar el trabajo diario de modo que apoye el aprendizaje del profesorado.* Tiempo para el diálogo común, por ejemplo, suelen ser imprescindibles.

3. *Desarrollar enfoques alternativos al aprendizaje del profesorado.* En lugar de cursos de formación, suelen ser más productivas otras formas (equipos de investigación, reuniones, planificación común, observación en clase, etc.) que pueden promoverlo.

4. *Desarrollar una cultura que apoye el aprendizaje del profesorado.* Así, entender el centro como una organización que aprende o el equipo docente como una comunidad profesional. La formación ha de ir dirigida a cómo mejorar lo que se hace, desde un análisis de la situación, en que los propios procesos de trabajo sean en sí mismos generadores de cambios. Una *formación centrada en la escuela* se inscribe, como tarea colegiada y en equipo, en el propio proceso de mejora del currículum; por otra parte, debe contribuir a incrementar los propios saberes y habilidades profesionales para reutilizarlos en las nuevas formas de hacer escuela. Todo induce a que la *asesoría* debe dirigirse a cómo *reestructurar, en nuevos modos, el trabajo docente* para constituir el centro en un espacio de aprendizaje e investigación no sólo para los alumnos, sino para los propios profesores: compartir conocimientos, preocupaciones y experiencias, en un aprendizaje de la propia práctica; actuando *el asesor como dinamizador del propio proceso* que, a la larga, asuma el propio profesorado. La asesoría tiende, por un lado, a maximizar el potencial de los equipos existentes; por otro, a desarrollar el liderazgo en otros profesores, compartiendo capacidades.

Por tanto, hacer de los centros educativos unidades básicas de cambio significa resituar la formación continua de los profesores de modo que contribuya a incrementar sus propios saberes y habilidades profesionales. Una escuela que mejora se va configurando como *comunidad profesional de aprendizaje*, a través de la reflexión y revisión conjunta de la propia práctica, que incrementen su propia satisfacción y efectividad como profesionales en beneficio de los alumnos. Esta innovación organizativa es vista como un poderoso enfoque para el desarrollo profesional y una potente estrategia para el cambio y mejora escolar. Si los beneficios son indudables y están documentados por la literatura, también los problemas para establecerlos son paralelos, pues supone un cambio organizativo e individual de lo que se entiende por el ejercicio profesional.

6. LA ESCUELA COMO SOCIEDAD PARA EL APRENDIZAJE: CONVIVIR EN LA ESCUELA

La escuela es el primer ámbito –y, a veces, el único– para aprender a vivir en un espacio común. Por eso, lo que da coherencia a la educación pública es *aprender a vivir en común* en un mundo compartido con otros, es decir, contribuir a formar ciudadanos más competentes cívicamente y comprometidos en las responsabilidades colectivas, lo que entraña pensar y actuar teniendo presentes las perspectivas de los otros. Ello sitúa, en primer plano, en las agendas actuales de reformas educativas las competencias cívicas (sociales e interculturales) necesarias para *interactuar en grupos socialmente heterogéneos*, sin dejarlo a las contingencias de la lógica social, como dice el Proyecto DeSeCo (Rychen y Salganik, 2006). En el currículum nuevo español, por su parte, siguiendo a la Unión Europea, se establece, entre otras competencias básicas, la competencia «social y ciudadana» que, como especifican los Reales Decretos de enseñanzas mínimas:

> "forman parte fundamental de esta competencia aquellas habilidades sociales que permiten saber que los conflictos de valores e intereses forman parte de la convivencia, resolverlos con actitud constructiva y tomar decisiones con autonomía. [...] En síntesis, esta competencia supone comprender la realidad social en que se vive, afrontar la convivencia y los conflictos empleando el juicio ético basado en los valores y prácticas democráticas, y ejercer la ciudadanía, actuando con criterio propio, contribuyendo a la construcción de la paz y la democracia, y manteniendo una actitud constructiva, solidaria y responsable ante el cumplimiento de los derechos y obligaciones cívicas".

La escuela es, ante todo, una comunidad de personas, pero es también un medio, un ambiente: el ambiente en el que las personas se desarrollan. El ambiente escolar también educa, de hecho su valor educativo se hace evidente en las diferencias de resultados educativos. El nuevo escenario social y educativo se caracteriza por una complejidad mayor del hecho educativo, aumento de la diversidad, ampliación del sistema obligatorio de enseñanza con un aumento de la tasa de alumnos «desenganchados» del sistema, nuevos contenidos a enseñar fruto de la aparición de la sociedad del conocimiento, exigencia de preparar a los alumnos para un futuro cambiante, etc. Nos encontramos con un menor apoyo y un aumento de la sobreexigencia al profesorado por parte de la sociedad, delegan en él todo tipo de responsabilidades, al tiempo que hay una clara dejación por parte de instituciones que tradicionalmente realizaban una tarea educativa importantísima, como es el caso de las familias. Fernández Enguita (2001) denomina a este fenómeno «centralidad del sistema escolar». A esto se une que el profesorado no cuenta con marcos de trabajo facilitadores, y mayoritariamente no se siente preparado para atender esta función educativa, o si se quiere, en un contexto de tan escaso apoyo se siente más seguro y cómodo con una función menos comprometida centrada en el papel de enseñante, más que en el de educador.

Si toda violencia debe ser rechazada, el conflicto forma parte de la convivencia normal de personas en el mismo espacio y debe, pues, ser resuelto o gestionado de forma pacífica, es decir, educativa. Las respuestas educativas que se den para gestionar y resolver los conflictos, por otra parte, no pueden ser las mismas que las que se empleen para erradicar la violencia. Por eso, los primeros deben ser utilizados como una situación educativa, por lo que hay que *educar desde el conflicto*. En lugar de que el conflicto aboque a situaciones destructivas o violentas, se pueden afrontar –como pretenden los procesos de mediación– de modo que se enriquezcan educativamente con ellas todos los implicados. Desde un enfoque educativo no se trata, pues, de evitar o prevenir el conflicto, sino de gestionarlo y resolverlo del modo más efectivo posible para las partes implicadas y, en conjunto, para el centro educativo.

No todo *conflicto* debe ser por sí mismo negativo, dado que forma parte inherente e inevitable de las relaciones humanas, cuando las personas comparten espacios, tareas y actividades con sus propios sistemas de normas y poder. Como comenta Jesús Jares (2006: 17), «conflicto y convivencia son dos realidades sociales inherentes a toda forma de vida en sociedad». Donde se convive pueden surgir diferencias de opiniones, de deseos e intereses, a veces enfrentados. El asunto es cómo resolverlos de modo pacífico que, a la vez, sea educativo.

A nuestro juicio, cualquier intento de resolución eficaz del problema debe partir de la aceptación de un hecho: la escuela como una forma de vida social. En consonancia con este hecho, la fuente de autoridad para organizar la convivencia en la escuela reside en la comunidad educativa y en la necesidad de organizar esta convivencia para el aprendizaje. La escuela, como cualquier otra forma de vida social, tiene que organizar la vida de sus miembros para alcanzar un propósito común, es decir, toda escuela debe crear un orden para alcanzar la convivencia entre sus miembros. Pues bien, para que ese orden sea justo, es necesario que pueda contribuir a satisfacer adecuadamente las necesidades de todos sus miembros y a resolver los conflictos que se puedan producir como consecuencia de la satisfacción o insatisfacción de las necesidades. Esta es la gran virtud de la democracia, como forma de organización de la convivencia y es la razón por la que defendemos la creación de una cultura democrática como base para la convivencia.

Existe evidencia empírica más que suficiente que demuestra que ciertas características de las escuelas favorecen la emergencia de subculturas estudiantiles antiescuela, violencia y comportamiento antisocial, deserción creciente y pérdida generalizada de identificación con lo escolar. Estudios nacionales e internacionales indican con claridad que el absentismo escolar y la *desafección* por la escuela (entendida como esa falta de sentido de pertenencia y también como baja participación de los estudiantes) son los mayores desafíos de la escuela contemporánea, en especial de la Secundaria. Un estudio de la OCDE realizado en el 2000 sobre 42 países y que se basa en los ya famosos resultados de PISA, pone de manifiesto que uno de cada cuatro estudiantes de 15 años de edad tiene un bajo o muy bajo sentido de pertenencia a la escuela, y que uno de cada cinco falta a clase habitualmente. Las tasas de *desafección* varían considerablemente en los distintos países. En España y Dinamarca llegan hasta una tercera parte de los estudiantes de dicha edad, mientras que, por ejemplo, en Canadá, Grecia, Islandia, Nueva Zelanda o Polonia es una cuarta parte. En Japón o Corea, en contraste, el porcentaje de los que reconocen faltar a clase regularmente es tan sólo de un 10%. Sin embargo, incluso en estos países donde la asistencia a clase aún no se ha resentido, los alumnos no están necesariamente felices en los centros educativos. El bajo sentido de pertenencia y de compromiso con la escuela es un fenómeno extendido en países como Japón y Corea, donde más de un tercio de los estudiantes manifiestan que «no se sienten parte de la institución».

Por otra parte, al contrario de lo que podría esperarse, los resultados de este estudio revelan que los alumnos menos identificados con la escuela y que menos participan en ella no son aquellos que tienen menor nivel de rendimiento académico; el fenómeno afecta a todos los alumnos, independientemente de su capacidad o resultados académicos. De hecho, y siguiendo los resultados de PISA, el conjunto de los estudiantes que manifiestan un menor sentido de identificación con la escuela obtienen puntuaciones ligeramente por encima de la media. Todos estos datos nos permiten colocar y contemplar el asunto de la violencia escolar en un contexto no sólo más complejo e informado sino también más realista.

En este sentido, se puede entender la convivencia como un proceso, creativo y respetuoso con todos, de resolver conflictos, ya sea previniendo su aparición, ya sea evitando su escalada cuando se han producido. No debemos olvidar que la construcción de una cultura de convivencia pacífica en los centros es un reto educativo complejo, ya que indefectiblemente tendrá que ir unida a la vivencia de valores democráticos, como los de justicia, cooperación, respeto a la dignidad y no violencia.

Los conflictos han de resolverse, pues, de manera democrática, es decir dialogada, intentando llegar a un consenso. Viñas (2004) establece los siguientes principios básicos en la mediación y resolución de conflictos:

- Los conflictos son un fenómeno natural de las organizaciones.
- Los conflictos no se resuelven nunca solos.
- El principio de resolución es siempre: «todos salimos ganando».
- Los conflictos son diversos y su resolución también: conflictos interpersonales, de rendimiento, de poder, de relaciones, etc.

- Los conflictos se producen en un contexto y la resolución debe estar contextualizada.
- La cultura de mediación y resolución pacífica de conflictos nos aporta modelos que hay que adaptar a cada situación.
- No sólo nos centramos en conductas, sino también en los marcos de conducta.
- Los conflictos y su resolución son procesos con fases definidas. Hay que actuar de forma adaptada a cada fase.
- El conflicto siempre tiene dos partes, y las soluciones implican siempre ambas.

Los conflictos pueden ser abordados desde distintas vías, pero en los últimos años la mediación escolar (Torrego, 2000) está siendo uno de los dispositivos más relevantes para su resolución. En este caso, se trata de optar por una vía en la que el conflicto inicial pueda ser una ocasión propicia para ayudar a crecer y desarrollarse moralmente, como persona y como grupo. Se trata, en este caso, de una apuesta por el diálogo como modo de resolución de diferencias y conflictos, así como para prevenir la violencia y fomentar la convivencia pacífica. Dicha cultura supone fomentar un conjunto de valores (respeto, tolerancia, solidaridad y cooperación), la formación adecuada del profesorado y, sobre todo, un conjunto de estructuras que contribuyan a crear el clima adecuado: el Plan de Convivencia apuesta por solucionar los conflictos de manera constructiva y educativa, la vía del diálogo entre las partes enfrentadas, la fórmula de la conciliación directa (sobre la indirecta), el procedimiento de mediación sobre el disciplinario. La mediación, entonces, ha de ser entendida en sentido amplio como algo más que una técnica para gestionar o resolver conflictos (Moreno y Luengo, 2007).

Los conflictos pueden ser gestionados y solucionados de manera alternativa: diálogo constructivo para llegar a un consenso, en el que las partes enfrentadas acuden al apoyo de una tercera persona, imparcial o neutro, que ejerce el papel de mediador. Son las propias partes implicadas las que han de buscar las soluciones, debido a que el mediador carece de poder de decisión. De ahí el componente educativo, acrecentado por reconducir el conflicto por el diálogo y la comunicación. Por otra, su componente de educación democrática («hablando se entiende la gente»). Contribuir a poner en claro los desacuerdos restableciendo la comunicación entre las partes en un diálogo que facilite la comprensión mutua, explorar alternativas y buscar alcanzar un acuerdo consensuado, con la corresponsabilidad y aceptación de las partes, son las tarea principales del mediador. Una vez constituido en el centro el equipo de mediación y dada a conocer su existencia se reduce la posibilidad de que los conflictos vayan en aumento, se enquisten o no se resuelvan adecuadamente (Torrego y Moreno, 2003).

El enfoque y concepción de disciplina, autoridad y liderazgo que proponemos puede denominarse contractual y en proceso democrático. Se trata de poner en marcha un proceso de dotación de poder que traiga como resultado acuerdos o pactos de ciudadanía, haciendo co-responsables a educandos y educadores, en propuesta similar a la que hacíamos para la gestión del aula (Moreno y Luengo, 2007).

En coherencia con lo anterior, Juan Carlos Torrego (2006) ha propuesto –y desarrollado en experiencias– que es preciso ir de los equipos de mediación aislados, como una estructura más en los centros educativos, en muchos casos marginal, a un *modelo integrado de gestión de la convivencia*. Su propuesta se caracteriza por responder educativamente desde diversas vías: «en primer lugar la creación de nuevas estructuras organizativas (inserción del equipo de mediación y tratamiento de conflictos); en segundo lugar, replantear los procesos de elaboración democrática y participativa de las normas de convivencia y, en tercer lugar, revisar el marco curricular y organizativo del centro para potenciar su carácter inclusivo y democrático» (p. 15). Como tal modelo exige un conjunto de planteamientos educativos que se adoptan de modo conjunto en torno a los procesos de enseñanza y aprendizaje y, dentro de ellos, sobre los problemas de disciplina y de convivencia que puedan surgir.

7. ASEGURAR EL ÉXITO EDUCATIVO A TODOS LOS ALUMNOS

«Éxito educativo para todos» se ha convertido últimamente en un lema de las políticas educativas para el nuevo milenio. De acuerdo con los objetivos del *Programa de Educación y Formación 2010*, derivado de los objetivos estratégicos establecidos en el Consejo de Lisboa de 2000, se ha convertido en una de las agendas de las políticas educativas de la Unión Europea. Así, un conocido Informe francés (Thélot, 2004), elaborado a partir de un Debate Nacional sobre el porvenir de la escuela, se titula precisamente: *Por el éxito escolar de todos los alumnos* (*Pour la réussite de tous les élèves*). En Inglaterra se publica en 2003 el libro verde y programa *Cada niño importa* (*Every child matters*). El libro propuesta que sirvió de base en España para hacer la Ley Orgánica de Educación (LOE) se tituló *Una educación de calidad para todos y entre todos*. Por su parte, las leyes educativas que han elaborado o están haciéndolo las comunidades autónomas (Andalucía, Cantabria o Cataluña) se proponen, como objetivo prioritario, el éxito educativo de todos los alumnos, en línea con los objetivos fijados por la Unión Europea.

Las políticas educativas actuales de «éxito educativo para toda la población» provienen de una doble convicción, al tiempo que necesidad:

a) garantizar a todos los alumnos una *amplia escolaridad* (al menos 16 años para todos, y para un 85% la Secundaria Superior), reduciendo al máximo el abandono escolar; y

b) asegurar la adquisición de *competencias básicas* que les permitan integrarse en la sociedad del conocimiento sin riesgo de exclusión.

Se trata de garantizar el derecho a la educación de todos los alumnos, entendido como la adquisición del conjunto de competencias necesarias para su realización personal, ejercer la ciudadanía activa e incorporarse a la vida adulta de manera satisfactoria. Además, como señala Escudero (2008),

> *El éxito escolar ha de vincularse a una perspectiva de justicia social. Aunque es evidente que una sociedad justa depende y se resuelve en otras muchas esferas además de la educativa, a la escuela le toca la responsabilidad propia de realizar satisfactoriamente el derecho esencial de todas las personas a la educación: es un derecho con valor en sí y además, un espacio de creación de otros derechos y deberes. Garantizar a todo el alumnado la formación debida entronca con la justicia y así deviene un imperativo ético y social inexcusable.*

La mejora escolar es una estrategia para el cambio educativo que se focaliza en el aprendizaje y niveles de consecución de los estudiantes, modificando la práctica docente y adaptando la gestión del centro en modos que apoyen la enseñanza y el proceso de aprendizaje que queremos (Hopkins, 2001). Por eso, el blanco o núcleo duro al que deben tender todas las acciones es a la mejora de la práctica docente, de modo que las *buenas experiencias de aprendizaje* proporcionadas afecten al progreso educativo de todo el alumnado. Todas las labores en un nivel de centro, en último extremo, tienen que contribuir a incrementar la educación y el aprendizaje de todo el alumnado. Es cierto que dichos resultados no pueden limitarse a los niveles de consecución académica para, sin desdeñarlos, incluir también dimensiones afectivas, sociales y personales (capacidades y habilidades sociales y personales, educación cívica y responsabilidad social, etc.). Se tienen que valorar, además, no sólo los niveles finales de consecución obtenidos sino también los procesos: cómo los han alcanzado (calidad de la enseñanza ofrecida) y cómo son atendidos los alumnos más desaventajados socialmente.

De lo que se trata es de garantizar a todos con eficacia una buena educación, además de asegurar una escolarización de toda la población escolar durante toda la etapa obligatoria; el reto actual es que los centros escolares garanticen a *todos los alumnos*, equitativamente, la adquisición de las *competencias básicas* que les permitan integrarse como ciudadanos en la esfera pública. El derecho a la educación es, ante todo, el derecho a aprender.

> *Si el reto del siglo XX fue crear un sistema de escuelas que pudiera proporcionar una escolaridad mínima y una socialización básica a las masas de ciudadanos que hasta el momento no habían recibido educación, el del siglo XXI es que las escuelas garanticen a todos los estudiantes y en todas las comunidades el derecho genuino a aprender. Hacer frente a este nuevo desafío no requiere un mero incremento de tareas. Exige una empresa fundamentalmente diferente* (Darling-Hammond, 2001: 42).

La diferenciación de la enseñanza requiere que los profesores sean flexibles en su enfoque para enseñar y ajusten el currículo a los aprendices más que los aprendices al currículum. Así pues, la diferenciación de la enseñanza se basa en la aceptación de un principio: los enfoques instructivos deben variar y ser adaptados a los estudiantes individuales. La instrucción diferenciada es un proceso para que todos los estudiantes puedan aprender en la misma clase aunque tengan rasgos diferentes. El propósito de diferenciar la instrucción es maximizar el crecimiento y éxito individual de cada estudiante conociendo a cada uno y ayudándole en su proceso de aprendizaje.

Una enseñanza diferenciada no es otra cosa que una enseñanza que ofrece a cada alumno las oportunidades necesarias para alcanzar aquellos aprendizajes que se han considerado necesarios. La enseñanza puede diferenciarse, ya sea por la incorporación de nuevos elementos, ya sea por la combinación de elementos ya existentes. Tomando como referencia el marco propuesto por el *North Central Regional Educational Laboratory* (NCRL), podemos encontrar hasta ocho elementos de diferenciación (ver cuadro 1). Siguiendo a Tomlinson (2001), los criterios de diferenciación serían cuatro:

- El contenido (lo que el estudiante tiene que aprender o cómo el estudiante conseguirá el que el estudiante obtiene con su aprendizaje.
- El ambiente de aprendizaje (todo aquello que configura el clima del centro o el aula).
- Los productos que el estudiante obtiene con su aprendizaje.
- El ambiente de aprendizaje (todo aquello que configura el clima del centro o del aula).

Cuadro 1: Indicadores para reconocer el nivel de diferenciación de la enseñanza

INDICADORES	DESCRIPTORES
Visión del aprendizaje	Responsabilidad en el aprendizaje Motivación para el aprendizaje Estrategias para el aprendizaje Colaboración en el aprendizaje
Tareas de aprendizaje	Sugerentes Auténticas Integradas
Evaluación del aprendizaje	Basada en las realizaciones Generativa o formativa Integrada en el currículo y la enseñanza
Estrategias y modelos de enseñanza	Interactivo Generativo
Contextos de aprendizaje	Comunidades de aprendizaje Colaborativo Empático
Agrupamientos del alumnado	Heterogéneo Flexible Equitativo
«Roles» del profesor	Facilitador Guía Aprendiz Investigador
«Roles» del alumnado	Explorador Aprendiz cognitivo Productor de conocimiento

La enseñanza se puede diferenciar, por tanto, atendiendo a distintos aspectos, siguiendo distintas estrategias y, como resultado, puede adoptar distintas formas. Sin embargo, hay un conjunto de principios que podrían ser compartidos por todos los educadores que realicen una enseñanza diferenciada:

1. Relacionar el contenido de la enseñanza con problemas o temas próximos a los alumnos.
2. Facilitar la integración de los contenidos aportados por las distintas disciplinas.
3. Animar a los estudiantes a comprometerse en su propio aprendizaje y dejándoles oportunidades para que asumen responsabilidades.
4. Crear un clima de colaboración entre los alumnos y animándolos a que comparten sus aprendizajes.
5. Desarrollar en los alumnos las destrezas de pensamiento, así como su capacidad para la indagación.
6. Enriquecer el medio escolar con todas experiencias, recursos y oportunidades que sean posibles.

8. EL APRENDIZAJE COMO RECONSTRUCCIÓN PERSONAL DE UNA EXPERIENCIA COMPARTIDA

Buena parte de los esfuerzos de los precursores de una educación democrática, como John Dewey, se dirigieron a lograr que la escuela pudiera proporcionar a sus alumnos la oportunidad de participar en las actividades propias de una vida adulta, facilitando así el encuentro entre la escuela y la sociedad. La razón de este proceder se encuentra tanto en el concepto de educación como en el concepto de democracia que tenía Dewey. Para él la democracia era *un modo de vivir asociado, de experiencia comunicada conjuntamente* y, desde esta concepción, la educación dota a las personas del saber necesario para que puedan comunicar y compartir sus experiencias. El poder para ejercer la soberanía que todo ciudadano tiene en una sociedad democrática requiere un saber que le permita una utilización responsable. Por eso, tanto para Dewey como para nosotros, la educación es la piedra angular de cualquier sociedad democrática.

Hay situaciones que evidencian las dificultades que presenta esta opción de un modo inequívoco, así Dewey cuenta en uno de sus libros la siguiente anécdota: después de buscar y rebuscar por toda la ciudad un tipo de mobiliario que fuera adecuado para los alumnos que tenía en su escuela y de no encontrar nada que pudiera merecerle ese calificativo, un inteligente carpintero le ayudó a comprender la razón de su búsqueda infructuosa. «Me temo que no tenemos lo que desean. Ustedes quieren algo donde los niños puedan trabajar, pero todo lo que tenemos es para escuchar».

Pues bien, mientras se invita al alumnado a escuchar buena parte del significado y del sentido de su propia educación se está perdiendo, de este modo la escuela pierde, como hemos dejado escrito, buena parte de su valor educativo. La aparición de un nuevo tipo de sociedad, la sociedad de la información, ha podido agravar la gravedad del problema.

> *El problema no reside en la cantidad sino en la calidad y relevancia de las informaciones, en la orientación y realización consciente y razonada de los sentimientos, de las actitudes y de las conductas. El individuo no puede procesar la cantidad de información que recibe y en consecuencia se llena de ruidos, de elementos aislados, más o menos, sobresalientes pero que no puede integrar en esquemas de pensamientos para comprender mejor las características de la realidad compleja en la que vive, por tanto, el reto se sitúa en la dificultad de transformar las informaciones en conocimiento y el conocimiento en pensamiento y sabiduría y éste es, yo creo el reto de la escuela contemporánea para facilitar la construcción de un individuo de un sujeto relativamente autónomo* (Pérez Gómez, 2006: 99).

Una vez más, la cuestión se repite, el valor educativo del tipo de información o de una forma de conocimiento, no está dado, depende de su contribución a la construcción de un sujeto autónomo comprometido con la sociedad en la que vive. Por otra parte, conviene no olvidar que la transformación de la información en conocimiento (eje de todo proceso de aprendizaje) viene precedida de una transformación del conocimiento en información (eje de todo proceso de enseñanza) y que toda transformación requiere la mediación de un proceso de comunicación (ver cuadro 2).

Cuadro 2: El ciclo recursivo del conocimiento y la información (Orna y Stevens, 2000: 49).

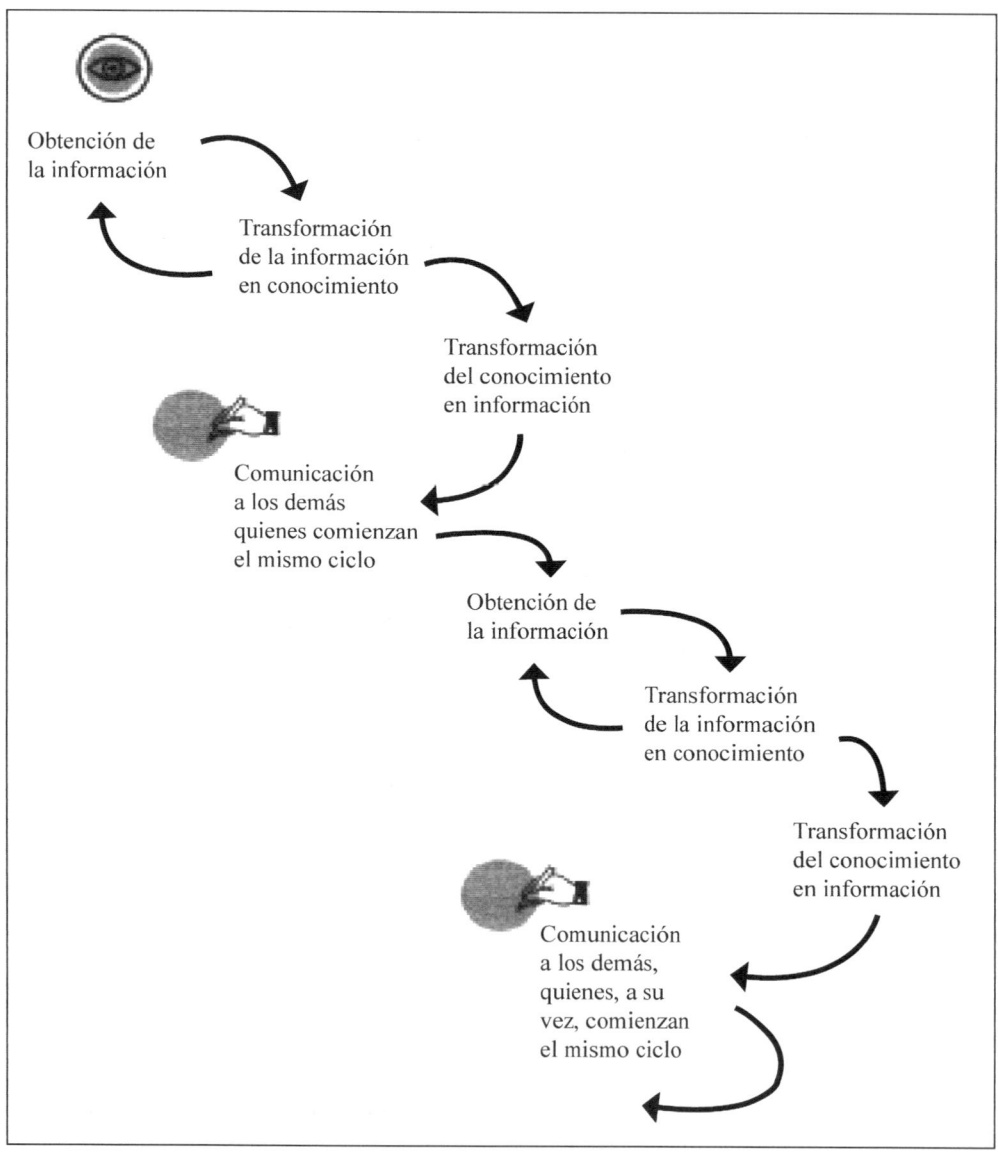

Llegados a este punto, es importante recordar que las investigaciones actuales sobre el aprendizaje ponen de manifiesto la existencia de dos grandes dilemas. Por un lado, resulta difícil adquirir conocimiento nuevo si este no se pone en relación con el conocimiento no adquirido. Si esta relación no se produce todo aprendizaje es superficial y fácilmente olvidado (Bransford, Brown, & Cocking, 1999). Por otra parte, si el conocimiento no se adquiere de forma que pueda ser transferido, los estudiantes sólo adquieren una cultura académica que sólo tiene valor para dentro de la escuela o de los sistemas educativos.

Pues bien, el aprendizaje activo puede haber tenido éxito en la resolución del primer dilema, pero sus aportaciones son limitadas en cuanto al segundo. Sin embargo, es en este segundo dilema en donde el aprendizaje generativo ha obtenido sus mejores resultados. Se da, además, una circunstancia que otorga un gran valor a este tipo de aprendizaje: se utiliza con frecuencia para promover el aprendizaje en grupos heterogéneos de alumnos. Pues bien, siendo como es el aprendizaje en grupos heterogéneos uno de los mayores retos a los que deberemos enfrentarnos en el futuro, parece lógico pensar que el futuro de este tipo de aprendizaje puede ser muy prometedor.

Este dilema, como cualquier otro, no es muestra de obstáculo sino el indicador de una complejidad y, como tal debemos entenderlo, la complejidad que se deriva de lograr que cada persona asuma como propias las experiencias vividas y pueda construir su identidad a través del significado que otorga a esas experiencias.

En los trabajos de Dewey podemos encontrar un sencillo principio con un gran valor heurístico para la resolución de ese dilema: la acción precede al pensamiento en el desarrollo del niño y, por eso, todo conocimiento es una reconstrucción de la experiencia. Esto implica que debe darse una cierta congruencia entre el aprendizaje experiencial que el alumno/a tiene fuera de la escuela y la creación de comunidades democráticas en el centro escolar. Por eso, también el proyecto apuesta social y políticamente por incrementar la participación de los ciudadanos en todas las decisiones colectivas, por lo que la educación ética y cívica no debe quedar recluida a los centros escolares.

9. EL CURRÍCULUM DEMOCRÁTICO: LOS APRENDIZAJES BÁSICOS COMO RENTA CULTURAL MÍNIMA

La selección de aprendizajes básicos es una de las decisiones más importantes que cualquier sociedad debe adoptar para garantizar su propia continuidad. Históricamente cada sociedad ha definido su propio perfil de persona educada y, en muchos casos, se han definido varios perfiles en consonancia con los distintos grupos sociales. Así pues, una de las cuestiones esenciales que tiene que resolver cualquier sociedad es la selección de la cultura relevante que debe ser enseñada y vivenciada en los centros educativos. A nuestro juicio, la escuela debe recuperar su papel como institución socializadora por excelencia, al tiempo que incidir en su función transformadora de la sociedad. Por eso, una de las primeras tareas es ofrecer alguna alternativa a la cuestión: ¿qué debe enseñar la escuela?, es decir, qué tipo de cultura debe ofrecer a los alumnos y alumnas que en ella aprenden, qué finalidad debe perseguir ese aprendizaje, qué elementos culturales son más relevantes para actualizar ese papel.

¿Qué competencias fundamentales es preciso seleccionar, dentro de la cultura transmitida por la escuela? Es un debate que, al menos en España, no se había formulado a nivel oficial, cuando cada vez resulta más necesario recentrar el sistema educativo en los aprendizajes fundamentales. Ahora la Ley Orgánica de Educación de 2006, además de fijar el currículum común, habla de definir las competencias básicas en cada etapa de la escolaridad obligatoria, prioritarias para todos los alumnos. Este currículum no es igual ni se identifica con la suma acumulativa de los programas de todas las asignaturas o disciplinas que forman parte de los distintos cursos de la educación obligatoria, sino aquello que es indispensable para moverse en el siglo XXI en la vida social sin riesgo de verse excluido. Ofrecer a los alumnos una escolaridad común hasta los 16 años requiere, paralelamente, redefinir la cultura común, delimitando el *currículum común, básico* o *indispensable* para todos en el siglo XXI.

Los saberes necesarios para el ciudadano del siglo XXI han sido objeto de un amplio debate en Europa en la última década. El formato disciplinar heredado de la modernidad, parcelado en distintas asignaturas, crecientemente se ha tornado insuficiente. Es preciso repensar cuáles son las *competencias básicas* que, de modo integrador, configuran una educación deseable para la ciudadanía de este nuevo siglo. De este modo, se establece un modo de integración de los conocimientos de las distintas áreas o materias, en una perspectiva de «aprendizaje a lo largo de la vida», que se deberán concretar en niveles de dominio e indicadores para establecer las evaluaciones de escuelas y estudiantes en la educación obligatoria. La Comisión Europea ha establecido un marco de referencia europeo con *ocho competencias clave*, recomendando su adopción a los países miembros en una perspectiva de «aprendizaje a lo largo de la vida», lo que ha motivado su introducción progresiva en el currículum de los distintos países (Francia, España, Portugal, Bélgica, Reino Unido, etc.).

Remontando al pasado más inmediato, en este tema es obligado referirse al informe realizado por una comisión internacional, presidida por Jacques Delors, a la Unesco sobre la Educación para el siglo XXI (*La educación encierra un tesoro*, 1996). Además de entender que la educación es la esperanza para un mejor futuro de los pueblos, propone *cuatro pilares de la educación del futuro*, derivados de un examen de las tendencias históricas de la educación y de sus relaciones con los avances científicos y tecnológicos, así como con los cambios bruscos en la división del trabajo. Si bien los dos primeros (*aprender a conocer* y *aprender a hacer*) forman parte del acerbo de la educación, el Informe Delors no los plantea como un dilema (cultura general o técnica y profesional), sino como complementos necesarios. A ambos, la comisión agrega el tercero de los pilares (*aprender a vivir juntos* y aprender a vivir con otros), entendiendo que ya no es sólo en el espacio nacional, sino con toda la especie humana en un mundo globalizado. Por último, el cuarto pilar, siguiendo el anterior Informe Faure, es que los alumnos *aprendan a ser*. Una educación que integre estas cuatro aspiraciones contribuirá a formar personas completas y competentes en el mundo del siglo XXI. Como dice textualmente el Informe Delors (pág. 76, cap. 4):

> *Eso que proponemos supone trascender la visión puramente instrumental de la educación considerada como la vía necesaria para obtener resultados (dinero, carreras, etc.) y supone cambiar para considerar la función que tiene en su globalidad la educación. La realización de la persona, que toda entera debe aprender a ser* (p. 76).

Tres años después (1999), al filo del siglo XXI, Edgar Morin publicaba su informe también para la UNESCO titulado *Los siete saberes necesarios para la educación del futuro*, con el objetivo de contribuir al debate internacional sobre la reorientación de la educación hacia el desarrollo sostenible. El libro se estructura en siete capítulos, que se corresponden cada uno con un saber necesario para la educación del futuro, que son también contenidos ignorados o descuidados en la educación actual. A saber: las cegueras del conocimiento: el error y la ilusión; los principios de un conocimiento pertinente; enseñar la condición humana; enseñar la identidad terrenal; enseñar las incertidumbres; enseñar la comprensión; la ética del género humano. Cubrir estos vacíos es necesario, sugiere Morin, para alcanzar y promover valores y principios en educación que hagan posible mejorar la formación humana ante los retos del siglo XXI. Por otra parte, para hacer frente a la creciente complejidad, se requiere reorganizar el conocimiento en una perspectiva más integradora. Como señala en el texto, «la paradoja de nuestra civilización es que ha producido progresos inimaginables en todas las áreas del conocimiento científico y en la tecnología, pero también una especie de ceguera que no se percata de la complejidad de las problemáticas globales».

Este currículum básico no es igual ni se identifica con la suma acumulativa de los programas de todas las asignaturas o disciplinas que forman parte de los distintos cursos de la educación obligatoria, sino aquello que es indispensable para moverse en el siglo XXI en la vida social sin riesgo de verse excluido (Bolívar, 2008). Estas enseñanzas comunes se han de poner al servicio de la adquisición de la cultura común, sustantiva y transversal, que la educación obligatoria debe garantizar a todo ciudadano para una vida social integrada y una realización personal. Como tal, la Administración educativa se compromete a que todo alumno, al término de la escolaridad obligatoria, pueda adquirir realmente las competencias que compongan dicho bagaje común. Es también expresión del principio de equidad que el sistema educativo debe proponerse para todos, independientemente de las lógicas selectivas (Dubet, 2005). Si todos los alumnos no pueden alcanzar lo mismo, equitativamente todos deben adquirir dicho núcleo común.

La equidad educativa reclama que toda persona (muy especialmente los alumnos y alumnas en mayor grado de dificultad) tiene derecho a ese mínimo cultural común, suprimiendo la selección en este nivel, lo que no impide que posteriormente puedan ir más lejos en las diversas posibilidades de formación. Por tanto, todo ciudadano tiene que adquirir y poseer dicha cultura común, justamente porque es la que le permite ejercer el oficio de ciudadano, que –como tal– se identifica con lo que en el Proyecto Atlántida hemos llamado el «currículum democrático» (Guarro, 2002). La misión primera del sistema escolar es, en efecto, que todos los alumnos posean los conocimientos y competencias juzgadas como indispensables o fundamentales, a adquirir en esta primera etapa de la vida. La enseñanza obligatoria debe garantizar la «renta básica» de cualquier ciudadano, como –en analogía con lo social– representa el salario cultural mínimo.

Un currículum, como propuesta cultural democrática ofrece a los procesos de enseñanza y aprendizaje escolares un marco de referencia mucho más abierto y relacionado con la sociedad. Permite que se aborden cuestiones importantes tanto individual como socialmente. Facilita que los aprendizajes resulten útiles para participar en la sociedad y desarrollar la autonomía personal. Además, favorece la implicación de la escuela en los problemas que preocupan a la sociedad y a los ciudadanos, en lugar de eludirlos en aras de una pretendida neutralidad. La tradicional lógica disciplinar, e incluso las áreas curriculares, para el aprendizaje y la enseñanza, ofrecen pocas posibilidades de apertura a la sociedad, es decir, a los problemas que la sociedad y los ciudadanos tienen. Y esa conexión con «lo que ocurre fuera de la escuela» es indispensable para construir una cultura democrática, además de motivar al alumnado que la ha de aprender.

El interés de la educación democrática por el currículo, entendido como experiencias educativas de los alumnos, es tan grande que desde los primeros trabajos de Dewey podemos encontrar referencias a esta cuestión. Su preocupación, una vez más, es lograr que la escuela ofrezca a sus alumnos el mismo tipo de actividades que son habituales en la sociedad.

Creo, en consecuencia, que el verdadero centro de correlación de las materias escolares no es la ciencia, ni la literatura, ni la historia, ni la geografía, sino las propias actividades sociales del niño (Dewey, 1997: 43).

Situando en el centro del currículum las actividades sociales que el niño desarrolla, Dewey no sólo era coherente con su visión de la educación como una forma de vida, sino que alumbraba una de las líneas de trabajo que muchos autores luego desarrollaron: el currículum integrado (*core currículum*). Entre los continuadores de esta línea de trabajo se encuentra Jerome Bruner.

En 1960, Bruner (catedrático de la Harvard University) propuso un *Plan de estudios en espiral* centrado en los grandes asuntos, los principios y los valores que una sociedad considera esenciales (Bruner, 1960). Tomando como referencia esta idea son muchas las instituciones que han tratado de utilizar este modo para definir su propio marco curricular. Bruner (1975) describió este modelo de diseño y desarrollo curricular de esta manera: se comienza desde un nivel sencillo de modo intuitivo y, una vez dominado este nivel, se reconstruye el aprendizaje adquirido introduciendo nuevas operaciones intelectuales, en un diseño más formal, y se amplía el contenido; alcanzado este nuevo nivel, se procede del mismo modo, se reconstruye el aprendizaje adquirido, se introducen nuevas operaciones y se amplía el contenido. Esta forma de proceder permite, a la vez que el espacio ocupado por cada giro, que se incorporen nuevos contenidos y estos contenidos se integren con la cultura local.

Para Bruner era necesario que un mismo contenido se adquiriera tanto de forma inactiva (mediante movimientos o acciones manuales), como de forma icónica (mediante imágenes), como de forma simbólica (mediante fórmulas, conceptos, modelos, etc.). Así, por ejemplo, el aprendizaje de las matemáticas requería que una misma operación (sumar) fuera adquirida a través de bloques (inactiva), de imágenes (icónica) y operaciones (sinbólica). Toda la secuencia de aprendizaje es espiral y está inspirada en los principios de aprendizaje que Bruner considera esenciales:

1. La instrucción debe estar preocupada por las experiencias y los contextos que hacen al estudiante capaz de aprender (el estado de preparación).
2. La instrucción debe estar estructurada con el propósito de que pueda implicar al estudiante fácilmente (la organización en espiral).
3. La instrucción debe ser diseñada para facilitar la transferencia hacia otras situaciones y la integración del conocimiento en la cultura y de la cultura en el conocimiento.

10. APRENDER A PENSAR: DE LA LIBERTAD DE CREENCIAS A LA LIBERTAD DE PENSAMIENTO

La escuela como espacio público es un contexto y lugar donde las personas pueden hablar, dialogar, compartir experiencias y esforzarse por unas relaciones que abren el ejercicio de una ciudadanía activa. Desde esta perspectiva, en último extremo, una educación para la ciudadanía se orienta a contribuir a formar ciudadanos más competentes cívicamente y comprometidos en las responsabilidades que entraña pensar y actuar teniendo presentes las perspectivas de los otros (actuales o futuros).

La preocupación y el interés por el aprendizaje del pensamiento es otra de las constantes tradicionales de la educación democrática iniciada por Dewey y desarrollada por muchas personas e instituciones. Así, por ejemplo, para la *Coalition of Essential School,* una educación democrática es una educación interesada en que las personas aprendan a utilizar bien su mente.

> *Nadie puede decirle a otra persona cómo debe pensar, del mismo modo que nadie debe instruirlo en cómo debe respirar o hacer que circule su sangre. No obstante, es posible indicar y describir a grandes rasgos las distintas maneras en que los hombres piensan realmente. Algunas de ellas son mejores que otras y se pueden enunciar las razones por las cuales son mejores. Quien comprende cuáles son las mejores maneras de pensar y por qué son mejores puede, si lo desea, modificar su propia manera de pensar para que resulte más eficaz, es decir, para realizar mejor el trabajo que el pensamiento es capaz de realizar y que otras operaciones mentales no pueden llevar a cabo con la misma eficacia* (Dewey, 1989: 21).

En el colegio de Educación Secundaria de *Central Park Este* (*Central Park East Secondary School*: CEPSS), uno de los centros más representativos de una educación democrática, se ha organizado el currículum de los estudiantes de modo que al concluir su escolarización estén en condiciones de responder a cinco preguntas, sea cual sea la cuestión que se les plantee:

¿Cómo sabes lo que sabes?
¿De quién es el punto de vista desde el que se presenta esto?
¿Cómo se relaciona este acontecimiento o trabajo con otros?
¿Qué ocurriría si las cosas fueran diferentes?
¿Por qué es importante esto?

Las preguntas seleccionadas ponen en marcha el pensamiento y con él crean las condiciones para que la experiencia vivida en la escuela se transforme en conocimiento.

Hemos organizado nuestro currículum y nuestra evaluación en torno a la idea de que una persona habituada a buscar respuestas a estas cinco preguntas utiliza su mente bien cuando le presentan una situación nueva (Meier y Schwarz, 1997: 54).

De acuerdo con una de las condiciones que definía Guttman para identificar una educación democrática (no represión), en una sociedad consciente de la reproducción social la educación debe ser no represiva. Esto quiere indicar que debe cultivar –frente al prejuicio– la libertad de pensamiento, la tolerancia frente a la intolerancia, el respeto mutuo ante el desacuerdo razonable. Estos son conjuntamente habilidades cognitivas y virtudes que la educación ha de cultivar en los futuros ciudadanos. Esto implica cultivar diversas formas de pensamiento (incluido el pensamiento reflexivo).

Pensar es una actividad mental a través de la cual y mediante la cual diversos modos de pensamiento, solos o combinados, operan sobre las «ideas» para modificarlas, utilizarlas, aceptarlas, rechazarlas, obteniendo de este modo nuevas ideas. Conviene advertir que la forma en que hemos definido la actividad de pensar hace referencia a una forma de actividad, pero a ninguno de sus resultados. Esto significa que para nosotros pensar no es lo mismo que creer. Esta diferencia es importante.

Una cosa es lo que Juan, María o Aquiles *creen* sobre la democracia o sobre el racismo, y otra muy diferente es cómo han llegado *pensar* eso que creen. En algunos casos, esas creencias ni siquiera han sido pensadas. Esta diferencia entre pensar y creer es la misma que se puede establecer entre una persona que «piensa bien» y una persona «bienpensante». Una persona que piensa bien es una persona que utiliza adecuadamente los distintos modos de pensar. Una persona «bienpensante» es una persona que cree lo que le parece bien creer.

La libertad de pensamiento es, sin lugar a dudas, una de las piedras sobre la que se han construido las sociedades occidentales. La libertad de expresión y de reunión son las otras dos piedras capitales. La libertad de pensamiento ha venido siendo considerada, ante todo, como la libertad de creencia, o lo que es lo mismo, la libertad de elegir las propias creencias. Libertad de pensamiento se identifica entonces con la libertad de credo.

Hoy en día decimos que en un país hay libertad de pensamiento cuando una persona puede aceptar una determinada creencia u otra, sin que por ello corra ningún riesgo su bienestar ni su vida, o la que cualquier persona de su familia. Por decirlo de un modo que puede resultar algo exagerado, pero clarificador: la libertad de pensamiento podría ser comparada con la libertad de elección de mercancías dentro del mercado general de las ideas y creencias.

Ahora bien, una vez aceptada la creencia, lo que comienza a resultar difícil es seguir reclamando el derecho a pensar, e incluso tener el valor de pensar. Por seguir con los ejemplos, podríamos decir que una vez que el consumidor adquirió la mercancía (creencia), no puede realizar ningún tipo de reclamación. Es así como en el terreno del pensamiento se pierden derechos que están reconocidos en el mercado de bienes, como muy bien sabenlos disidentes. Llegados a este punto no debemos encontrarnos muy lejos de eso que nuestro genial Juan de Mairena llamaba el infierno de Dante: los hombres cada cual en su carril y las piedras circulando libremente.

En el marco de una educación democrática, la libertad de pensar siempre se ha considerado un aprendizaje básico. Tal y como nosotros lo vemos, «pensar» es, a la vez, una fuente de saber, de placer y de poder. Pensar nos permite comprender el complejo mundo en el que vivimos, ampliar nuestras posibilidades de adaptarnos a él y nuestra capacidad para mejorarlo. Placer y poder se conjugan en la aventura de pensar para lograr su propósito esencial: comprendernos a nosotros mismos y al mundo en que vivimos.

En cualquier caso, pensar y pensar bien es una necesidad vital, dada la complejidad del mundo en el que vivimos y el lugar preeminente que en este mundo están ocupando la información y el conocimiento. Caminamos hacia una sociedad del conocimiento que es, paradójicamente, una sociedad de la incertidumbre. Mejorar nuestros modos de pensar, hasta llegar a tener una cabeza bien ordenada, se nos antoja una de las pocas formas de sentirse protagonista de la realidad.

Esforzarse en pensar bien es practicar un pensamiento que se afana sin cesar en contextualizar y globalizar sus informaciones y conocimientos, que se aplica sin cesar a luchar contra el error y la mentira hacia uno mismo, cosa que nos lleva una vez más al problema de la «cabeza bien ordenada» (Morin, 2000b: 79).

11. LA EDUCACIÓN PARA UNA CIUDADANÍA DEMOCRÁTICA: COMUNIDADES QUE EDUCAN

La condición de ciudadanía, como ha defendido Habermas (1999), no se debe asociar a una identidad nacional o a un conjunto de rasgos culturales o biológicos, sino a una comunidad que comparte por igual un conjunto de derechos democráticos de participación y comunicación. En lugar de compartir un conjunto de costumbres pasadas, lo que se precisa es la socialización de los ciudadanos en una cultura política, donde los derechos de los grupos deben ser compatibles con la autonomía.

La *tradición liberal*, con su acento individualista en el ejercicio de los derechos, se nos ha mostrado insuficiente, aparte de haber dado lugar a una concepción de la democracia como mercado, con unos ciudadanos pasivos y escasos deberes con lo común. Con su diferenciación de esferas entre lo público y lo privado, la perspectiva liberal tiene problemas para resolver el dilema entre la defensa de la autonomía y libertad personal por un lado, y valores cívicos y comportamientos ciudadanos por otro, dado que impide que una institución pública como la escuela pueda interferir en los valores individuales. El Estado debe mantener una neutralidad, al menos formal, entre las diversas concepciones de vida buena. En estos casos, la educación cívica se reduce a un minimalismo, más o menos ampliado, conjugado con el pluralismo y la tolerancia (Gutmann, 2001).

La insatisfacción con esta herencia moderna ha provocado, como dice Bolívar (2007: 20-22), desde distintos frentes (movimiento comunitarista en filosofía moral y política y republicanismo cívico), reivindicar la educación para una ciudadanía distinta, más cercana a la «libertad de los antiguos». Desde el ángulo *comunitarista*, acorde con la reivindicación multiculturalista, se propone un reconocimiento de la identidad cultural que puede abocar a una ciudadanía «fragmentada» o «diferenciada», que quiebra el principio de igualdad moderno. Por su parte, la *ciudadanía republicana* aboga por que los individuos se sientan («identidad cívica») miembros de una comunidad, vinculados por un conjunto de *deberes cívicos* y no sólo derechos individuales. Por eso, actualmente, la tradición de filosofía moral y política que pueda apoyar mejor una *noción robusta de ciudadanía* es el llamado «republicanismo cívico», frente al liberalismo y al comunitarismo, por cifrarnos en las tres grandes corrientes de pensamiento. Bolívar (2007: 22) cita las siguientes palabras de Juan Carlos Velasco (2004: 199-200):

> *Mediante la generalización del status de ciudadano busca configurar una identidad colectiva basada en la participación activa y responsable de los individuos en los asuntos públicos. [...] El ideal republicano está indisolublemente ligado al ejercicio real de la democracia y, particularmente, a prácticas reales tales como la participación en las deliberaciones públicas, la exigencia de publicidad y transparencia en los procedimientos y el ejercicio colectivo de los controles sobre las autoridades.*

Los derechos individuales de cada ciudadano (tradición liberal) se ven condicionados por la solidaridad cívica que deben tener con aquellos principios compartidos en una comunidad política. Además, viene a ser una buena alternativa a las propuestas comunitaristas, por asentarse en una identidad cívica y no étnica o cultural, configurada en valores y principios que posibilitan la vida en común. Como señala uno de los reconocidos teóricos (Pettit, 1999: 318), las leyes políticas «Deben estar encauzadas o incrustadas en una red de normas cívicas, sostenidas por hábitos de virtud cívica y buena ciudadanía –por hábitos, dígase así, de civilidad–, si quieren tener alguna oportunidad de prosperar. [...] Uno de los temas recurrentes en la tradición es que la república requiere una base de civilidad generalizada; no puede nutrirse sólo de leyes.

Es preciso, entonces, la formación de los ciudadanos en aquel conjunto de virtudes y carácter (hábitos) que hacen agradable (además de posible) la vida en común. Se entiende que la educación de los futuros ciudadanos debe tener como objetivo prioritario capacitarlos, conjuntamente, tanto para ser individuos *autónomos* («aprender a ser») en la esfera pública (herencia liberal ilustrada) como para vivir con las *virtudes cívicas* necesarias para asumir y profundizar la democracia («aprender a vivir juntos»), como señalaba el Informe Delors. Aun con los problemas que conlleva, una capacidad propia de juicio debe conjugarse con unos marcos comunes, propios de la identidad cívica, que conduzcan a solidarizarse, compartir y colaborar. Se trata, conjuntamente, de fomentar de modo no neutral los valores liberales, pero también de promover un bien común compartido, que pueda aportar la necesaria cohesión e identidad social.

El civismo de los ciudadanos comprende todo aquello que hace posible una convivencia en el espacio público. Como comentan Victoria Camps y Salvador Giner (1998, 115 y 154), «la democracia es la expresión política del civismo (...); asumir e interiorizar los valores democráticos o cívicos es la condición de la ciudadanía. (...) El civismo, de hecho, es el nombre de una ética laica, una ética de mínimos compartible por cualquier persona que quiera participar en la vida colectiva». Como la condición de «ciudadanía», el civismo incluye, por una parte, el conjunto de comportamientos propios de una «buena» educación, y por otra, todos aquellos modos y valores (cultura o *éthos*) que conforman una cultura pública de convivencia, al tiempo que son expresión de unos determinados valores morales (laicos), sin los que no es posible la vida en común.

La educación *para el ejercicio de la ciudadanía* debe ser entendida en un sentido amplio, no referido a alguna materia dedicada específicamente a ello, aunque en determinados niveles educativos (Secundaria y Bachillerato) su presencia quede asegurada, si existe un tiempo y espacio, mediante una materia o área dedicada específicamente. La educación para el ejercicio del oficio de ciudadano comienza, entonces, con el acceso a la escritura, lenguaje y diálogo; continúa con todo aquello que constituye la tradición cultural y alcanza sus niveles críticos en la adolescencia, con el aprendizaje y práctica de contenidos y valores compartidos que posibiliten la integración y cohesión política. Para ello, el sistema educativo debe asegurar a todo ciudadano la adquisición de todo el conjunto de saberes y competencias que posibiliten la participación activa en la vida pública, sin verse excluido. Por eso, en lugar de reducirla a un conjunto de valores éticos y cívicos, cabe entenderla mejor como el «currículum básico» indispensable que todos los ciudadanos han de poseer al término de la escolaridad obligatoria (capital cultural mínimo y activo competencial necesario para moverse e integrarse en la vida colectiva), lo que comprende también, sin duda, los comportamientos y actitudes propios de una ciudadanía activa. En modo similar, dice Kymlicka (2001):

> La educación para la ciudadanía no es un tema aislado del currículo, sino uno de los objetivos rectores o de los principios que lo configuran en su conjunto (p. 251).

Una educación para la ciudadanía adecuadamente orientada es algo más que el aprendizaje de los hechos básicos relacionados con las instituciones y los procedimientos de la vida política; debe afectar a todo el sistema educativo, incluidas acciones paralelas en otras instancias sociales. Si bien precisa conocimientos, éstos no garantizan el ejercicio de una ciudadanía democrática. Además de una concepción de la educación escolar, la Educación para la Ciudadanía (EpC) es un conjunto de prácticas escolares que puedan contribuir a consolidar los valores que cimentan una sociedad democrática. Por eso, revitalizar la EpC, formar ciudadanos, significa entonces no sólo enseñar un conjunto de valores propios de una comunidad democrática, sino estructurar el centro y la vida en el aula con procesos (diálogo, debate, toma de decisiones colegiada) en los que la participación activa en la resolución de los problemas de la vida en común contribuya a crear los correspondientes hábitos y virtudes ciudadanas. Es la configuración del centro escolar como un grupo que comparte normas y valores la que provoca una genuina educación cívica. En el sentido comprensivo que venimos defendiendo, Pedró (2003) la define como:

> El conjunto de prácticas educativas que conducen al aprendizaje de la ciudadanía democrática, lo cual incluye tanto los conocimientos y las habilidades formales requeridas para el ejercicio de la ciudadanía en el sistema político como, en el terreno de los contenidos, los valores y las actitudes que fundamentan un comportamiento cívico sostenido en cualquier esfera de la vida social y política (p. 239).

Toda una larga generación de literatura (estudios e investigaciones) ha subrayado que la educación cívica, como la educación moral, no puede consistir sólo en contenidos a aprender en una materia (es decir, en un aprendizaje conceptual), sino en un conjunto de prácticas pedagógicas y educativas que comprenden, al menos, tres componentes: conocimientos, habilidades y actitudes y valores. Como tales, exigen procesos de vivencia en el centro escolar y en la comunidad, que además precisan un cierto grado de consistencia entre ellos.

El aprendizaje de la democracia incluye, pues, un conjunto de prácticas educativas referidas tanto a conocimientos y competencias como a valores y actitudes necesarias para un comportamiento cívico sostenido en todos los ámbitos sociales. Hay dos grandes vías, señala Bolívar (2007), que no tienen que ser alternativas sino complementarias, para el aprendizaje de la democracia en la escuela: *curricular* e *institucional*. Además del nivel institucional (vida en el centro escolar), de cuyo compromiso debe ser expresión el Proyecto Educativo, está el nivel del aula. Por eso, hay dos enfoques y espacios para educar para la ciudadanía:

a) Nivel institucional (*Whole-school approach*), con un carácter *distribuido o compartido* por todas las materias y áreas o, como se llamó antes, «transversal». Las virtualidades del modelo son también, como se ha visto en la implementación de la LOGSE, sus debilidades: tarea de todos y, por ello mismo, en algunos casos de nadie. En cualquier caso, se está de acuerdo en que hay contenidos y prácticas con un componente afectivo-comportamental que atraviesan todas las áreas y a la vida institucional, por lo que éste ha de ser un campo primario de cultivo.

b) Nivel de aula (*School subject*). De modo *complementario* al modelo compartido, y precisamente tanto para asegurar su presencia como porque hay razones para defender que hay un campo de conocimientos y competencias específicos que no pueden ser disueltos entre todas las disciplinas, se puede proponer un tiempo y espacio singular dedicado al tema que compense las dificultades antes mencionadas. Incluso, aunque funcionara bien el modelo transversal, siempre será precisa la enseñanza-aprendizaje de unos conocimientos propios de este ámbito que deban adquirirse, de modo sistemático, en una materia. La dimensión afectiva, de valores y comportamientos parece que debe cultivarse transversalmente a través de todo el centro, mientras la dimensión cognitiva (especialmente en la última etapa de la escolaridad obligatoria) debe tener su lugar a través de asignatura.

Educar para el ejercicio activo de la ciudadanía no concierne, pues, sólo a los educadores y profesorado, porque el objetivo de una ciudadanía educada es una meta de todos los agentes e instancias sociales. Asumir aisladamente la tarea educativa, ante la falta de vínculos de articulación entre familia, escuela y medios de comunicación, es una fuente de tensiones, malestar docente y nuevos desafíos. De ahí la necesidad de actuar paralelamente en estos otros campos, para no hacer recaer en la escuela responsabilidades que también están fuera. Por eso, en una tarea de *corresponsabilidad*, es preciso implicar a las comunidades en la tarea educativa, y debemos hablar de *ciudadanía comunitaria* en la medida en que es tarea de la comunidad y que los aprendizajes escolares deben ser congruentes con los del entorno social.

Ante la nueva tarea de aprendizaje democrático por y para todos, lo que ocurre en las aulas está cada vez más ligado a lo que ocurre en casa, en las calles y en otros espacios socio-comunitarios de carácter virtual –Internet–. Los retos del aprendizaje democrático con participación y responsabilidad requieren de nuevas estrategias tanto en el centro, en la familia, en las calles y plazas, como en los entornos virtuales en los que hoy se socializan nuestros adolescentes y jóvenes. El trabajo de los profesionales de la educación, que necesita una apuesta de compromiso colectivo en los claustros, se hace infinitamente más complejo que lo que era tan solo hace una o dos generaciones. Pero no está peor la educación o las escuelas, no es que esté más deteriorado que antes el clima de los centros –aunque así parezca en muchos de ellos–, lo que está realmente más problematizado es el conjunto del espacio social y comunitario en el que profesorado, familias y responsables políticos deben integrar esfuerzos.

Hoy no sólo es más complejo desarrollar con éxito procesos de enseñanza y aprendizaje en las aulas; también es más difícil ejercer de padres, madres y tutores en la vida familiar, así como de educadores de calle o de responsables políticos. La nueva tarea política de reelaborar los valores pendientes de ciudadanía democrática obligan a cada sector a realizar un esfuerzo especial que debe ser coordinado si se pretende mejorar significativamente la propia realidad.

ANEXO

CIUDADES EDUCADORAS

Declaración de Barcelona
Carta de Ciudades Educadoras aprobada en el I Congreso Internacional celebrado en 1990 en Barcelona. Revisada en 1994

Introducción

Hoy más que nunca la ciudad, grande o pequeña, dispone de incontables posibilidades educadoras. De una forma u otra, contiene en sí misma elementos importantes para una formación integral.

La *ciudad educadora* es una ciudad con personalidad propia, integrada en el país donde se ubica. Su identidad, por tanto, es interdependiente con la del territorio del que forma parte. Es, también, una ciudad no encerrada en si misma, sino una ciudad que se relaciona con sus entornos: otros núcleos urbanos de su territorio y ciudades parecidas de otros países, con el objetivo de aprender, intercambiar y, por lo tanto, enriquecer la vida de sus habitantes.

La ciudad educadora es un sistema complejo en constante evolución y puede tener expresiones diversas; pero siempre concederá prioridad absoluta a la inversión cultural y a la formación permanente de su población.

La ciudad *será educadora* cuando reconozca, ejercite y desarrolle, además de sus funciones tradicionales (económica, social, política y de prestación de servicios) una función educadora, cuando asuma la intencionalidad y responsabilidad cuyo objetivo sea la formación, promoción y desarrollo de todos sus habitantes, empezando por los niños y los jóvenes.

Las razones que justifican esta nueva función se deben buscar, ciertamente, en motivaciones de orden social, económico y político, así como, y sobre todo, en motivaciones de orden cultural y formativo. Es el gran reto del siglo XXI: «invertir» en la educación, en cada persona, de manera que ésta sea cada vez más capaz de expresar, afirmar y desarrollar su propio potencial humano, con su singularidad: constructividad, creatividad y responsabilidad. Y sentirse al mismo tiempo miembro de una comunidad: capaz de diálogo, de confrontación y de solidaridad.

Una ciudad será educadora si ofrece con generosidad todo su potencial, si se deja aprehender por todos sus habitantes y si les enseña hacerlo.

Las ciudades representadas en el *Primer Congreso Internacional de Ciudades Educadoras,* celebrado en Barcelona en noviembre de 1990, proponen recoger en una Carta los principios básicos que han de conformar el impulso educativo de la ciudad, con el convencimiento de que el desarrollo de sus habitantes no puede dejarse al azar.

La ciudad contiene, de hecho, un amplio abanico de iniciativas educadoras de origen, intencionalidad y responsabilidad diversas. Engloba instituciones formales, intervenciones no formales con objetivos pedagógicos preestablecidos así como propuestas o vivencias que surgen de una forma contingente o que han nacido de criterios mercantiles. Y aunque el conjunto de las propuestas se presente algunas veces entre contradicciones o manifieste las desigualdades ya existentes, favorecerá sin duda alguna, la disposición hacia el aprendizaje permanente de nuevos lenguajes y brindará oportunidades para el conocimiento del mundo, el enriquecimiento individual y para compartirlo de una forma solidaria.

Las ciudades educadoras colaborarán, bilateral o multilateralmente, para hacer realidad el intercambio de experiencias. Motivadas por el espíritu de cooperación, apoyarán mutuamente los proyectos de estudio e inversión, bien en forma de cooperación directa, o como intermediaria entre los organismos internacionales.

Por otra parte, el niño y el joven han dejado de ser protagonistas pasivos de la vida social y, por lo tanto, de la ciudad. La *Convención de las Naciones Unidas del 20 de noviembre de 1989*, que desarrolla y considera vinculantes los principios de la Declaración Universal de 1959, los ha convertido en ciudadanos de pleno derecho al otorgarles derechos civiles y políticos. Pueden, por tanto, asociarse y participar según su grado de madurez. La protección, pues, del niño y del joven en la ciudad, ya no consiste únicamente en privilegiar su condición, sino también en hallar el lugar que en realidad les corresponde junto a unos adultos que posean como virtud ciudadana la satisfacción que debe presidir la convivencia entre generaciones.

Se afirma pues, como conclusión, un nuevo derecho de los habitantes de la ciudad: el derecho a la ciudad educadora. Y, como primer paso, es preciso ratificar el compromiso que, partiendo de la Convención, se asumió en la *Cumbre Mundial para la Infancia* celebrada en Nueva York los días 29 y 30 de septiembre de 1990.

Principios

1. Todos los habitantes de una ciudad tendrán el derecho a disfrutar, en condiciones de libertad e igualdad, de los medios y oportunidades de formación, entretenimiento y desarrollo personal que la propia ciudad ofrece. Para que ello sea posible, se deberán tener en cuenta todas las categorías, con sus necesidades particulares.

   Se promoverá la educación en la diversidad, y para la comprensión, la cooperación y la paz internacional. Una educación que evite la exclusión por motivos de raza, sexo, cultura, edad, discapacidad, condición económica u otras formas de discriminación.

   En la planificación y gobierno de la ciudad se tomarán las medidas necesarias encaminadas a suprimir los obstáculos de cualquier tipo, incluidas las barreras físicas, que impidan el ejercicio del derecho a la igualdad. Serán responsables de ello tanto la administración municipal como otras administraciones que incidan en la ciudad; y estarán también comprometidos en esta empresa los propios habitantes, tanto a nivel personal como a través de las distintas formas de asociación a las que pertenezcan.

2. Las municipalidades ejercerán con eficacia las competencias que les correspondan en materia de educación. Sea cual fuere el alcance de estas competencias, deberán plantear una política educativa amplia y de alcance global, con el fin de incluir en ella todas las modalidades de educación formal y no formal y las diversas manifestaciones culturales, fuentes de información y vías de descubrimiento de la realidad que se produzcan en la ciudad.

El papel de la administración municipal es, por una parte, obtener los pronunciamientos legislativos oportunos de otras administraciones estatales o regionales y, por otra, establecer las políticas locales que se revelen posibles, estimulando al mismo tiempo la participación ciudadana en el proyecto colectivo a partir de las instituciones y organizaciones civiles y sociales, y otras formas de participación espontánea.

3. La ciudad enfocará las oportunidades de formación con visión global. El ejercicio de las competencias en materia educativa se llevará a cabo dentro del contexto más amplio de la calidad de vida, de la justicia social y de la promoción de sus habitantes.

4. Con el fin de llevar a cabo una actuación adecuada, los responsables de la política municipal de una ciudad deberán tener la información precisa sobre la situación y las necesidades de sus habitantes. En este sentido realizarán estudios, que mantendrán actualizados y harán públicos, y formularán las propuestas concretas y de política general que de ellos se deriven.

5. En el marco de sus competencias, la municipalidad deberá conocer –alentando la innovación– el desarrollo de la acción formativa que se lleve a término en los centros de enseñanza reglada de su ciudad, sean propios o nacionales, públicos o privados, así como el desarrollo de las iniciativas de educación no formal, en los aspectos de su curriculum u objetivos que se refieran al conocimiento real de la ciudad y a la formación e información que deben obtener sus habitantes, para convertirse en buenos ciudadanos.

6. La municipalidad evaluará el impacto de aquellas propuestas culturales, recreativas, informativas, publicitarias o de otro tipo y de las realidades que niños y jóvenes reciben sin mediación alguna; y llegado el caso intentará, sin dirigismos, emprender acciones que den lugar a una explicación o a unas interpretaciones razonables. Procurará que se establezca un equilibrio entre la necesidad de protección y la autonomía para el descubrimiento. Proporcionará, asimismo, ámbitos de debate incluyendo el intercambio entre ciudades, con el fin de que sus habitantes puedan asumir plenamente las novedades que genera el mundo urbano.

7. La satisfacción de las necesidades de niños y jóvenes supone, en lo que depende de la administración municipal, ofrecerles al mismo tiempo que al resto de la población, espacios, equipamientos y servicios adecuados al desarrollo social, moral y cultural. El municipio, en el proceso de toma de decisiones, tendrá en cuenta el impacto de las mismas.

8. La ciudad procurará que los padres reciban la formación que les permita ayudar a sus hijos a crecer y a hacer uso de la ciudad, dentro del espíritu de respeto mutuo. En este mismo sentido desarrollará proyectos para los educadores en general y divulgará instrucciones a las personas (particulares, funcionarios o empleados de servicios públicos) que en la ciudad suelen tratar con los niños. Se ocupará, asimismo, de que los cuerpos de seguridad y de protección civil que dependen directamente del municipio asuman dichas instrucciones.

9. La ciudad deberá ofrecer a sus habitantes la perspectiva de ocupar un puesto en la sociedad; les facilitará el asesoramiento necesario para su orientación personal y vocacional y posibilitará su participación en una amplia gama de actividades sociales. En el terreno específico de la relación educación-trabajo es importante señalar la estrecha relación que deberá existir entre la planificación educativa y las necesidades del mercado de trabajo. Las ciudades definirán estrategias de formación que tengan en cuenta la demanda social y cooperarán con las organizaciones de trabajadores y empresarios en la creación de puestos de trabajo.

10. Las ciudades deberán ser conscientes de los mecanismos de exclusión y marginación que las afectan y de las modalidades que revisten y desarrollarán las intervenciones compensatorias adecuadas. Pondrán un cuidado especial en la atención a las personas recién llegadas, inmigrantes o refugiados, que tienen derecho a sentir con libertad la ciudad como propia.

11. Las intervenciones encaminadas a resolver las desigualdades pueden adquirir formas múltiples, pero deberán partir de una visión global de la persona, de un modelo configurado por los intereses de cada una de ellas y por el conjunto de derechos que atañen a todos. Cualquier intervención significativa supone la garantía, a través de la específica responsabilidad, de la coordinación entre las administraciones implicadas y entre los servicios de dichas administraciones.

12. La ciudad estimulará el asociacionismo con el fin de formar a los jóvenes en la toma de decisiones, canalizar actuaciones al servicio de su comunidad y obtener y difundir información, materiales e ideas para promover su desarrollo social, moral y cultural.

13. La ciudad educadora deberá formar en la información. Establecerá instrumentos útiles y lenguajes adecuados para que sus recursos estén al alcance de todos en un plano de igualdad. Comprobará que la información concierne verdaderamente a los habitantes de todos los niveles y edades.

14. Si las circunstancias lo hacen aconsejable, los niños dispondrán de puntos especializados de información y de auxilio y, si procede, de un consultor.

15. Una ciudad educadora ha de saber encontrar, preservar y presentar su propia identidad. Ello la hará única y será la base para un diálogo fecundo con sus habitantes y con otras ciudades. La valoración de sus costumbres y de sus orígenes ha de ser compatible con las formas de vida internacionales. De este modo podrá ofrecer una imagen atractiva sin desvirtuar su entorno natural y social.

16. La transformación y el crecimiento de una ciudad deberán estar presididos por la armonía entre las nuevas necesidades y la perpetuación de construcciones y símbolos que constituyan claros referentes de su pasado y de su existencia. La planificación urbana deberá tener en cuenta el gran impacto del entorno urbano en el desarrollo de todos los individuos, en la integración de sus aspiraciones personales y sociales y deberá actuar contra la segregación de generaciones, las cuales tienen mucho que aprender unas de otras. La ordenación del espacio físico urbano deberá evidenciar el reconocimiento de las necesidades de juego y esparcimiento y propiciar la apertura hacia otras ciudades y hacia la naturaleza, teniendo en cuenta la interacción entre ellas y el resto del territorio.

17. La ciudad deberá garantizar la calidad de vida a partir de un medio ambiente saludable y de un paisaje urbano en equilibrio con su medio natural.

18. La ciudad favorecerá la libertad y la diversidad cultural. Acogerá tanto las iniciativas de vanguardia como la cultura popular. Contribuirá a corregir las desigualdades que surjan en la promoción cultural producidas por criterios exclusivamente mercantiles.

19. Todos los habitantes de la ciudad tienen derecho a reflexionar y a participar en la construcción de programas educativos, y a disponer de los instrumentos necesarios para poder descubrir un proyecto educativo en la estructura y el régimen de su ciudad, en los valores que ésta fomente, en la calidad de vida que ofrezca, en las fiestas que organice, en las campañas que prepare, en el interés que manifieste respecto a ellos y en la forma en que los escuche.

20. Una ciudad educadora no segregará las generaciones. Los principios anteriores son el punto de partida para poder desarrollar la potencia educadora de la ciudad en todos sus habitantes. Esta carta, por tanto, deberá ser ampliada con los aspectos no tratados en esta ocasión.

CAPÍTULO II
BASES METODOLÓGICAS
PARA UNA EDUCACIÓN DEMOCRÁTICA

José Moya y Florencio Luengo

Las aportaciones que, desde el Proyecto Atlántida, hemos ido haciendo para la concreción de bases teóricas y metodológicas de la educación democrática, representan el esfuerzo de diferentes autores y de experiencias vividas en los proceso de asesoramiento para la innovación y mejora, tanto en el colectivo ADEME y su desarrollo del que hemos denominado *Modelo de Proceso*, y en el propio movimiento Atlántida con la suma de nuevas conexiones de nuevos grupos como CIMAS y comunidades de aprendizaje. Sin pretender agotar ni cerrar unas bases que sirven de referencia a un modelo en continua revisión, volvemos en este capítulo a realizar nuevas reflexiones que nos permitan ahondar en las estrategias metodológicas más adecuadas para el desarrollo de la educación democrática.

INTRODUCCIÓN

Una disciplina es una senda de desarrollo para adquirir ciertas aptitudes o competencias…

> *La práctica de una disciplina supone un compromiso constante con el aprendizaje. «Nunca se llega»: uno se pasa la vida dominando disciplinas. Nunca se puede decir: «Somos una organización inteligente», así como nadie puede decir: «Soy una persona culta». Cuanto más aprendemos, más comprendemos nuestra ignorancia* (Peter Senge).

Hace algunas décadas, Peter Senge daba a conocer una de las obras más importantes del movimiento conocido como «desarrollo organizacional»: *La quinta disciplina* (1990). La tesis que este profesor del MIT pretendía defender y desarrollar era la siguiente: lo que distinguirá a las organizaciones inteligentes de las tradicionales organizaciones autoritarias, basadas en el control, será el dominio de ciertas disciplinas básicas (dominio personal, modelos mentales, construcción de una visión compartida y aprendizaje en equipo). Todas estas disciplinas, insistía nuestro autor, están disponibles (no son una novedad), pero es necesario encontrar el modo de ensamblarlas. El responsable último de ese ensamblaje será el pensamiento sistémico, la quinta disciplina[1].

Pues bien, a nuestro juicio, la situación en la que se encuentra, en este momento, la educación democrática es similar a la descrita por Senge: las mejoras introducidas en la institucionalización de las relaciones educativas después de décadas de investigación e innovación nos permitirían ampliar las actuales fronteras de la educación (esas que siguen manteniendo el círculo vicioso de la desigualdad y el fracaso escolar). Sin embargo, falta el ensamblaje, la visión inclusiva que permitiría dotar de valor educativo a los múltiples avances que han tenido lugar tanto en las Ciencias de la Educación, como en las Ciencias Sociales y Humanas. Nuestro deseo y nuestra aspiración es que el Proyecto Atlántida pueda contribuir a lograr el éxito en el ensamblaje de todas aquellas ideas y recursos que pueden hacer avanzar la democratización de las organizaciones y los procesos educativos. Este libro y los que ya han sido publicados en esta misma editorial ponen en evidencia nuestros esfuerzos en esa dirección.

En otro capitulo anterior, hemos mostrado la disponibilidad de la educación democrática para desarrollar una visión inclusiva tanto de la educación, como de la enseñanza o del aprendizaje, como del desarrollo profesional o el desarrollo institucional. El problema teórico, por excelencia, de una educación democrática es el de la complementariedad de las teorías, o, lo que es lo mismo, el problema de reducir sus pretensiones de validez universales a una validez relativa que obliga a hacer un gran esfuerzo de contextualización. Esta sería, a nuestro juicio, la primera disciplina para una educación democrática: la visión inclusora de los distintos marcos teóricos.

La disponibilidad de la educación democrática para el ensamblaje teórico, o si se desea para la cristalización de una imagen de la realidad mediante la fusión de distintas perspectivas, se debe, en gran medida, a que la educación democrática se caracteriza más por un conjunto de rasgos formales que por su compromiso con una determinada visión de la realidad: la educación democrática reclama la liberación de los seres humanos de todas aquellas condiciones que sólo pretenden su instru-

---

1. El concepto de «disciplina» tiene para Senge un significado muy preciso, que es el mismo que nosotros hemos querido adoptar: la disciplina es la conjunción de un corpus teórico y técnico que es necesario dominar para alcanzar el éxito en la transformación de una determinada realidad. La práctica de una disciplina supone un compromiso constante con el aprendizaje (Senge, 1992: 20)

mentalización, o, como diría Habermas, la «apropiación de su naturaleza interior». *Este proceso de liberación*, es decir, de reducción de la dependencia y, por tanto, de autonomización, *que no de liberalización*, requiere de los mejores recursos disponibles y, sobre todo, requiere un ensamblaje de todos esos recursos para aumentar su potencial liberador.

En este capítulo vamos a completar los esfuerzos inclusores orientados hacia la fusión de perspectivas (primera disciplina), con tres nuevas disciplinas: (a) la planificación democrática, (b) la definición de la zona de mejora y (c) la gestión participativa del centro y de las aulas. El efecto conjunto de estas disciplinas aumentará la capacidad de las instituciones escolares para desarrollar una educación democrática.

Estas tres disciplinas nos van a proporcionar, además, una sencilla caja de herramientas que confiamos en seguir ampliando. El criterio que orienta y ordena nuestra selección de esas herramientas es el siguiente: todos aquellos recursos técnicos y/o prácticos que contribuyan a la democratización de las relaciones educativas tienen un potencial de mejora que es necesario aprovechar. Siguiendo este criterio, vamos a centrarnos en tres procesos, confiando en que dispongamos de otra oportunidad para seguir ampliando nuestra atención: los procesos de planificación, los procesos de gestión y, finalmente, los procesos de mejora.

Siguiendo el modelo propuesto por Senge, la segunda «disciplina» que a nuestro juicio requieren las instituciones educativas es la planificación democrática. La tesis que vamos a sostener a lo largo de este capítulo es que una democratización de los procesos de planificación educativa requiere que tanto las administraciones como los centros incorporen y distingan con claridad cuatro momentos: un momento estratégico, un momento situacional, un momento normativo y un momento operativo. La tesis supone, además, reconocer que la reducción de los procesos de planificación educativa a los momentos normativo y operativo debilita considerablemente la autonomía de los centros educativos y, con ella, su capacidad de respuesta a los problemas propios de su entorno. Reducir la planificación educativa a una planificación operativa es tanto como transformar la acción educativa en una acción instrumental. Por el contrario, dotarla de un momento estratégico y situacional es transformarla en una acción orientada hacia el entendimiento[2].

---

2. La distinción entre acción instrumental o acción estratégica y acción orientada al entendimiento o acción comunicativa ha sido propuesta por Jürgen Habermas en diversos trabajos (Habermas, 1982, 1987). En este documento hemos considerado que la incorporación de los momentos estratégico y situacional a la planificación democrática hace de la educación una acción a la vez instrumental y comunicativa.

La tercera disciplina que, a nuestro juicio, se torna imprescindible, es la definición de la zona de mejora. Es decir, la capacidad de cada institución para reconocer su propio potencial de desarrollo y crear las condiciones para alcanzarlo. La definición de la zona de mejora compromete tanto a la primera como a la segunda disciplina, como tendremos ocasión de comprobar.

Finalmente, nuestra cuarta disciplina es la gestión participativa, es decir, el compromiso de todos los agentes educativos con el éxito en el aprendizaje. La tesis que vamos a sostener, en esta ocasión, es que la gestión participativa requiere, además de una nueva cultura de colaboración y trabajo conjunto, una mayor y mejor integración entre la estructura (órganos) y los equipos, o lo que podría ser lo mismo, entre la burocracia y la *adhocracia*. No hace falta insistir sobre la estrecha relación que existe entre cada una de estas disciplinas, no obstante, a lo largo de la exposición tendremos oportunidad para comprobar esa conexión.

1. LA EDUCACIÓN Y EL PROBLEMA DEL CAMBIO: LA DEMOCRATIZACIÓN DE LOS PROCESOS EDUCATIVOS

La historia de la educación es tan rica en experiencias educativas novedosas como en su incapacidad para lograr que esas experiencias puedan ser la fuente de un saber nuevo. Las críticas a la escuela han sido constantes desde su aparición a comienzos del siglo XIX y adquirieron rasgos notables en la segunda mitad del siglo XX con el denominado *movimiento por la desescolarización*. Las valoraciones de la escuela que realizaron Ivan Illich, Everret Reimer y el movimiento de institucionalistas franceses se hicieron muy populares durante esta época. La búsqueda de una escuela nueva, y la supervivencia de una escuela más tradicional parecen tan consustanciales al universo educativo como si se tratara de dos focos del mismo universo sobre el que se configura la realidad. Un foco genera nuevas posibilidades y otro foco se encarga de limitar y atemperar permanentemente esas posibilidades. Así pues, en educación, como en otros ámbitos humanos, se mantiene una tensión entre innovación y tradición que termina por configurar la realidad en cada país. Siguiendo la analogía planetaria, podríamos decir que el espacio creado por la tensión entre los dos polos (innovación y tradición) define el marco de racionalidad de una determinada época. Este marco de racionalidad es el que permite definir tanto lo posible como lo deseable y el que, finalmente, hace que la opción elegida pueda ser considerada como la opción adecuada.

Los Estados y las Administraciones públicas han respondido a la tensión entre innovación y tradición en la escuela promoviendo reformas educativas. La puesta en marcha de cualquier reforma, entendiendo como tal el cambio que afecta a la configuración de los sistemas educativos y que conlleva una reestructuración de la escuela, parece sugerir que las personas que la proponen conocen bien el modo en que la escuela puede ser cambiada. Pero los estudios actuales nos demuestran que nuestro poder está muy alejado de nuestro saber. Estamos convencidos de que podemos hacer mucho más de lo que, de hecho, podemos hacer. Son muchas las reformas que, habiendo contribuido a transformar la realidad educativa, han tenido un éxito muy relativo en sus propósitos originales. Muchas de esas reformas no han sido estudiadas y valoradas como estrategias de cambio, de modo que durante décadas se ha recurrido a las reformas sin tener conocimiento suficiente sobre su eficacia.

En las últimas décadas esa situación se ha modificado. Ahora disponemos de estudios sobre la reforma como estrategia de cambio, y lo que esos estudios nos aportan tiene un gran valor. La década de los setenta estuvo dedica al estudio de las reformas educativas y nos legó algunas conclusiones útiles.

> *Gracias a este trabajo, se hizo cada vez más evidente que los modelos de cambio que actuaban «de arriba abajo» no funcionaban, que los profesores necesitaban formación permanente para adquirir nuevos conocimientos y destrezas, y que el cambio no ocurría espontáneamente como resultado de una decisión legislativa* (Hopkins y Lagerweij, 1997: 72).

En un sentido similar podrimos resaltar la conclusión aportada por McLaughlin (1990) cuando afirma que los cambios en la escuela están muchos más relacionados con cuestiones próximas a la escuela que con las grandes medidas legislativas, o con los grandes programas nacionales. Así, concluía de sus estudios sobre la implementación del cambio educativo que:

> *Para la política es sumamente complicado cambiar la práctica educativa, especialmente a través de los distintos niveles del gobierno. En lugar de una supuesta relación directa entre política y práctica, la naturaleza, el grado y el ritmo con que se produce el cambio en la escuela es consecuencia de factores locales que escapan del control de los responsables políticos de la administración educativa* (p. 12).

El problema del cambio en educación puede ser formulado de maneras diferentes pero, sustancialmente, responde a esta cuestión: ¿cómo lograr que la institucionalización de las relaciones educativas pueda contribuir al ejercicio efectivo del derecho a la educación? Y, a la vez, ¿cómo lograr que la escuela pueda contribuir a una mejora? La respuesta a estos interrogantes, o lo que es lo mismo, la respuesta al problema del cambio en educación ha centrado la atención del denominado enfoque para la mejora y, desde su creación, del Proyecto Atlántida. Las personas que comparten y participan en el desarrollo de este enfoque comparten un mismo principio: muchas de las condiciones que definen a la escuela actual ya no son necesarias y convendría modificarlas, puesto que están limitando el ejercicio efectivo del derecho a la educación de muchas personas. Una de las primeras evidencias aportadas por los investigadores de este enfoque fue que el cambio realmente efectivo, es decir, aquel que logra transformar la escuela, resulta de un cambio entre impulsos exteriores e impulsos interiores. O lo que es lo mismo, de la combinación de impulsos desde arriba hacia abajo y desde abajo hacia arriba.

La breve historia del enfoque orientado a la mejora ha dejado constancia del modo en que muchas innovaciones creadas dentro y fuera de la escuela han fracasado en su intento de modificar las condiciones de escolarización. Durante las últimas décadas, los estudios sobre el cambio han seguido con atención las distintas estrategias de cambio y nos han legado algunos saberes muy útiles.

A lo largo de un periodo de treinta años de investigación sobre cambio escolar, se han producido diversos intentos de promover cambios en la educación...

La primera, a mediados de los años sesenta, fue el énfasis en la adopción de materiales didácticos. A ambos lados del Atlántico, el movimiento para la reforma de los currículos pretendía tener un impacto importante en los resultados de los alumnos mediante la producción y difusión de material didáctico que sirviera de ejemplo. Aunque este material, creado por equipos de profesores universitarios y psicólogos, era en su mayoría de gran calidad, su influencia en la enseñanza apenas fue apreciable. A la luz de los conocimientos actuales, la razón de este fracaso es evidente; no se incluía a los profesores en el proceso de producción, y la formación que acompañaba al nuevo currículo era a menudo superficial y rudimentaria. Los profesores se limitaban a tomar lo que consideraban más útil y lo incorporaban a su propio método de enseñanza. La innovación en el currículo fue, por consiguiente, alterada.

La segunda fase, que se prolongó durante casi toda la década de 1970, fue esencialmente una fase de documentación del fracaso, en concreto, el fracaso del movimiento de reforma del currículo para influir en la práctica. Gracias a este trabajo, se hizo cada vez más evidente que los modelos de cambio que actuaban «de arriba abajo» no funcionaban, que los profesores necesitaban formación permanente para adquirir nuevos conocimientos y destrezas, y que el cambio no ocurría espontáneamente como resultado de una decisión legislativa. Quedó claro que la puesta en marcha de una reforma es un proceso extremadamente complejo y largo que requiere una combinación racional de planificación estratégica y aprendizaje individual y de compromiso con el éxito. Gran parte de lo aprendido sobre la implementación de las reformas durante este periodo sirvió de base a futuros trabajos.

La tercera fase, más o menos desde finales de los setenta hasta mediados de los ochenta, fue un período de éxito. En estos años se publicaron los primeros estudios sobre eficacia escolar (Rutrer et al., 1979; Reynolds, 1985) y se estableció un consenso en cuanto a las características de las escuelas eficaces (Purkey y Smith, 1983; Wilson y Corcoran, 1988). Esto no quiere decir, sin embargo, que esta línea de investigación se encontrara exenta de problemas; como vimos en el capítulo III, aún queda mucho por hacer. Durante este periodo se realizaron también algunos estudios importantes a gran escala sobre proyectos de mejora de la escuela (Crandall et al., 1982, 1986; Hargreaves et al., 1984; Huberman y Miles, 1984; Rosenholtz, 1989; Louis y Miles, 1990). Por consiguiente, se aprendió mucho sobre la dinámica del proceso de cambio (Reynolds, 1993: 71-73).

Así pues, ni la elaboración de materiales curriculares, ni las reformas estructurales promovidas desde los gobiernos, ni las nuevas teorías educativas, han tenido el impacto sobre la realidad que cabría esperar de ellas. La comprobación de este hecho y su posterior intento de explicarlo y de superarlo han actuado como el principio conductor de las investigaciones y experiencias desarrolladas bajo el enfoque de mejora. Este enfoque representa la cuarta fase en este proceso hacia la comprensión del cambio educativo

La gestión del cambio, la cuarta fase que se ha iniciado recientemente, será la más difícil y, según se espera, la más productiva de todas, a medida que los investigadores y los profesionales de la práctica logren integrar sus estrategias y sus conocimientos en la realidad de la escuela de manera pragmática, sistemática y racional. De hecho, actualmente se registra una desviación del estudio del cambio como fenómeno en favor de una participación en el desarrollo escolar, y los mejores trabajos actuales sobre el cambio educativo provienen de personas que están estudiando estos cambios a la vez que trabajan para llevarlos a cabo (Reynolds, 1997: 73).

Las investigaciones y experiencias desarrolladas bajo la orientación del enfoque centrado en la mejora comparten una misma preocupación: la escuela, entendida como la institución responsable de garantizar el derecho a la educación, presenta condiciones que no son igualmente favorables para el aprendizaje de todas las personas. Ahora bien, la base sobre la que se sostiene esta crítica es esencialmente una ampliación de concepto y del derecho a la educación. Dado que educar es algo distinto a lo que se podría entender como tal a comienzos del siglo XIX o incluso a comienzos del siglo XX, las instituciones que respondan a esa reconceptualización tienen que modificar, sustancialmente, algunas de sus condiciones. El enfoque de mejora centra su crítica de la escolarización en dos pilares: (a) la aparición de nuevas necesidades de aprendizaje que no parecen asumibles por la escuela heredada, y (b) la incorporación de nuevas posibilidades a los modos de enseñanza dominantes, aportadas desde la investigación educativa y desde las experiencias e innovaciones realizadas desde la escuela, que tampoco parecen asumibles. Pues bien, a nuestro juicio, *una educación democrática pretende conjugar ese doble reto: superar las limitaciones institucionales que han dejado de ser necesarias y ampliar las posibilidades de las instituciones para ofrecer la atención educativa que las personas necesitan.* En este equilibrio entre necesidades, posibilidades y limitaciones se desenvuelve siempre la búsqueda de una institucionalización democrática de las relaciones educativas.

La gestión eficaz del cambio, como ya hemos escrito, es el centro de atención de buena parte de las investigaciones y trabajos que se están desarrollando desde el enfoque centrado en la mejora. Los conocimientos generados son en gran medida fruto de experiencias reales de cambio. Elmore (1990) sugiere que el éxito del cambio en la escuela, entendido como un aumento del éxito escolar de los alumnos, es fruto de la convergencia de tres procesos de cambio:

- Cambio en la manera de enseñar y de aprender.
- Cambio en la organización y características de la escuela.
- Cambio en la distribución de poder entre la escuela y sus clientes.

Por su parte McLaughlin (1990), en un estudio al que ya nos hemos referido antes, además de poner en evidencia las dificultades que acompañan a las reformas educativas, puso de manifiesto que las estrategias que mayor éxito habían alcanzado en el cambio escolar estaban constituidas por los siguientes componentes:

- Una formación extensa y concreta, adecuada a cada profesor.
- Apoyo al aula desde los equipos locales.
- Observación del profesor de proyectos similares en otras clases, escuelas o distritos.
- Reuniones periódicas para comentar los proyectos centradas en cuestiones prácticas.
- Participación de los profesores en las decisiones de proyectos.
- Desarrollo local de los materiales del proyecto.
- Participación de los directores en la formación.

El proceso de cambio, según la experiencia de múltiples centros, suele desarrollarse en tres fases, cada una de la cuales tiene sus propios factores de éxito (cuadro 3). Estas fases son consideradas como procesos amplios cuya duración supera habitualmente un curso escolar, de aquí que no resulte muy efectivo acelerar estos procesos para hacerlos encajar con la temporalidad propia de los cursos escolares. Por otra parte, en el proceso se vuelve a insistir en la idea de reconocer la necesidad y la importancia de tomar bien las decisiones iniciales, es decir, en la fase de deliberación, ya que la formulación del plan como tal es cuestión secundaria respecto del momento o los momentos conducentes a adoptar las decisiones. Las decisiones mismas no sólo están referidas a acciones aisladas, sino a estrategias y, a menudo, conllevan una delimitación de prioridades.

Cuadro 3: Fases en un proceso de cambio

Descripción	Factores de éxito (Fullan, 2002)
Fase de iniciación: Abarca todo el proceso todas las acciones destinadas a tomar la decisión de cambiar y lograr los compromisos con el cambio que se va a proponer.	1.La existencia y la calidad de las innovaciones 2. Acceso a innovaciones 3. Apoyo de la administración central 4. Apoyo de los profesores 5.La presencia de agentes de cambio externos 6. Factores comunitarios (presión, apoyo, apatía). 7. Nuevos fondos (federales/estatales/locales). 8. La capacidad de la escuela para resolver problemas. 9. El cambio debe estar ligado a un programa y a una necesidad importante 10. Deber haber un enfoque claro y bien estructurado del cambio 11. Debe haber una iniciativa activa para emprender la innovación
Fase de implementación: Abarca todas las acciones destinada a lograr que el cambio se realice y, por tanto que las cosas se hagan de un modo diferente.	1. Las características del cambio 2. Las condiciones internas de la escuela 3. La presión interna y externa para impulsar el cambio 4. Los apoyos internos y externos para impulsar el cambio 5. Los mecanismos de control del cambio
Fase de institucionalización: Abarca todas aquellas acciones encaminadas a lograr que los cambios se constituyan en la dinámica habitual dentro del centro o del aula, tanto en la formación, como en los presupuestos, como en la organización, etc.	1. Asegura que el cambio sea incorporado a las estructuras de la escuela, a su organización y a sus recursos; 2. Eliminar prácticas rivales o contradictorias 3. Establecer vínculos permanentes con otros esfuerzos, con el currículo y con la enseñanza en el aula. 4. Asegura la participación en la escuela y en el área local; 5. Tener un «banco» adecuado de profesionales locales que faciliten el cambio y/o profesionales asesores para la formación de las destrezas necesarias.

El cambio de las condiciones institucionales que permitirá el ejercicio efectivo del derecho a la educación requiere, a nuestro juicio, la creación de un nuevo orden escolar basado en la democratización de los procesos educativos y de las organizaciones en las que se desarrollan. En este sentido, la democratización de los procesos se convierte en uno de los criterios fundamentales para que podamos otorgar valor educativo a una determinada propuesta de cambio y, de esta forma, pueda ser reconocida y valorada como una mejora.

En los siguientes apartados vamos a tratar de desarrollar esta idea presentando algunas propuestas para democratizar tres de los procesos más importantes en toda institución educativa: el proceso de planificación, el proceso de organización-gestión y el proceso de mejora. Se trata, justo es reconocerlo, de una aproximación limitada en la que se pueden reconocer ausencias importantes, como el proceso de evaluación. Sin embargo, no parecía conveniente superar unos límites espaciales que fueran en detrimento de la sencillez y claridad del texto y hemos preferido presentar la idea, explorar sus posibilidades y, con posterioridad, extenderla a otros procesos.

La institucionalización de las relaciones educativas, ya sea en forma de un tipo u otro de escuela, tiene consecuencias importantes sobre el tipo de experiencias que las personas van a poder vivir como parte de su aprendizaje y, por tanto, sobre su desarrollo. Pues bien, como nos recuerdan algunos autores (Fernández, 1994), la institucionalización de las relaciones educativas ha supuesto, hasta el momento, un conjunto de decisiones que conviene explicitar y, sobre todo, valorar para no caer en ninguna forma de racionalización de tales condiciones que nos lleve a considerarlas como la necesaria realización del concepto de educación. La institucionalización de las relaciones educativas ha producido:

1. La creación de ambientes artificiales y el aislamiento de los ambientes sociales.
2. La delegación de funciones en personas especializadas.
3. La definición de metas, condiciones y requerimientos propios de esas instituciones.
4. La selección y transmisión de saberes.
5. La asignación de tiempos y espacios propios.
6. La creación de símbolos y distintivos propios.

Desde la perspectiva de una educación democrática muchos de los elementos que han conformado esa institucionalización de las relaciones educativas han perdido su razón de ser: han dejado de ser necesarios. Se abren por tanto nuevas posibilidades que será necesario explorar y sobre las que habrá que determinar su valor educativo. A nuestro juicio, las nuevas condiciones institucionales pasarían por:

1. La superación del aislamiento de la escuela y su plena reintegración a la vida social: el ambiente escolar, para cumplir su función educativa, no debe constituir un ambiente cerrado.
2. La delegación de funciones necesita la colaboración entre sus responsables para no fragmentar la realidad educativa y con ella la eficacia en el aprendizaje.
3. Las organizaciones educativas no pueden continuar siendo organizaciones dependientes, sino que deben tener un nivel de autonomía relativa que les permita responder eficazmente y con la celeridad necesaria a los retos que presenta el entorno inmediato.

4. Las instituciones educativas ya no pueden limitarse a transmitir información, como forma privilegiada del saber, sino que han de facilitar la reconstrucción de la experiencia cotidiana de cada sujeto hasta alcanzar su máximo nivel de desarrollo personal.

5. La distribución de los recursos que realicen las instituciones educativas, incluidos tiempo y espacio, ha de ser ante todo, justa, es decir, debe atender a la singularidad de las personas proporcionándoles amplias y variadas oportunidades educativas.

6. La definición de proyectos educativos propios, en respuesta a las singularidades, debe complementarse con la búsqueda de alianzas que favorezcan el desarrollo de experiencias compartidas y de una identidad común. En este sentido, la pertenencia a un sistema educativo único no debe excluir la posibilidad de que los centros públicos participen en proyectos conjuntos.

Son muchas las formas en que estas condiciones pueden llegar a expresarse, por eso la búsqueda de una educación democrática no se vincula a un modelo institucional concreto, sino a la defensa de algunos de los requisitos o condiciones que cualquier modelo tendría que satisfacer. En lo que queda vamos a ocuparnos de presentar tres de esas condiciones: (a) una capacidad de planificación democrática, (b) una capacidad de organización y gestión democrática, y (c) una capacidad de cambio y mejora.

2. PLANIFICACIÓN DEMOCRÁTICA DE LA EDUCACIÓN: UN MOTOR DE CUATRO TIEMPOS PARA IMPULSAR LA MEJORA

Planificar es una acción frecuente en nuestras vidas cotidianas y, por tanto, podemos encontrar muchas oportunidades para comprender su sentido a la vez que mejoramos nuestra capacidad para alcanzar el éxito en todas esas acciones cotidianas.

> *El término planificación significa cosas distintas para las personas, y su valor depende de las circunstancias. Etimológicamente procede del vocablo latino planum: superficie lisa, llana. Aparece en la lengua inglesa en el siglo XVII, refiriéndose al dibujo como superficie plana. Actualmente ha alcanzado tal amplitud en el campo de la actividad humana que ninguna definición es capaz de recoger su pleno significado. Planificamos unas vacaciones familiares, planificamos un examen o las ocupaciones de un largo fin de semana* (Froufe y Sánchez, 1991: 31).

Planificar la acción es convertirse en protagonistas de nuestras vidas, dejar de ser espectadores de las «cosas que nos pasan» para transformarnos en agentes de lo que «hacemos». Planificar la acción es un signo inequívoco de que no sólo se desea mejorar sino de que estamos dispuestos a intentarlo.

> *El tratar de conseguir de un modo efectivo y -en la medida de lo posible- inmediato es el intentar. Intentar es tratar de, esforzarse por, emprender, amagar, empujar, procurar, poner en obra. En este sentido, se opone al mero preferir o apetecer, o al ocioso e inactivo desear. El intento es el inicio de la ejecución, la puesta en obra de los primeros pasos o etapas de la acción. Estos primeros pasos pueden ser seguidos por otros y conducir hasta los últimos, con lo cual el intento se frustra o fracasa* (Mosterín, 1991: 14 en el prologo de Anscombe, 1991).

Cuando se argumenta sobre la utilidad o la conveniencia de planificar la acción de educar, a menudo se recurre a ejemplos tomados de otros ámbitos de la actividad humana en los que, sin duda, la planificación cumple la función que se le reconoce y por tanto tiene la importancia que se quiere hacer ver. Obviamente, este tipo de argumentos no tiene ningún valor demostrativo, pero a veces da la impresión de que basta con poner de manifiesto su importancia en otros ámbitos para que en la educación también sea necesario adoptar esa forma de proceder. En este sentido, conviene recordar que mostrar no es lo mismo que demostrar. Pero, más allá de esta diferencia, lo que ahora interesa no es poner en duda esa utilidad o conveniencia, cuestión esta de la que nos ocuparemos luego. Nos interesa otra cosa bien distinta: la forma en que se realiza la planificación, cs decir, sus características. Para analizar esas características nos vamos a servir del ejemplo conocidísimo del arquitecto que diseña los planos antes de hacer el edificio. Este ejemplo de planificación puede ser útil tanto para poner de manifiesto la función que cumple la planificación, como para destacar las diferencias entre un tipo cualquiera de planificación y la que vamos a llamar planificación educativa. En definitiva, el tradicional ejemplo del diseño arquitectónico puede permitirnos ahora no sólo poner de manifiesto la utilidad y la conveniencia de la planificación, sino la necesidad de que esta planificación se haga de un modo determinado.

Entre el arquitecto y los obreros hay una reconocida división de funciones, y en ninguno de los casos les está permitido a los obreros adoptar ninguna decisión respecto a la estructura del edificio, la composición de los materiales o el uso de los espacios. Pero sobre todo, la planificación del arquitecto no dice nada sobre la organización del trabajo. Nada hay en el diseño que prefigure la forma en que se organiza la construcción del edificio. Hecha esta observación conviene preguntarse si cuando utilizamos el ejemplo del arquitecto estamos pensando en un docente-arquitecto, o en un docente-obrero. Es evidente que, en cualquiera de los casos, la utilidad, la forma y el sentido de la planificación cambia. Para el obrero es importante que la planificación exista, ya que de este modo sabe siempre lo que tiene que hacer y su trabajo resulta productivo, pero él mismo no participa en la planificación. Para el arquitecto, diseñar la obra es todo su trabajo, ya que el no participa en la construcción. Ahora bien, esta planificación tiene una importancia crucial dado que en muy pocos casos es posible rectificarla posteriormente.

Nuestra opinión es que el docente no se encuentra en ninguno de los casos anteriores, sobre todo en el contexto curricular actual, en el que se ve obligado a planificar, pero también a construir. Esta posición peculiar es la que define las condiciones que debe reunir una adecuada planificación educativa democrática. En este sentido, una planificación educativa democrática se diferencia de otras formas de planificación, e incluso de la programación tradicional, en varios e importantes sentidos:

- No es una planificación interesada exclusivamente en el producto, sino también en la situación de partida
- Es una planificación fundamentada en una visión de las situaciones educativas basada en la complementariedad de distintas teorías, como hemos tratado de exponer en otro capítulo.
- Es una planificación basada en el entendimiento del sentido y significado que a la acción de educar le otorgan sus protagonistas.
- Con respecto al producto, no interesan exclusivamente los resultados esperados, sino también los resultados inesperados.
- La planificación nunca nace del vacío, siempre es el resultado de la evaluación de actuaciones anteriores. En este sentido, es una planificación histórica.

Los modelos más usuales de planificación en el ámbito social, incluidos los proyectos educativos, son: el *modelo de Planificación por Objetivos* (PO) y el *modelo de Planificación Estratégica Situacional* (PES). Atlántida es, además, heredera de las experiencias vividas desde los años 89 y 90, en relación al *modelo de procesos* de corte curricular, que bebía las fuentes del *movimiento de Desarrollo Curricular basado en la escuela*, con experiencias pioneras como la del *Proyecto Cordillera* (Escudero, 1992); y, a la vez, deudora de las aportaciones de Pablo Freire, que partiendo del *movimiento para la Alfabetización* y conectando con el de la *Reorientación del Currículo* aporta ideas en torno a las fases o momentos metodológicos en el proceso de construcción del currículo interdisciplinario, en el centro y en el aula (Freire, 1970, 1997). Los momentos, que resultan similares a otras propuestas posteriores, se centran en el estudio de la realidad, la organización de la realidad y la aplicación del conocimiento, referidos tanto a la elaboración de los proyectos curriculares como de los proyectos educativos de centro.

El modelo PO surge como consecuencia de la aplicación de las técnicas para el *management científico* propuesto por Frederick Winslow Taylor (1911). El management científico es un intento de incrementar la productividad de las empresas americanas mejorando su organización, sus procedimientos de trabajo y la eficacia de cada una de las acciones que se desarrollan en ellas. Esta forma de actuar situaba el origen de las dificultades de las empresas no en los trabajadores y las trabajadoras sino en los «sistemas de trabajo», de aquí que su mayor preocupación fuera diseñar sistemas de trabajo cada vez más eficaces y eficientes.

Tal y como hemos dejado escrito, el fundador de esta forma de pensamiento estaba convencido de su utilidad para todos los ámbitos de la vida de los seres humanos. De hecho, después de publicada su obra, son pocos los ámbitos que no han sido influidos por sus ideas. El modelo PO se basa en una visión anticipada de los resultados espera-dos que orienta tanto el proceso de división de tareas como de asignación de recursos y responsabilidades. Los objetivos establecidos se transforman en compromisos para la acción y su consecución marca el nivel de eficacia de las acciones desarrolladas.

El modelo PO ha demostrado sus ventajas cuando las situaciones han sido muy bien definidas y, por ende, tanto el problema como los participantes son fácilmente identificables y se conocen de antemano las condiciones en las que pueden intervenir. Dicho de otro modo, la planificación por objetivos, también denominada planificación normativa o planificación tradicional, es deudora de una visión determinista de la rea-lidad y de una visión instrumentalista de la acción (interesan mucho más los medios que los fines, puesto que los fines se consideran dados y no forman parte del ámbito de decisión de las personas que desarrollan las acciones). El modelo PO fue introducido en el ámbito educativo por Ralph Tyler, siguiendo el ejemplo seguido en otros ámbi-tos sociales y como una forma de superar el modelo de enseñanza tradicional que, en buena medida, era incapaz de cambiar porque ignoraba sus propios resultados.

El *modelo de Planificación Estratégica Situacional*[3] es un modelo que pretende ser mucho más flexible que el modelo PO, ya que ha sido pensado para situaciones que, por sus características, son muy difíciles de definir completamente. El modelo PES, está pensado para situaciones de gran incertidumbre, con múltiples conexio-nes en la determinación del problema y con un amplio espectro de colaboradores o colaboradoras en el diseño y el desarrollo del diseño. El modelo PES aparece indi-cado en aquellas ocasiones en las que los agentes sociales se tienen que enfrentar a situaciones problemáticas complejas, como consecuencia de visiones contrapuestas y un evidente conflicto de intereses y bajo la amenaza constante de la incertidumbre derivada de la presencia de múltiples factores externos sobre los que los agentes tienen una limitada capacidad de control.

---

3. El Dr. Carlos Matus Romo creó el enfoque estratégico situacional de la planificación, que luego dio origen al Método de Planificación Pública, mejor conocido como PES (Planificación Estratégica Situacio-nal). En España, este modelo de planificación ha sido desarrollado, fundamentalmente, por CIMAS y, de forma destacada, por el profesor Tomas Villasante, para todo el ámbito de la participación social.

A diferencia del modelo de planificación operacional, en este modelo el agente que planifica es un «actor situado», vale decir, un sujeto que se encuentra inmerso en sus circunstancias; en virtud de lo cual su razón se halla imbuida de las características del contexto en donde realiza su ejercicio planificador y al que desea adaptar a sus deseos, como veremos más adelante (Ossorio, 2003). Más aún, el agente planificador es, también, un agente «comprometido», dado que es responsable tanto del plan como de su realización.

Cuadro 4: Dos modelos de planificación: supuestos básicos (Ossorio, 2003)

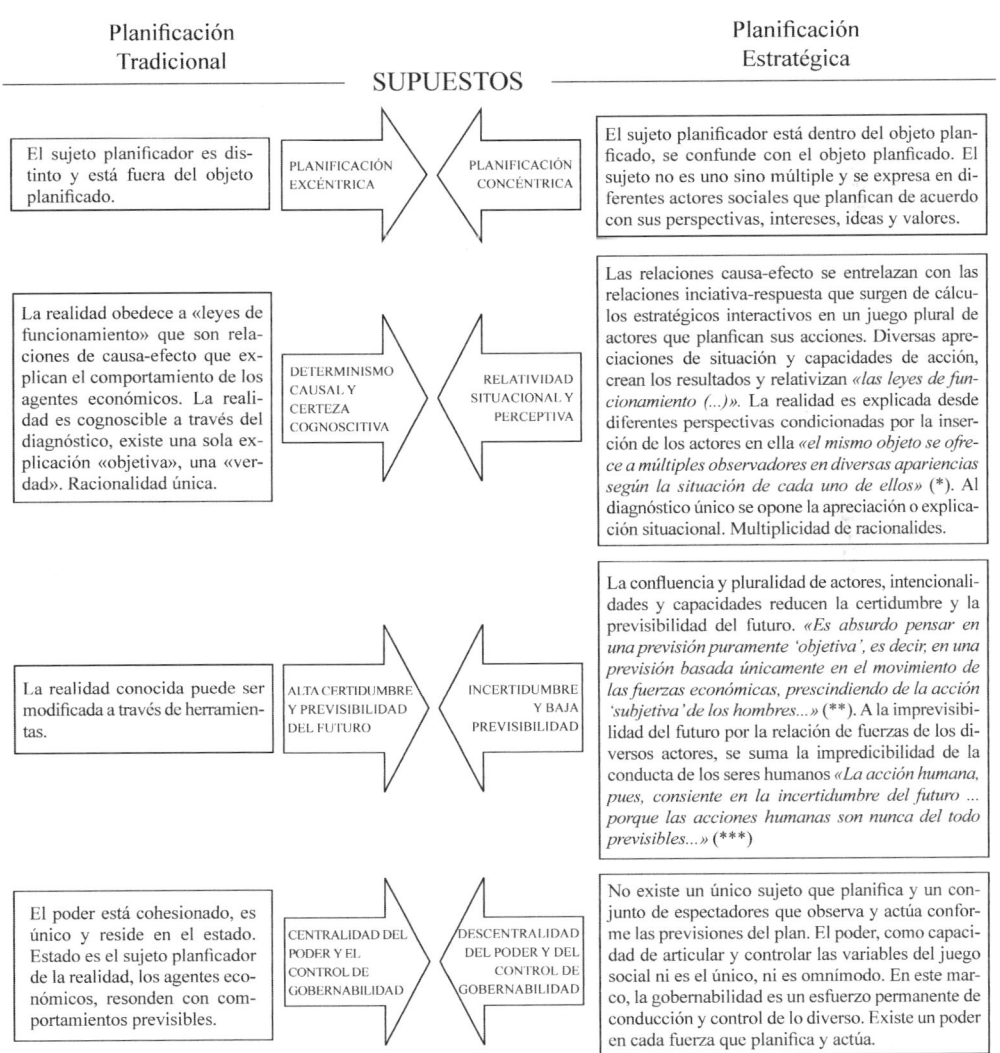

Planificación Tradicional — SUPUESTOS — Planificación Estratégica

Planificación Tradicional	SUPUESTOS	Planificación Estratégica
El sujeto planificador es distinto y está fuera del objeto planificado.	PLANIFICACIÓN EXCÉNTRICA / PLANIFICACIÓN CONCÉNTRICA	El sujeto planificador está dentro del objeto planificado, se confunde con el objeto planificado. El sujeto no es uno sino múltiple y se expresa en diferentes actores sociales que planifican de acuerdo con sus perspectivas, intereses, ideas y valores.
La realidad obedece a «leyes de funcionamiento» que son relaciones de causa-efecto que explican el comportamiento de los agentes económicos. La realidad es cognoscible a través del diagnóstico, existe una sola explicación «objetiva», una «verdad». Racionalidad única.	DETERMINISMO CAUSAL Y CERTEZA COGNOSCITIVA / RELATIVIDAD SITUACIONAL Y PERCEPTIVA	Las relaciones causa-efecto se entrelazan con las relaciones inciativa-respuesta que surgen de cálculos estratégicos interactivos en un juego plural de actores que planifican sus acciones. Diversas apreciaciones de situación y capacidades de acción, crean los resultados y relativizan *las leyes de funcionamiento (...)»*. La realidad es explicada desde diferentes perspectivas condicionadas por la inserción de los actores en ella *«el mismo objeto se ofrece a múltiples observadores en diversas apariencias según la situación de cada uno de ellos»* (*). Al diagnóstico único se opone la apreciación o explicación situacional. Multiplicidad de racionalides.
La realidad conocida puede ser modificada a través de herramientas.	ALTA CERTIDUMBRE Y PREVISIBILIDAD DEL FUTURO / INCERTIDUMBRE Y BAJA PREVISIBILIDAD	La confluencia y pluralidad de actores, intencionalidades y capacidades reducen la certidumbre y la previsibilidad del futuro. *«Es absurdo pensar en una previsión puramente 'objetiva', es decir, en una previsión basada únicamente en el movimiento de las fuerzas económicas, prescindiendo de la acción 'subjetiva' de los hombres...»* (**). A la imprevisibilidad del futuro por la relación de fuerzas de los diversos actores, se suma la impredicibilidad de la conducta de los seres humanos *«La acción humana, pues, consiente en la incertidumbre del futuro ... porque las acciones humanas son nunca del todo previsibles...»* (***)
El poder está cohesionado, es único y reside en el estado. Estado es el sujeto planificador de la realidad, los agentes económicos, responden con comportamientos previsibles.	CENTRALIDAD DEL PODER Y EL CONTROL DE GOBERNABILIDAD / DESCENTRALIDAD DEL PODER Y DEL CONTROL DE GOBERNABILIDAD	No existe un único sujeto que planifica y un conjunto de espectadores que observa y actúa conforme las previsiones del plan. El poder, como capacidad de articular y controlar las variables del juego social ni es el único, ni es omnímodo. En este marco, la gobernabilidad es un esfuerzo permanente de conducción y control de lo diverso. Existe un poder en cada fuerza que planifica y actúa.

Los elementos más característicos de este modelo son las *operaciones* y los *momentos*. El diseño de operaciones es la base sobre la que se define el proyecto y se abordan cada una de las causas o «nudos críticos» del problema. Las operaciones son conjuntos de acciones o agregados de acciones, consumidoras de recursos de varios tipos, que serán desarrolladas a lo largo del plan. Toda operación debe conducir a un producto o resultado. El producto es lo que podemos constatar. El resultado es el efecto de ese producto sobre el problema.

El modelo PES reconoce cuatro grandes momentos en la planificación: (1) el momento explicativo de la situación, (2) el momento normativo, (3) el momento estratégico y (4) el momento operativo. Los momentos, o las fases, a través de las cuales transita el proyecto, no son una secuencia lineal, pero se presentan como condiciones que es necesario satisfacer para alcanzar un resultado final deseable para todos los protagonistas y posible (ver cuadro 5). El modelo de planificación situacional, a diferencia del modelo por objetivos, requiere de una visión compartida de todos los agentes responsables del plan pues sólo de esta forma pueden asumir plenamente sus responsabilidades y dotar de sentido a su propia acción. El modelo PES contribuye, de este modo, a una comprensión de la realidad que mejora la conciencia que los agentes tienen de la realidad. El modelo PO no requiere que las personas comprendan lo que hacen, basta con que puedan desarrollar en acciones más concretas una instrucción general. Así por ejemplo, cuando se aborda en un Comité de Ciudadanía, la posibilidad de una acción conjunta lo que primero que hacen los potenciales socios es compartir una visión de lo que está ocurriendo en su zona. La visión compartida vendrá acompañada de propuestas y de valoraciones sobre lo posible y lo deseable, pero, en ningún caso, sustituyen a la necesidad de una visión compartida.

En un segundo momento, se pasa a concebir el plan es decir, a dotarlo de sentido y significado como instrumento para la acción. En el modelo PES el plan no es nunca una «programación» es decir un conjunto de rutinas cerradas que haya que seguir al pie de la letra. El plan orienta la acción y puede ser modificado en su transcurso para responder mejor a los efectos deseados. El plan, tal y como es concebido, es una oportunidad para el cambio y el cambio una oportunidad para el aprendizaje.

En los dos últimos momentos, el modelo PES llama nuestra atención sobre dos cuestiones esenciales: los condicionantes de la acción (especialmente, las normas reguladoras) y las acciones concretas que cada uno de los agentes tendrá que desarrollar (es, en este último momento, cuando el modelo PES incorpora al modelo operativo).

Cuadro 5: Momentos en la planificación estratégica y situacional (Villasante, 2006)

Primera: MOMENTO 1 **1. ¿Cómo explicar la realidad?** Diagnóstico (PT). *versus* Apreciación situacional (PES)	Segunda: MOMENTO 2 **2. ¿Cómo concebir el plan?** Cálculo paramétrico (PT). *versus* Apuestas (PES)
Tercera: MOMENTO 3 **3. ¿Cómo precisar lo posible?** Consulta política (PT). *versus* Análisis Estratégico (PES)	Cuarta: MOMENTO 4 **3. ¿Cómo actuar cada día?** 4. Ejecución del Plan (PT). *versus* Cálculo, acción, corrección (PES)

Tomando como referencia estos cuatro momentos, se podría definir la democratización de la planificación educativa como la necesidad de incorporar los momentos estratégico y situacional a los dos momentos que ya son habituales, el momento normativo y el momento operativo. A nuestro juicio, el momento estratégico es esencial para que los centros educativos puedan hacer un uso eficaz de su autonomía y para constituirse en auténticas comunidades para el aprendizaje.

Se trata de que el director de la escuela y los profesores tengan una visión de lo que quieren que sea su centro; se trata de crear y proporcionar el respaldo y el clima necesarios para que los profesores se animen a trabajar juntos y a experimentar, se trata de facilitar el tiempo imprescindible para que los profesores puedan planificar juntos y de vez en cuando estar en las clases de los demás, apoyando el aprendizaje entre sí y aprendiendo mutuamente de sus experiencias. Fíjese que lo que me parece singular de las escuelas que dan señales de progreso (sean de Primaria o de Secundaria) es que sus equipos directivos y profesores parecen reconocer que para favorecer el aprendizaje del alumnado hay que vigorizar el aprendizaje de y entre los profesores. Entienden que hace falta animar y apoyar el desarrollo profesional de los profesores y que a través de esos procesos influyen en la manera en que los profesores entran en contacto con los alumnos y abren el camino a una mejora en el aprendizaje para todos. Estoy convencido de que, junto al interés por la práctica en el aula, tiene que entrar en el debate una preocupación por la gestión del cambio. Es preciso aprender a llevar las escuelas hacia el futuro. Especialmente los que dirigen los centros, los directores y los profesores son estabilidad y experiencia en el centro, tienen que llegar a ser más habilidosos en la gestión del cambio. Y, por otro lado, aquellos entre nosotros que trabajamos fuera de los centros, los inspectores, los administrativos, los académicos, tendremos que aprender también cómo contribuir a ese proceso. Insisto, requiere la cooperación de todos los implicados (Ainscow, 2001: 49).

El modelo de planificación estratégica se beneficia del marco conceptual creado por el profesor Edgar Morin, tanto por lo que se refiere al concepto de acción como al concepto de estrategia. La acción, en este marco conceptual, supone complejidad, es decir, elementos aleatorios, azar, iniciativa, decisión, conciencia de las derivas y las transformaciones. Dicho de otro modo, mientras que el modelo de planificación operacional aparece vinculado a la visión determinista de la realidad social, el modelo de planificación situacional aparece vinculado a una visión no determinista de la realidad. Por su parte, el profesor Tomas Villasante sitúa al modelo PES desde la perspectiva de la «creatividad social» para la resolución de problemas.

> Como vemos en lo sustancial la planificación por problemas, parte de una selección de cuáles abordar prioritariamente, a partir de los síntomas detectados, y se abre en dos direcciones o momentos: por un lado apreciar las redes de actores y sus motivaciones y estrategias, en medio de las cuales hemos de plantear las propuestas, y también la elaboración de los contenidos de las propuestas mismas que prioricen intervenir en los nudos críticos de cada cadena causal. De cualquier forma que se combinen los pasos anteriores es en la acción práctica donde habrá que ir corrigiendo sobre la marcha y evaluando lo que verdaderamente va resultando (Villasante, 2006: 5).

3. UN MODELO DE PLANIFICACIÓN DEMOCRÁTICA Y SITUACIONAL PARA LOS PLANES DE MEJORA

Una vez presentado el modelo general de planificación que, a nuestro juicio, podría contribuir a la democratización de los procesos educativos, el modelo PES, vamos a desarrollar una propuesta específica para el desarrollo y la mejora de los procesos y organizaciones educativas. Se trata de un modelo de planificación que incorpora los cuatros momentos del PES, pero que le dota de un significado y un sentido propios vinculados a la tradición de mejora de la escuela que es consustancial al Proyecto Atlántida.

Comenzaremos por comentar el *Proyecto de Mejora de la Calidad para Todos* (*Improvement Quality Eduational for All*, IQEA), que estando lejos de nuestra concepción de la educación, y como continuación del *Proyecto Internacional para la Mejora de la Escuela* (ISIP), definió la mejora de la escuela de este modo:

> *Un enfoque del cambio educativo que se centra en el rendimiento del alumno y en la capacidad de la escuela para afrontar el cambio. Denominamos a este enfoque concreto mejora de la escuela; consideramos la mejora como un enfoque definido del*

cambio educativo que destaca los resultados del alumno así como la capacidad de la escuela para dirigir iniciativas de mejora (Ainscow y otros, 2001: 11).

Como puede apreciarse en esta definición el objeto de atención y de interés de este enfoque no es tanto las características de la escuela como el proceso de cambio en la escuela. En consonancia, su finalidad no es otra que lograr una comprensión del cambio que permita alcanzar escuelas mejores para todos. Este esfuerzo por comprender el cambio educativo surge, en gran medida, como consecuencia del interés y la preocupación por comprender las razones y/o causas por las que muchísimas innovaciones educativas, y críticas muy serias a la escolarización no parecen haber contribuido sustancialmente para tener una escuela mejor.

La puesta en marcha de procesos de mejora en los centros educativos supone optar por una nueva estrategia de cambio, distinta pero complementaria a la adoptada en la reforma. Pues bien, la confluencia de ambas estrategias sólo tendrá sentido si, rompiendo el círculo vicioso de la desigualdad, logramos alinear sus esfuerzos en la misma dirección: una educación de calidad para todos. La compleja naturaleza de esta tarea, así como la sostenibilidad de la solución, aconseja una adecuada gestión del conocimiento disponible, de modo que este pueda ampliar tanto la capacidad profesional de los educadores como la de los centros educativos.

Al proponer un modo comprensivo de aproximación a la mejora quisiéramos evitar que en esta ocasión como en tantas otras, una división tradicional del saber y del trabajo, privara a los profesores de una oportunidad más para contribuir activamente, no sólo a la mejora de la escuela, sino también al desarrollo del saber educativo.

Para los maestros del hombre, aunque trabajen en escuelas el sentirse frustrados en su búsqueda por el significado de las circunstancias bajo las cuales trabajan, es una ironía demasiado monstruosa como para que se la tolere. Tal vez la enseñanza, más que cualquier otra vocación, debe permitir y fomentar la búsqueda del significado más allá de cualquier capacidad actual para comprender (Schaefer, 1978: 90).

Tal y como lo vemos, cualquier cambio, signifique o no una mejora, sólo puede sostenerse si está basado en una comprensión adecuada por parte de los profesores tanto de las razones que justifican tal cambio, como de los efectos que estos cambios pueden producir. Esta visión es, sustancialmente, la misma que Stenhouse (1984), entre otros, propuso para abordar los problemas del currículo.

El modo «comprensivo» que proponemos para abordar los procesos de mejora desde la escuela, supone una consideración y unas expectativas elevadas de la profesionalidad docente. A nuestro juicio, ningún profesional de la educación se merece ser «reformado», ni «reciclado», aunque todos ellos tienen derecho a mejorar sus competencias profesionales a partir de los conocimientos adquiridos a través del intercambio de experiencias y saberes (Moya, 1993; López Ruiz, 1999). Dicho en pocas y acertadas palabras, «mientras no tratemos a los profesores como profesionales, no podemos esperar de ellos que contribuyan como profesionales en la organización de la escuela» (Sergiovanni y Carver en Davis y Thomas, 1992: 197).

La atención que reclamamos hacia la profesionalidad del docente nos lleva a considerar que el impulso para que los centros desarrollen procesos es una oportunidad para que todos y cada uno de esos marcos teóricos puedan demostrar su valor para el conocimiento docente y la práctica educativa. Esto significa, entre otras cosas, que los procesos de mejora no sólo pueden suponer cambios en su estructura, su cultura o su tecnología, sino que además supondrán cambios en la configuración del saber educativo.

A nuestro juicio, en la actualidad, nos enfrentamos a la necesidad de redefinir la relación entre poder y saber que ha sido tradicional en la escuela y en la educación, pues de lo contrario corremos el riesgo de que nuestras escuelas no pasen de ser excelentes «distribuidores de conocimiento», pero limitados «productores de conocimiento».

> En efecto, al concentrarse solamente en la función distributiva, la escuela encarcela, más que libera, todo el poder de la inteligencia del profesor. Dada la severidad de las dificultades que aquejan a la escuelas, es evidente que hay una enorme necesidad de reunir tantos intelectos como sea posible, y si es indudable que los maestros representan una fuente potencial de energía escolar, ellos y la situación merecen la oportunidad de explotarla (Schaefer, 1978: 15).

Vistas así las cosas, sólo nos resta formular el problema de un modo que sea coherente con todo lo anterior. La mejora de los centros es un problema que presenta tres dimensiones: teórica, técnica y práctica. La dimensión teórica recoge todos aquellos elementos que dotan a los centros de capacidad para definir una visión compartida del cambio. La dimensión técnica recoge todos aquellos instrumentos que pueden dotar a los centros de capacidad de acción. La dimensión práctica recoge todos aquellos elementos que dotan a los centros de capacidad para hacer que el cambio pueda ser considerado deseable y viable. Los marcos teóricos desarrollados hasta el momento deben ser considerados como fuentes de conocimiento para cada una de las dimensiones del problema, pero serán los centros educativos los que valoren, seleccionen y gestionen los elementos presentes en cada una de las dimensiones. El instrumento que sistematice todas las decisiones adoptadas por el centro y, por tanto, oriente su proceso de mejora será el *Plan de Mejora* o *Plan de Progreso*.

Los principios sobre los que se asienta esta nueva estrategia de cambio, tal y como la vamos a redefinir aquí, son los siguientes.

1. La mejora de la escuela es una de las consecuencias que se derivan de una interpretación actualizada del derecho a la educación. El derecho a la educación, entendido como el derecho a recibir el tipo de ayuda educativa que cada persona necesita, es el impulso necesario para iniciar los procesos de mejora, la constitución de un nuevo orden escolar será su resultado.

2. La mejora de la escuela es a la vez causa y efecto en el desarrollo de la capacidad que los centros puedan alcanzar para hacer un uso adecuado de su autonomía. Esto es así porque en gran medida cambiar es aprender.

3. El desarrollo de la capacidad de la escuela para hacer un uso adecuado de su autonomía depende tanto del desarrollo profesional de los educadores como del desarrollo de las comunidades educativas ya que ambos tiene ante sí el reto de lograr que la escuela se constituya en una sociedad del aprendizaje para todos.

El enfoque que acabamos de presentar aporta una visión sobre la naturaleza de los procesos de mejora que podríamos resumir, brevemente, así: la mejora de los centros educativos es un proceso de cambio cultural, impulsado por una actualización del derecho a la educación, cuyo éxito depende de que logremos capacitar a los centros y a los profesionales que trabajan en ellos para que hagan un uso adecuado de su autonomía.

En consonancia con esta visión, la estrategia que ahora vamos a presentar puede ser definida como una «estrategia comprensiva para la mejora». Esta estrategia gira en torno a dos focos: mejora y capacitación. La distancia entre estos dos ejes viene marcada por el aprendizaje. Aprendizaje que también presenta dos caras: aprendizaje organizativo y aprendizaje profesional

> *Capacitar a la organización para mejorar continuamente sus prácticas conlleva que ésta aprenda a hacer las cosas de otro modo al tradicional, a desarrollar entre todos nuevos procesos de trabajo, mejorar la práctica desde la reflexión, aprender, en suma, a construir una nueva cultura desde otros parámetros diferentes de los que venía siendo norma en la vida cotidiana de la escuela* (Arencibia y Guarro, 1999: 86).

La estrategia que proponemos es una estrategia institucional, es decir una estrategia definida y asumida por la comunidad. Esto es así porque queremos adoptar la misma posición que ya hemos presentado respecto a otros problemas educativos: el centro educativo es el agente con capacidad para abordar los problemas y no el profesorado aisladamente. La mejora, como otras cuestiones de similares características, es un compromiso de la comunidad. En consonancia con esta estrategia y con el enfoque adoptado, creemos que una buena parte del éxito en los procesos de mejora depende de que los centros logren definir, a partir de la propuesta, su propia respuesta.

Pues bien, la transformación de esta propuesta en una repuesta diferenciada reclama de los centros una atención especial a las siguientes condiciones:

a) Una visión comprensiva y compartida de la situación.
b) Una valoración de las posibilidades de cambio y mejora.
c) Una misión definida para la institución.
d) Un compromiso con la acción.

La creación de estas condiciones no tiene por qué seguir un proceso lineal, pero en cualquiera de los casos conviene que las decisiones que se adopten en cada una de ellas sean coherentes entre sí y consecuentes con las singularidades que presenta el centro educativo. Las tres primeras condiciones que hemos definido (visión, valoración y misión) forman parte de lo que, en el capítulo anterior, se ha denominado «el pensamiento colegiado», y que no es otra que configurar el centro escolar como una comunidad profesional de aprendizaje. Pensar juntos es una necesidad ineludible cuando la realidad se construye socialmente y dentro de los límites fijados por y para una determinada institución.

El pensamiento conjunto se define a partir de conceptos, teorías, hechos o principios propios de la comunidad o aportados a la comunidad desde otros lugares o por otras personas, pero estos elementos cognitivos son la base del pensamiento conjunto. Si bien, las tres condiciones que proponemos pueden considerarse colectivamente como elementos del pensamiento conjunto, mantienen entre sí algunas diferencias importantes:

a) La *visión comprensiva y compartida* es otro elemento del pensamiento colegiado que también mantiene su singularidad. En este caso se trata de dotarnos de un mapa, de una representación de la realidad que vamos a tratar de modificar. Disponer de una visión compartida supone que los cambios previstos no son considerados de forma contradictoria o desarrollados en direcciones muy distintas. Para que una comunidad educativa adquiera esta visión es necesario definir un lenguaje familiar a todos sus miembros que incluya tanto unos conceptos bien definidos como unas teorías explicativas de los fenómenos estudiados La visión se refiere a la realidad deseable hacia la que se desea avanzar. Equivale a la fase de «sueño» de comunidades de aprendizaje y tiene que ver con lo que los comités de ciudadanía desarrollan como propuestas a medio plazo o posibilidades reales, que se completan con los imprescindibles de a corto plazo.

b) La *valoración* de las condiciones requiere un conocimiento de la realidad en el que la institución educativa se enmarca, pero este conocimiento tiene un propósito definido: valorar los límites y las posibilidades para la acción que queremos emprender. Se trata pues de localizar en la realidad sus consecuencias para nuestra acción. La propuesta de valoración equivale a la fase ER de Pablo Freire y coincide con el momento de diagnóstico que el modelo de Proceso ADEME y el desarrollo Atlántida en Comités de Ciudadanía ha denominado *Diagnóstico y Categorización*. Una valoración de este tipo requiere conocer bien la actual configuración del sistema educativo, así como las características y singularidades que presentan los centros educativos como instituciones y su papel en el contexto en que se desenvuelven. Estas dos cuestiones ocuparán nuestra atención en este primer momento del proceso.

c) Un paso más de la visión es la *misión*, es el tercer componente del pensamiento conjunto y es un salto adelante a los dos anteriores, ya que en este caso se trata de poner nombre, concretar nuestras expectativas, a nuestras esperanzas, a nuestros deseos. Definir la misión obliga a la comunidad educativa a hacer explícito aquello que desea que sea la escuela, ya que este deseo actúa permanentemente como elemento comparativo con la realidad actual y proporciona criterios de valor. Estamos ante la tarea de priorizar las apuestas de la visión para llegar a concretar el plan definido y contextualizado. Las acciones necesarias para construir una visión comprensiva y compartida tendrán especialmente en cuenta:
  • Una gestión adecuada del conocimiento disponible.
  • Una formación para el cambio y la mejora.
  • Un asesoramiento para el cambio y la mejora.

d) Una nueva condición, *acción conjunta*, llama la atención sobre la necesidad de dotarse de instrumentos técnicos y prácticos que ayuden a construir la realidad deseable. En este sentido, es muy importante reconocer que esa realidad deseable es una realidad nueva que no puede ser descubierta, y que no está debajo de la realidad actual, sino que es una realidad nueva. Por ello, no basta reconocer razones y causas de los problemas para poder evitarlos, sino que hay que construir situaciones alternativas a las que propiciaron los problemas, a la vez que nos aseguramos de que esas nuevas condiciones no van a venir acompañadas de efectos tan indeseables o más que las que se han superado. Esta acción conjunta englobará los diversos tipos de actuaciones que se llevan a cabo para conseguir las metas planteadas en la misión y para avanzar en el sentido que indica la visión.

Elementos básicos para una plan de mejora situacional

Los planes de mejora se conciben como un recurso para la mejora, pero lo esencial son los procesos que contribuyen a poner en marcha. A través de los planes de mejora se crean unas condiciones que contribuyen al éxito en el cambio de la escuela. Pues bien, la visión que desde el Proyecto Atlántida tenemos de este cambio requiere una atención especial tanto a la comunidad como al contexto en que se desenvuelve el centro. Nuestra visión coincide con la expresada por Marchesi y Martin (1998) cuando afirma que los planes de mejora, desde la perspectiva de este enfoque, no tienen el carácter técnico que puedan adoptar cuando se incorporan al enfoque de calidad.

> ...la escuela comprende que lo más importante es el proceso de planificación de su desarrollo y no tanto el documento final elaborado. Si se facilita la participación de toda la comunidad educativa, si se analizan y acuerdan los objetivos, si se especifican los cambios que se van a introducir en el currículo, la evaluación o la formación, si se diseñan las estrategias para su aplicación y evaluación, se están creando las condiciones para que funcione el plan de desarrollo. Incluso se puede afirmar que ya está funcionando positivamente (p. 126).

Pese a todo, no conviene olvidar que la finalidad última de la mejora es el éxito escolar de los alumnos.

> El plan de progreso de la escuela tiene como objetivo último mejorar los resultados educativos de los alumnos. Pero tiene como objetivo más directo, aunque más difícil de evaluar, el cambio en la estructura y en la cultura del centro (Marchesi y Martín, 1998: 127).

Los planes de mejora, desde la perspectiva del enfoque para la mejora, presentan algunas ventajas importantes (cuadro 6). Pero estas ventajas no están vinculadas ni a la precisión en sus objetivos, ni a las virtudes de sus recursos, sino que están conectadas a su condición de oportunidades para el aprendizaje organizacional.

Cuadro 6: Ventajas de los planes de mejora (Hargreaves y Hopkins, 1991)

1. Orienta la atención sobre los objetivos de la educación en un sentido amplio.
2. Proporciona un enfoque comprensivo y coordinado de todos los aspectos de la planificación: currículo, enseñanza, gestión y recursos.
3. Incorpora una perspectiva a largo plazo de la escuela que posibilita la definición de metas a corto plazo.
4. Ayuda a los profesores a superar la tensión producida por la presión hacia el cambio.
5. Otorga un reconocimiento a la dedicación de los profesores para promover el cambio.
6. Aumenta la competencia del equipo directivo.
7. Refuerza la cooperación entre el equipo directivo y el consejo escolar.
8. Hace más sencilla la tarea de exponer el trabajo de la escuela.

La propuesta que estamos exponiendo alcanza su mayor nivel de concreción cuando, profundizando sobre el mapa del proceso, se determinan los elementos básicos que ayudarán a configurar el Plan de Mejora. Esta concreción debe ser apreciada y justificada como una consecuencia del enfoque y de la estrategia que estamos presentando. En cierto modo, la configuración de elementos que proponemos puede ser considerada como un «modelo», pero sin que esto suponga ninguna prescripción para los centros educativos. La selección y caracterización de los elementos del Plan de Mejora (cuadro 7) que finalmente vamos a describir tiene su fundamento en los dos modelos presentados anteriormente. Por un lado, incluye *objetivos*, dado que toda mejora se realiza con el propósito de obtener algunos resultados y estos pueden ser expresados en términos de objetivos. Mientras que, por otro lado, incluye una atención especial a las *estrategias* y las *acciones* dado que constituyen la base operativa del plan.

Cuadro 7: Elementos básicos para el diseño de un Plan de Mejora

ELEMENTOS BÁSICOS EN EL DISEÑO DE UN PLAN DE MEJORA

1.-Datos de identificación del centro

2.- Introducción

Definición clara del ámbito o ámbitos de mejora elegidos.

❏ Desarrollo curricular y enseñanza	❏ Convivencia en el centro y en las aulas
❏ Atención a la diversidad	❏ Implicación de la comunidad
❏ Evaluación de los aprendizajes	❏ Otros

Justificación de la elección.
- ❏ Valoración de la situación
- ❏ Valoración de la estrategia
- ❏ Viabilidad del proyecto

Exposición del proceso seguido en la configuración del plan.

3.-Objetivos

(Resultados en el aprendizaje de los alumnos que se esperan obtener una vez concluido el plan en cada uno de los ámbitos de mejora seleccionados).

Ámbito de Mejora A	Ámbito de Mejora B
Objetivo 1	Objetivo 1
Objetivo 2	Objetivo 2

4.-Estrategia

Tipos de estrategias.

❏ Implantación de un programa	❏ Aplicación de un modelo didáctico
❏ Aplicación de una o varias tecnologías	❏ Desarrollo de una innovación
❏ Generalización de una práctica	❏ Otra

Acciones, agentes y herramientas que se utilizarán en la consecución de cada uno de los objetivos. Consecuencias e incidencias de las acciones en los proyectos del centro.

El núcleo central de todo proceso de mejora es la delimitación de lo que hemos propuesto denominar, la «zona de mejora». La delimitación de la zona de mejora puede realizarse siguiendo distintas técnicas, pero esa decisión viene marcada, esencialmente, por las reglas y los criterios que se siguen en su adopción. Las reglas y los criterios son básicos, puesto que es la única forma en que las personas que se comprometen a mejorar pueden sentir como propia una decisión.

El concepto de zona de mejora define el «espacio» que un centro tiene que recorrer para alcanzar el referente que marca su visión horizonte (ver cuadro 8). Ese espacio puede ser muy próximo o muy distante, depende de la referencia que se elija y de la situación actual. Ahora bien, una vez reconocida la distancia entre la situación actual y el referente, la elección concreta de la zona de mejora depende de la valoración de las oportunidades y de la propia capacidad de cambio que tenga el centro.

Cuadro 8: Representación gráfica de la zona de mejora de un centro educativo

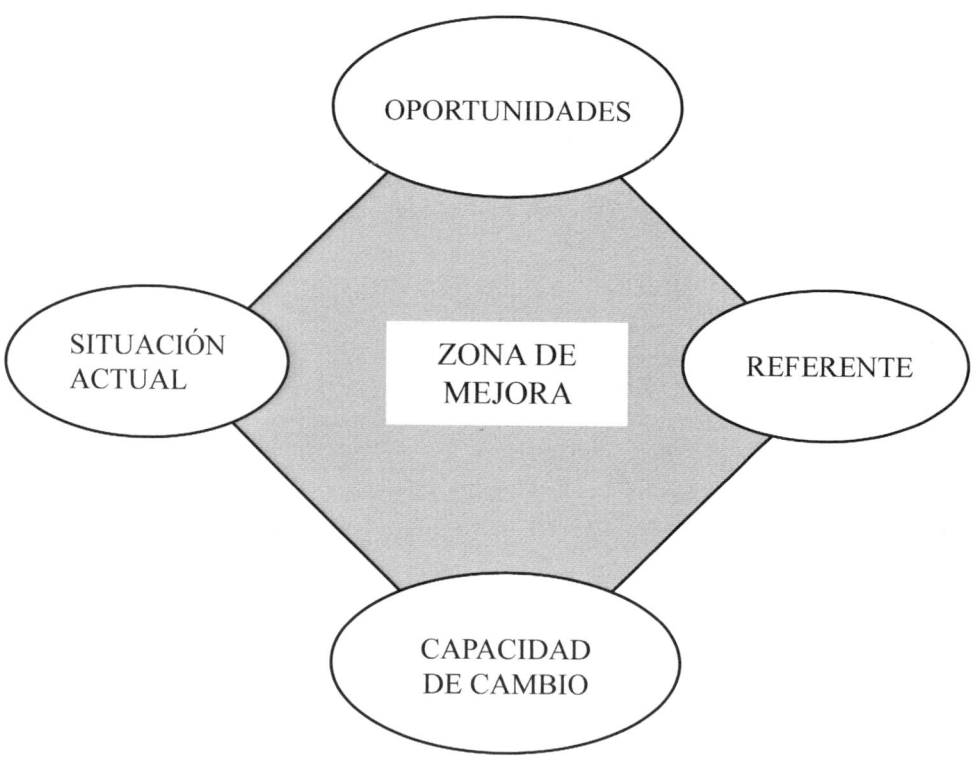

La definición de la zona de desarrollo o zona de mejora de un centro educativo constituye, sin lugar a dudas, una decisión estratégica fundamental que integra el resto de los momentos de la planificación democrática (estratégico, situacional, normativo y operativo) y que compromete seriamente a la organización y la gestión. La definición de la zona de mejora se produce en el marco de un proceso deliberativo que es preciso comprender y aprender a desarrollar.

La fase deliberativa de un proceso de mejora incluye todas aquellas acciones que sus protagonistas realizan para tomar la decisión o decisiones más adecuadas. Deliberar es un modo consciente de tomar una decisión y, por tanto, es una forma de hacer responsable de las acciones que se derivan de esa decisión así como de sus posibles consecuencias. La deliberación es un proceso de pensamiento basado, como todos, en informaciones y creencias pero en el que destacan especialmente los criterios y los valores. Esto es así, porque adoptar una decisión pone en evidencia no sólo como se ve una determinada realidad (visión) sino como podría llegar a ser o cómo podríamos contribuir a lograr esa transformación (misión).

La deliberación es también un proceso de diálogo y, como tal, un proceso abierto al intercambio de ideas, propuestas, sugerencias, aclaraciones, etc. Un proceso en el que desde el principio se asume que, sea cual sea la decisión definitiva, siempre se adoptará bajo la incertidumbre de sus resultados finales y que por eso mismo nadie puede estar totalmente seguro del acierto de su propuesta.

a) La situación inicial

El proceso de mejora requiere una *visión compartida* y una *valoración adecuada* de la situación en la que el centro se encuentra en un momento determinado. La visión y la valoración pueden responder tanto a una evaluación interna como a una evaluación externa. Tanto una como otro tipo de evaluación concluye con un informe que expresa la situación actual del centro. Los datos aportados por el informe evaluador (en cualquiera de los tipos de evaluación) son la base sobre la que se comienza el proceso de mejora. Pero los datos pueden conducir a conclusiones diferentes, entonces se abre un amplio proceso deliberativo que conducirá a seleccionar un determinado ámbito o zona de mejora.

El criterio de «situación actual» establece que la decisión que se adopte sobre la zona de mejora ha de estar en consonancia con la visión que tengan sus protagonistas sobre la situación en la que se encuentra el centro. La dificultad es que esta visión conjunta puede resultar difícil de lograr puesto que siempre surgirá desde puntos de vista múltiples. Esto hace que la visión final tenga que resultar de la convergencia de puntos de vista diferentes, es por eso que convendrá utilizar tanto técnicas de focalización como de priorización.

Desde el momento de su constitución como movimiento de renovación pedagógica, el Proyecto Atlántida ha sido consciente de esta necesidad y, a tal fin, ha diseñado un modelo para la evaluación inicial basado en cuatro ejes –Modelo de desarrollo o ámbito socioeconómico, sociopolítico, sociocultural y socioafectivo– que ha resultado muy útil en distintos contextos.

b) La búsqueda de referentes o visión

El criterio de referencias marca aquello que va a ser considerado como una mejora dentro de un determinado centro educativo. El referente transforma los cambios posibles en un centro en cambios deseables, ya que el horizonte define aquello que va a ser considerado como progreso.

Las referencias marcan el horizonte de mejora hacia el que tenderán los cambios que el centro se propone introducir. Los referentes pueden ser de muchos tipos: modelos didácticos, modelos organizativos, innovaciones educativas, programas, tecnologías, códigos, principios, etc. En cualquiera de los casos los referentes representan la realidad deseable, si bien, cada centro habrá de encontrar el modo de adaptar esa realidad deseable a la realidad posible, dada su situación actual, su capacidad de cambio y las oportunidades con las que cuenta. En este sentido, es muy importante delimitar con referencias próximas, ya que será mucho más fácil tener éxito en el cambio.

La técnica conocida como *benchmarking* se suele utilizar en el mundo empresarial como instrumento para seleccionar los referentes que conviene tener presentes cuando se inicia un proceso de mejora. Esta técnica, aunque sin denominarse de ese modo, cuenta con una amplia tradición en educación, dado que la búsqueda de los mejores métodos, o de los mejores ejemplos, ha sido siempre una vía para el cambio y la mejora.

Durante décadas, las técnicas de Freinet o Freire, o los métodos de aprendizaje por descubrimiento, o los métodos de proyectos, han sido referentes que han venido marcando el horizonte de mejora de muchos centros. Pues bien, se trata de utilizar la práctica habitual de una forma consciente y sistemática. Hoy en día, nuestros referentes son más amplios y también son mayores las posibilidades que tenemos de valorar su eficacia y de lograr una adaptación a un determinado centro.

El *benchmarking*, como técnica, es una búsqueda consciente y sistemática de ejemplos de buenas prácticas en aquellos aspectos en los que un determinado centro está interesado en mejorar. Pero la técnica no supone implantar lo seleccionado, sino aprender de la buena práctica para recrearla, bajo otras condiciones, en otro lugar.

Lo que se ha considerado buenas prácticas en Atlántida se identifica con los esfuerzos de la innovación educativa que los centros practican cuando intentan reconstruir su modelo curricular y organizativo, y definen algunas prácticas de participación real de la mayor parte de sus miembros, con líneas metodológicas apropiadas.

c) Oportunidades para la mejora

Una vez que el centro conoce su situación actual y las referencias que marcan su horizonte de mejora es posible dibujar algunas de las acciones que convendría adoptar. Sin embargo, la decisión final no sería una decisión prudente si no tuviese en cuenta otros dos criterios: las oportunidades que el centro puede tener para realizar los cambios y la capacidad del propio centro para realizar esos cambios, incluso en las condiciones adecuadas.

En consonancia con esta consideración sobre lo que sería adoptar una decisión prudente, consideramos que la búsqueda de oportunidades es una tarea que todos los centros interesados en mejorar convendría que desarrollaran bien.

El proceso de cambio y mejora, como cualquier otro proceso, implica el consumo de energía. La energía necesaria para impulsar y mantener un proceso de cambio, tiene una doble fuente: los recursos disponibles y los esfuerzos necesarios. La búsqueda de oportunidades es una tarea destinada a reconocer y valorar la disponibilidad de la energía necesaria para realizar un determinado cambio. La búsqueda y posterior elección de oportunidades cumple un papel esencial en la decisión sobre el cambio: amplía el universo de lo que será posible hacer. Las oportunidades que los centros identifiquen y elijan para alcanzar el referente fijado contribuirán tanto a la elección del cambio adecuado como a su posterior gestión.

La contribución de los servicios de asesoramiento a la selección y búsqueda de oportunidades puede ser muy importante, especialmente, en todas aquellas oportunidades ofrecidas desde la administración pública. En este sentido, conviene recordar que tanto los servicios de apoyo, como los programas educativos o las diversas convocatorias de ayuda pueden ser considerados y valorados como excelentes oportunidades para el cambio.

Ahora bien, las oportunidades para el cambio no sólo hay que buscarlas, sino que hay que crearlas, esto significa que, en ocasiones, la oportunidad que aproximaría al centro al referente deseado no requiere nuevos recursos, sino una utilización diferente de los recursos existentes, y en consonancia una reorientación de los esfuerzos y las prioridades acordadas hasta ese momento.

d) Capacidad de cambio

Los centros educativos, como cualquier organización, tienen su propia historia, su propia cultura y una estructura, estos y otros elementos pueden ampliar o reducir las posibilidades de cambio de un centro. La participación en proyectos de innovación, o la constitución de grupos de trabajo del centro, o la participación en anteriores experiencias de cambio, pueden dotar a los centros de una capacidad de cambio que, de no haber vivido algunas de esas experiencias, no tendrían.

La capacidad de cambio de un centro, su disponibilidad, puede ser reconocida a través de algunos indicadores: las formas de comunicación, la gestión del conocimiento, el aprendizaje organizacional, el nivel de cooperación, etc. La capacidad de cambio guarda una estrecha relación con la forma en que el centro gestiona el conocimiento y con la situación que pueda dibujarse en estudio del equilibrio de fuerzas ante el cambio.

Tal y como han puesto de manifiesto Bolman y Deal (1984), la cultura de cualquier organización es vital para que pueda cumplir con los fines que tiene asignados. Esta perspectiva cultural, orientada hacia los centros educativos, pone de manifiesto los siguientes elementos:

1. Lo relevante de cualquier suceso o situación es el significado que le dan sus participantes, es decir la interpretación que los que participan en la organización hacen de ellos, ya que será esa interpretación la que les lleve a tomar decisiones.
2. La mayoría de los acontecimientos que tiene lugar en una organización son ambiguos e inciertos, normalmente no es sencillo saber lo que está ocurriendo, aunque los miembros de la organización logren desenvolverse en ella.
3. La ambigüedad de los acontecimientos y su interpretación variable dificulta notablemente el proceso de adopción de decisiones.
4. Los centros educativos, al no generar un conocimiento compartido, presentan notables dificultades para lograr interpretaciones conjuntas y procesos de decisión eficaces.

En definitiva, las organizaciones muestran comportamientos inteligentes en función de la cultura que sostiene a la organización, de aquí la necesidad de lograr una cultura profesional asentada sobre la *tarea compartida* y voluntaria de los educadores y sobre nuevos modos de pensamiento.

4. PLANIFICACIÓN EDUCATIVA Y PROGRAMACIÓN GENERAL DEL CENTRO

El modelo de planificación que venimos presentando, surgido de una combinación del modelo de planificación situacional, del modelo de planificación por objetivos y del modelo de procesos, aporta un conjunto de ideas y criterios que pueden servir de referencia a todos aquellos centros educativos que aspiren a democratizar tanto su funcionamiento como sus procesos. En este sentido, a continuación vamos a presentar algunas recomendaciones específicas para tres de los elementos o documentos que conforman la programación general de un centro: el proyecto educativo, el proyecto curricular y el plan de acción tutorial.

4.1. Claves para un proyecto educativo democrático

El problema esencial de toda educación, definida en el modo en que aquí se ha definido, es la justicia, esto es: encontrar el modo adecuado para que todas las personas puedan satisfacer sus necesidades de desarrollo y tener las mayores posibilidades para alcanzar una vida digna. Concebir la democracia como una implicación activa de los ciudadanos en todos los ámbitos de acción, como forma de vida cívica, implica considerar que la educación tiene un relevante papel en la formación para el ejercicio de la ciudadanía. La dimensión cívica se apoya en una dimensión moral de los valores que la sostienen, y ambas en una dimensión social de participación y convivencia en la esfera pública. Las tres son dimensiones esenciales de la democracia (Touraine, 1994).

La educación democrática es una forma de resolver ese problema: la solución justa será aquella que pueda contar con el mayor grado de acuerdo en unas condiciones que faciliten el diálogo y la deliberación responsable. Por eso, la educación democrática es, ante todo, una vía para alcanzar una buena educación para todos. Una buena educación cuyo fundamento último no será doctrinario, sino dialógico. Es decir, su fundamento reside en la apertura total de las ideas y creencias para que puedan ser criticadas, valoradas y modificadas a tenor de las experiencias vividas. Así pues, la educación democrática trata de definir, ante todo, las condiciones (bases) que es necesario respetar para que entre todos podamos construir una buena educación. Esas condiciones son formales (los principios definidos por Guttman, 2001) pero también culturales (valores, principios), sociales y materiales.

Sin embargo, como hemos tenido ocasión de mostrar, la educación democrática puede adoptar diferentes modelos de escuela, aunque todos esos modelos puedan compartir principios y características. Más aún, una educación democrática puede manifestarse en ámbitos sociales distintos a la escuela (por ejemplo, las casas de cultura, o las universidades populares, o las comunidades locales). Con todo, la educación democrática sólo se hace efectiva cuando encuentra el marco institucional adecuado, de aquí la importancia y la necesidad de que en las escuelas y más allá de ellas en cualquier institución educadora, se exploren de una forma ordenada y sistemática las posibilidades que ofrece una educación democrática.

Este documento, en el que se definen algunas *Bases Metodológicas para una Educación Democrática*, pretende animar a los centros y a las comunidades educativas a definir sus propios proyectos educativos y a compartirlos, considerándolos como un momento esencial en toda planificación: el momento estratégico-situacional. Los ejemplos que aportamos (cuadros 9 y 10) junto con el resto del documento pueden ser un buen apoyo para que muchos centros orienten sus posibilidades de mejora hacia una educación democrática, pero, además, somos muchas las personas que desde el Proyecto Atlántida podríamos sumarnos a esa tarea con el entusiasmo de quienes sienten este compromiso como un deber moral: lograr una buena educación para todos.

Cuadro 9: Ejemplo de visión estratégica en un conjunto de centros educativos

PRINCIPIOS PARA UN PROYECTO EDUCATIVO DE CENTRO
(Coalición de Escuelas Esenciales)
(López Ruiz, 2005b)

1. *Aprender a usar productivamente la mente*: esto supone enseñar a pensar.
2. *Menos es más*: el currículum tiene que centrarse en lo esencial y en vez de cubrir programas de materias sobrecargados estimular el desarrollo de un conjunto limitado de capacidades básicas.
3. *Objetivos universales*: las metas de la escuela deben aplicarse a todos los estudiantes, aunque la práctica educativa se adecue a las diversas necesidades de cada grupo de adolescentes.
4. *Educación personalizada*: cada profesor tiene que conocer individualmente a sus alumnos y adaptar la enseñanza a sus peculiares características.
5. *El estudiante como trabajador*: el docente es un «facilitador» que estimula la capacidad de «aprender a aprender» de los estudiantes.
6. *Demostración del dominio de las capacidades*: aquellos estudiantes de nuevo ingreso que no hayan adquirido aún las destrezas instrumentales básicas recibirán enseñanza intensiva. El título de Secundaria se otorgará si el alumno demuestra en una exhibición final que posee los conocimientos y habilidades esenciales que se había marcado la escuela.

7. *Promoción de un clima positivo*: todos los distintos sectores de la comunidad educativa han de contribuir a crear un ambiente basado en la confianza y que promueva los valores de justicia, solidaridad y tolerancia.

8. *Compromiso con toda la escuela*: los docentes tienen que implicarse en la transformación del centro y adoptar distintos roles que permitan realizar múltiples tareas. Deben ser antes educadores generalistas que instructores especialistas en disciplinas.

9. *Recursos para la enseñanza y el aprendizaje*: los enseñantes deben disponer de tiempo suficiente para construir el currículum en equipos y reflexionar sobre su práctica educativa; como verdaderos profesionales han de tener sueldos dignos.

10. *Democracia y equidad*: la escuela debe fomentar políticas y prácticas democráticas que implique a todos los miembros de la comunidad, así como luchar contra la desigualdad y desarrollar una enseñanza no discriminatoria.

Cuadro 10: Propuesta de principios para los centros educativos democráticos[4]

PRINCIPIOS PARA UN PROYECTO EDUCATIVO DE CENTRO
(Propuesta del Proyecto Atlántida, 2007)

1. Las personas que conformamos la comunidad educativa de este centro somos conscientes de nuestra responsabilidad en el desarrollo de todos y cada uno de los alumnos y alumnas, por eso nos comprometemos a proporcionarles las mejores experiencias educativas. Este compromiso compartido, expresado en los principios de nuestro proyecto educativo, es lo que nos hace ser una comunidad.

   - *Valoración.*
   - *Estrategias.*

2. Nuestra escuela no es sólo un lugar de preparación para la vida, sino que nos esforzamos cada día para hacer de la escuela una forma de vida en comunidad. En nuestra escuela, aprendemos juntos resolviendo las tareas que tenemos encomendadas.

3. Todos los miembros de la comunidad y, especialmente, el profesorado hacen de la enseñanza una oportunidad para reconstruir la experiencia vital y dotarla de valor educativo compartiendo su significado y relacionándola con el conocimiento que hemos heredado.

4. Nos esforzamos por abrir permanentemente nuestro centro al entorno no sólo para ampliar las oportunidades de aprendizaje y mejorar las experiencias del alumnado sino para lograr que toda la comunidad se sienta corresponsable de la educación.

5. Una escuela, concebida como una forma de vida en comunidad, requiere que todos sus miembros se relacionen y convivan de una manera justa, sin otras diferencias que aquellas que puedan beneficiar a los más necesitados y preservando los principios que le otorgan su identidad.

6. Creemos que todo ser humano tiene derecho a definir su proyecto de vida, su relación con los demás, y la sociedad en la que desea vivir desde una visión de lo que es bueno, lo que es verdadero y lo que es bello y mediante el dominio de unas competencias básicas que consideramos como los aprendizajes imprescindibles para la ciudadanía.

---

4. Esta propuesta de principios básicos para un proyecto educativo democrático fue presentada en el *Encuentro sobre Escuelas Democráticas* (febrero 2008) entre Atlántida y Michael Apple y está siendo debatida en las estructuras de la Asociación.

7. Cuidamos nuestra escuela y tratamos de hacerla cada día un lugar más seguro, estimulante y saludable, conscientes como somos de que el medio escolar es un poderoso agente educativo.
8. Las prácticas y métodos de enseñanza que se utilizan en el centro están en consonancia con las características educativas de nuestros alumnos, están basadas en la confianza sobre sus posibilidades de aprendizaje y tratan de facilitar el éxito escolar para todos mejorando continuamente su eficacia.
9. La participación de toda la comunidad en la organización y gestión del centro, así como la deliberación cuidadosa y responsable de las decisiones que se adoptan, y la evaluación permanente de los procesos y resultados obtenidos constituyen un impulso permanente para la mejora.
10. El compromiso educativo enfatiza la preocupación por el desarrollo de habilidades personales y sociales, el desarrollo de la afectividad y el mundo emocional, unido al disfrute del tiempo de ocio personal y familiar. Se trata de favorecer una propuesta de trabajo generosa y atractiva que una lo personal con lo social, el ocio y el quehacer cotidiano, de forma que se desarrollen y vivan en espacios y tiempos complementarios.

4.2. Claves para un proyecto curricular democrático

Los diseños curriculares, tal y como ha quedado escrito, anticipan y definen las intenciones educativas de las administraciones públicas, en aquellos países donde tienen atribuidas competencias en esta cuestión. Es así como, los diseños curriculares condicionan las prácticas educativas. Los diseños curriculares no determinan las prácticas educativas dado que las intenciones educativas predefinidas por las administraciones públicas son compatibles con distintas prácticas educativas, pero si condicionan dichas prácticas en la medida en que tanto los objetivos, como los contenidos seleccionados son condiciones necesarias que los educadores deben tener en cuenta en el momento de decidir las experiencias educativas que van a ofrecer a sus alumnos. Lo cierto es que, una vez más, los cambios en el formato de los diseños curriculares provocan un cambio en sus formas de desarrollo. De hecho, el actual predominio de las formas temáticas como instrumento que desarrolla los diseños curriculares obedece al hecho de que el modelo de diseño curricular derivado de la Ley General de Educación, adoptara la forma de temas para el tratamiento del contenido. Por el contrario, en los nuevos diseños curriculares no hay ningún tema prefijado, ya que los bloques de contenido que configuran las diferentes áreas curriculares no son temas, ni están ordenados ni secuenciados. Los temas no son, ahora, la unidad en torno a la cual se estructura el diseño, y si alguien desea que continúe siendo la unidad que estructura el proceso didáctico en las aulas, deberá construir los temas a partir de los elementos de contenido presentes en los bloques de contenido.

La elección de unos diseños curriculares abiertos susceptibles de ser desarrollados de una forma adaptativa y, por tanto, con capacidad para expresar en diferentes formas didácticas la consecución de los mismos o similares objetivos, ha modificado sustancialmente el concepto de programación que se venía manejando hasta el momento. El hecho crucial es el siguiente: la aparición de nuevos elementos en los diseños curriculares y el cambio de función en las programaciones, que pasan de ser una forma de *adopción* del currículo a una forma de *adaptación*, obliga a concebir de una forma diferente la programación. Este cambio en el modelo de desarrollo introduce un momento estratégico-situacional en la planificación educativa que hasta el momento está pasando desapercibido. La adaptación de los elementos prescriptos en los diseños curriculares a las condiciones y características de un determinado centro educativo requiere un esfuerzo bien dirigido para poner en evidencia tanto la visión como la misión que el centro asume como propias, es decir, requiere tanto de un momento situacional (explicativo) como de un momento estratégico.

Si entendemos la programación como el conjunto de operaciones que el profesorado se ve obligado a realizar antes de poder definir una dinámica de actividades en su aula, podemos afirmar que el cambio en los diseños curriculares, al modificar la unidad de estructuración e incluir nuevos elementos, ha introducido nuevas operaciones y ha modificado sustancialmente las operaciones anteriores. Hasta el momento, las diferentes concepciones educativas han venido considerando la programación de formas diferentes, y la realización con el currículo también de forma diferente. Así, por ejemplo, la programación considerada en el marco del paradigma proceso-producto es muy diferente a la programación considerada en el marco de cualquiera de los paradigmas mediacionales. Para los partidarios del primer paradigma, a los que sólo les interesa la práctica como realización de una determinado ideal educativo, la programación es un instrumento técnico que va a permitir la producción de los resultados deseados. En consecuencia, su mayor interés y preocupación reside en establecer claramente los resultados esperados. Para los partidarios de los paradigmas mediacionales, que tratan de comprender la dinámica de la vida en las aulas a la vez que intervienen en ella, la programación es, ante todo, un modo de favorecer la aparición de determinados procesos que, a su vez, podrán provocar unos resultados determinados pero no íntegramente previsibles.

Un indicador muy acertado de las diferencias entre ambas formas de concebir la programación se encuentra en el modo en que se define el proceso de planificación inicial, y más concretamente la función que cumple en uno u otro caso el análisis situacional. Para quienes se proponen lograr la aparición de determinados resultados previstos, sólo interesa conocer el nivel de competencias alcanzado, mientras que para quienes se proponen generar un proceso de intercambio y construcción de significados es muy importante conocer las concepciones previas de los alumnos y alumnas. Esta diferenciación pone de manifiesto el espacio que vendría a ocupar el momento estratégico-situacional en el desarrollo del currículo.

De acuerdo con la forma que adoptan los elementos didácticos en los diferentes diseños curriculares, esto es, el modo en que son definidos los objetivos, los contenidos y los criterios de evaluación, todos y cada uno de esos elementos son susceptibles de llegar a aparecer asociados a prácticas diversas, formar parte de diferentes expresiones didácticas, o ser traducidos y apoyados en materiales diversos, todo lo cual resultaría ser igualmente correcto y válido para situaciones distintas. Así, un mismo objetivo de etapa, al venir formulado en términos de capacidad, puede ser concretado en conductas diferentes, puede ser alcanzado desde bloques de contenido diferentes o valorado según criterios de evaluación diferentes, los cuales, a su vez, pueden ser concretados de formas diferentes. En definitiva, la apertura y flexibilidad de los diseños curriculares dejan un amplio margen a la variabilidad de las respuestas educativas que pueden satisfacer las condiciones establecidas en los diseños curriculares. Esta variabilidad es la que los proyectos curriculares deben concretar para cada centro, por esta posibilidad requiere que se incorpore al proceso de planificación del currículo un momento estratégico curricular que, por el momento, está ausente en la mayor parte de los centros educativos.

Los elementos que configuran el Proyecto Curricular de un centro son los mismos que vienen definidos en los diseños curriculares, si bien las decisiones que se toman sobre esos elementos son diferentes a las que se han tomado en esos diseños curriculares. Desde la perspectiva habitual, que no deja de ser la perspectiva de una planificación por objetivos, en el marco del Proyecto Curricular de Centro se deberán tomar tres grandes decisiones: ordenar los elementos, secuenciarlos y temporalizarlos. Ordenar los elementos prescritos en los diseños curriculares es establecer relaciones entre ellos, de modo que puedan articular una respuesta educativa adecuada. Ordenar los elementos prescritos en los diseños curriculares requiere, entre otras decisiones, definir: qué contenidos concretos nos permitirán alcanzar determinados objetivos de área, o bien qué objetivos de área nos permitirán alcanzar determinados objetivos de etapa, etc. Secuenciar los elementos prescritos es establecer un tipo de orden entre ellos, sólo que en este caso el orden que se establece es un orden de dependencia. Este orden requiere, entre otras decisiones, determinar qué objetivos habrán de alcanzarse antes que otros y qué contenidos deberán preceder a otros. La tercera de las decisiones importantes que un centro debe adoptar en su proyecto curricular se refiere a la temporalización de los elementos prescritos. En este caso, se trata de establecer el tiempo de consecución de unos determinados objetivo, o el nivel de consecución de los establecidos de acuerdo con los criterios de evaluación. Para poder abordar con éxito esta cuestión de la temporalización, es necesario tener en cuenta que la formulación que se hace en los diseños curriculares, tanto de los objetivos como de los criterios de evaluación, se refiere siempre a niveles terminales de etapa, y que, por tanto, no están establecidas las referencias a los ciclos ni a los niveles.

Todas las decisiones anteriormente expuestas pueden llegar a adoptarse y, de hecho se adoptan, ignorando cualquier singularidad dentro del centro, ya sea una visión educativa propia, o unas condiciones determinadas, de aquí que, una vez más, se haga evidente la ausencia de un momento estratégico-situacional, es decir, la ausencia de relación entre las condiciones de partida y la visión educativa en el desarrollo de los proyectos curriculares. Por el contrario, la incorporación de este momento estratégico-situacional permitiría vincular el proyecto curricular con el proyecto educativo del centro y, a través de él, con toda la comunidad.

De acuerdo con todo lo expuesto anteriormente, los proyectos curriculares para poder satisfacer la misión que tienen asignada deben incorporar tanto un momento estratégico-situacional como un momento operativo y esto le permitirá articular una respuesta adecuada y coherente a las necesidades educativas de su alumnado y a las condiciones de su entorno. Los proyectos curriculares son un instrumento de planificación nuevo, surgido como consecuencia del formato abierto y flexible que han adoptado los nuevos diseños curriculares. Los proyectos curriculares forman parte de la Programación General del Centro y, como tales, deben mantener una congruencia lógica con el resto de los documentos que configuran esa programación. Los proyectos curriculares deben responder al mismo análisis situacional y a los mismos valores que han orientado la elaboración del Proyecto Educativo, además de lograr el desarrollo de los principios y objetivos fijados en el propio proyecto educativo (visión estratégica). Entre otras cuestiones esenciales, el proyecto curricular debe desarrollar todas y cada una de las competencias básicas que se han considerado esenciales para la enseñanza obligatoria. La incorporación de un momento estratégico-situacional en la planificación del currículo escolar, pone de manifiesto que el proyecto curricular no es sólo, ni siquiera fundamentalmente, el desarrollo de los respectivos diseños curriculares, sino que es una forma de conocer el currículo real que desarrolla el centro, haciendo explícitas sus condiciones, objetivos y elementos, así como la forma en que concibe su misión y su visión de la educación. Esta clarificación del currículo real, permite a los proyectos curriculares sean considerados como un instrumento eficaz en la superación del currículo oculto, algo que la planificación estratégico-situacional contribuye a poner de manifiesto merced a su carácter de planificación orientada al entendimiento.

Más aún, la incorporación de un momento estratégico-situacional, permite velar por la necesaria coherencia y coordinación entre las actividades de enseñanza que configuran el proceso didáctico del alumnado. De este modo, el proyecto curricular es la forma de planificación que garantiza la actuación conjunta de todos los agentes educativos que actúan sobre el mismo proceso. Obviamente, para cumplir con esta finalidad es necesario que los profesores y profesoras puedan manifestar abiertamente sus concepciones de la enseñanza, su visión de la realidad, sus intereses y preocupaciones, para, a partir de esta apertura al diálogo, crear un sentido de equipo que facilite la integración de actuaciones en un solo proceso. Nada de esto se puede realizar si la planificación del currículo no incorpora un momento estratégico-situacional.

Tal y como se establecía en los documentos que desarrollaban la idea inicial de los proyectos curriculares, la elaboración de proyectos curriculares de centro, al requerir la toma de posición en relación a toda una serie de elementos educativos, permite articular un trabajo sistemático de discusión, fundamental para la consolidación de las unidades pedagógicas en los centros (visión estratégica). A diferencia de lo que ocurría con los antiguos planes de centro o programaciones de centro, en las que se recogían las programaciones de cada uno de los profesores, departamentos y/o ciclos, los proyectos curriculares son la base sobre la que se construyen las diferentes programaciones. Los proyectos curriculares no resultan de la suma de las programaciones de aula, sino que son el factor común a todas las programaciones de aula. Son los proyectos curriculares los que garantizan la continuidad y progresividad de las enseñanzas dentro de un determinado centro. Con todo lo escrito, es evidente que la ausencia de una planificación estratégico-situacional constituye una gran debilidad en toda la planificación educativa y, especialmente, en la planificación del proyecto curricular de centro.

Lo cierto es que la elaboración de los primeros planes o programaciones de centro supuso un primer esfuerzo para romper el aislamiento del profesor/a en el aula y facilitar la adopción de acuerdos. Desde ese momento ya eran evidentes las enormes dificultades que planteaba la adopción de compromisos colectivos dentro de un centro, (algo que resulta esencial en toda planificación estratégica, pero que está ausente en toda planificación operativa). Entre otras cosas, se hacía necesario realizar una interpretación compartida de los requerimientos exigidos por el marco legal y, entre ellos, de los diferentes elementos definidos en los diseños curriculares. Resulta igualmente necesario lograr un lenguaje común que facilita el intercambio de ideas y experiencias, y no sólo la crítica entre formas doctrinales diferentes. La necesidad de cauces, instrumentos y, recursos para facilitar la adopción de decisiones era otra de las dificultades que era necesario superar y, por último, se hacía necesario lograr facilitar el intercambio de experiencias e ideas en un clima que permitiera una comprensión empática de la vida en los centros. Todas estas dificultades han sido insuperables para un modelo de planificación exclusivamente operativa de modo que, con el tiempo, los proyectos curriculares han perdido gran parte de sus posibilidades, incluidas sus posibilidades de democratización de la educación. Por eso, insistimos, una vez más, es necesario que la planificación educativa incorpore tanto el momento estratégico y situacional como el momento operativo.

4.3. Claves para un plan democrático de acción tutorial

Según el marco normativo que configura el sistema educativo, desde la LOGSE hasta la LOE, la acción tutorial en los centros educativos se ajustará a las condiciones y características definidas en el *Plan de Acción Tutorial*. Este documento, que forma parte de la Programación General del Centro, presenta, tanto en su diseño como en su desarrollo, importantes diferencias con el resto de los documentos que configuran esa misma Programación General. Tal y como nosotros lo concebimos, el Plan de Acción Tutorial es el documento que se sitúa entre el Proyecto Educativo de Centro y su Proyecto Curricular. El cualquier caso no se trata de un documento que establezca enseñanzas, sino que es un documento que establece vías de acción para el ajuste entre los centros y el tipo de ayuda pedagógica que estos van a ofrecer a sus alumnos.

La acción tutorial se ha constituido en un apoyo esencial en el éxito de los procesos educativos, de aquí la necesidad de considerar como un factor más para la construcción de una educación democrática. Ahora bien, el diseño y el desarrollo de la acción tutorial, presenta diferencias importantes en relación con el diseño y el desarrollo del currículo, por eso antes de entrar a considerar cualquier propuesta de planificación de la acción tutorial conviene que reconozcamos esas similitudes y diferencias (cuadro 11). Todas esas relaciones nos conducen a una cuestión central: la preocupación por llenar de contenido las «horas de tutoría». Pues bien, en nuestra opinión ese no es el problema básico que hemos de resolver en el Plan de Acción Tutorial, aunque es, indudablemente, un problema. La acción tutorial puede implicar la realización de algunas actividades de enseñanza con los alumnos, pero estas actividades no son la base de esa acción, ni son tampoco los alumnos sus únicos destinatarios. En este sentido algunos autores han propuesto el desarrollo de los temas transversales a través de las tutorías para de este modo dotarlas de contenido. En nuestra opinión esta estrategia, aunque puede resultar eficaz en algunas condiciones, también puede desnaturalizar el sentido de la acción tutorial.

Cuadro 11: Similitudes y difrerencias entre el diseño del Plan de Acción Tutorial y el Diseño del Currículum

1. La acción tutorial carece de cualquier documento prescriptivo similar a los diseños curriculares. Los únicos elementos prescritos para el diseño de la acción tutorial son las funciones y competencias asignadas a distintos agentes.
2. La acción tutorial también tiene distintos niveles de concreción, pero estos niveles se producen entre agentes que no mantienen entre sí una relación jerárquica, sino de colaboración.
3. La acción tutorial puede estar organizada sobre la base de distintas estrategias de intervención, pero no implican, en ningún caso, contenidos propios.
4. La acción tutorial, se extiende más allá de un horario de atención a los alumnos, ya que puede inscribirse en múltiples actividades que tienen lugar en los centros y fuera de los centros.

Llegados a este punto podemos afirmar que la debilidad de los proyectos educativos y curriculares, derivada de la ausencia de un momento estratégico y situacional, se agudiza por la ausencia de un plan de rango superior que permita desarrollar el momento operativo.

Ahora bien, por paradójico que pueda resultar, la mayor debilidad de la planificación de la acción tutorial, la hace también especialmente indicada para poner en evidencia la necesidad de incorporar a la planificación educativa dos nuevos momentos: un momento estratégico y un momento situacional, para luego, incorporar el momento operativo. El hecho de que, en el diseño de la acción tutorial, existan unas condiciones previas muy abiertas deja a los centros con un gran margen para utilizar su autonomía (podríamos decir que concentra en los centros todos los niveles de concreción) y es entonces cuando la complementariedad de todos los momentos en el marco de una planificación democrática puede alcanzar sus mayor eficacia.

Una visión estratégica de la acción tutorial, debe comenzar por considerar un hecho: se trata de una acción en la que participan muchos agentes y no exclusivamente el profesorado. La acción tutorial, implica a los padres, a los profesores, a los especialistas, a los órganos de dirección, etc. Todos estos agentes pueden asumir las funciones propias de esta acción, así como la misión que tiene asignada. Esta pluralidad de agentes la sitúa como una acción orientada al entendimiento y no sólo como una acción instrumental[5].

En segundo lugar, una visión estratégica debe tener en cuenta la misión. En este caso, la acción tutorial tiene como misión lograr la integración plena de los alumnos

---

5. La acción tutorial evidencia la necesidad de que las condiciones generadas en el centro y en las relaciones escuela-familia como resultado de una acción estratégica surgen en el marco de una acción orientada al entendimiento ya que sólo de este modo los distintos agentes podrán sentirse corresponsables.

en la vida del centro, así como su posterior integración en la sociedad. Para alcanzar esta misión (momento estrategico) el plan de acción tutorial debe contemplar las condiciones singulares del centro y del alumnado (momento situacional), las condiciones fijadas en el sistema educativo (momento normativo) y, finalmente, un conjunto de actividades (momento operativo). El Plan de Acción Tutorial podrá tener formatos diferentes, pero, a nuestro juicio, al menos debe incluir claramente las decisiones adoptadas en cada uno de los momentos ya mencionados. En consonancia con todo lo anterior, los centros educativos para lograr una planificación democrática de la acción tutorial tendrán que superar muchas dificultades derivadas, en unos casos de la falta de experiencia y formación adecuada y en otros de la propia complejidad de la acción que se está tratando de organizar.

Los elementos que a continuación vamos a presentar no tienen ningún valor prescriptivo, es decir, no han sido definidos por ninguna administración pública. Sin embargo a nuestro juicio son muy útiles, ya que vendría a representar un posible primer nivel de concreción en la elaboración del Plan de Acción Tutorial, a partir del cual los centros podrían comenzar a diseñar su propio plan. El problema al que pretendemos hacer presente con esta propuesta no es otro que evitar que la acción tutorial pueda perder todo su sentido y utilidad por no disponer los centros de un punto de referencia desde el que disponerse a actuar. Por el momento ese punto de referencia no existe, aunque no faltan algunas sugerencias y propuestas.

Lo cierto es que las posibilidades de que a partir de las normas que regulan las distintas funciones y competencias de los agentes educativos en la acción tutorial, surja un plan de acción sistemático son bastante escasas, ya que la existencia misma de un plan no depende de una distribución propia de lo que puede o debe hacer cada uno de sus responsables, sino de que tengan algún en común que merezca sus esfuerzos conjuntos, es decir, que dispongan de una visión estratégica y situacional. Precisamente, por esa razón, nosotros lo que proponemos es una forma de articular las distintas funcione y competencias a partir de un consenso sobre los objetivos, los principios y las áreas de intervención en las que debe incidir el Plan de Acción Tutorial de un centro.

Los objetivos generales que proponemos (cuadro 12) son, junto con los principios, los elementos básicos destinados a regular la práctica de la accción tutorial dentro del centro, los objetivos comprometen a todos los implicados, a obtener, en la línea de una mejora continúa unos determinados resultados.

Cuadro 12: Objetivos generales de la acción tutorial

1. Contribuir al ajuste entre las condiciones de escolarización que el centro ofrece y las necesidades y características educativas de sus alumnos y alumnas.
2. Facilitar la consecución de los objetivos definidos para cada una de las etapas educativas que se imparten en el centro.
3. Promover una educación para la vida que permita reconstruir e integrar las experiencias que tienen los alumnos.
4. Favorecer los procesos de madurez personal, de desarrollo de la propia identidad y sistema de valores, y de la progresiva toma de decisiones.
5. Prevenir las dificultades en el aprendizaje, así como la aparición de efectos indeseados en la enseñanza.
6. Garantizar una atención educativa diferenciada y especializada a loa alumnos que lo necesiten.
7. Contribuir al desarrollo organizativo del centro, así como el desarrollo de la comunidad que constituyen todos sus miembros.
8. Orientar las decisiones de los alumnos en todo aquellos que tenga que ver con su desarrollo personal, escolar y profesional.
9. Asegurar la necesaria coordinación entre los profesores que actúan en una determinada etapa y especialmente en los que intervienen en el mismo grupo de alumnos.

Los principios (cuadro 13) comprometen una determinada forma de actuar, más que unos sus resultados, pero ambos son igualmente necesarios. Los principios que exponemos guardan una estrecha relación con lo que hemos considerado como base de la acción tutorial y que no es otra cosa que una forma de orientación, y no una forma de enseñanza.

Cuadro 13: Principios básicos para el diseño y el desarrollo de la acción tutorial

- La acción tutorial es un componente básico de la educación, por ello, se configurará como un proceso continuo que debe ser planificado y evaluado.
- La acción tutorial es un acción compartida por diferentes agentes, cada uno de los cuales tiene unas funciones y competencias propias, es por ello que el plan de acción tutorial debe definir la necesaria cooperación.
- La acción tutorial puede desarrollarse en áreas de intervención diferentes, es por ello que el Plan de Acción Tutorial puede ser distinto en cada etapa y/o centro.
- La finalidad de la acción tutorial es conseguir el mayor grado posible de ajuste de la ayuda pedagógica que los centros ofrecen a sus alumnos.

Las áreas de intervención que hemos seleccionado (cuadro 14) son limitadas, no tenemos la intención de ser exhaustivo, sino de ser sugerentes. Nuestra intención es que viendo como se configuran las áreas los centros puedan seleccionar aquellas que más adecuadas pueden resultar a sus problemas y situaciones. Lo más importante es reconocer que las áreas de intervención no son áreas curriculares, ni temas transversales, aunque los centros podrán incluir alguno de ellos, y que tiene como destinatarios tanto a profesores, como padres o alumnos. Además, las áreas de intervención seleccionadas extiende los efectos de la acción tutorial, mucho más allá de la hora de tutoría, generando acciones específicas o bien, incluyendo determinadas formas de actuar en acciones que tienen otra finalidad, como las acciones de enseñanza.

Cuadro 14: Áreas de Intervención en el Plan de Acción Tutorial

1. Orientación Personal y familiar.
2. Orientación escolar y para la carrera.
3. Acogida, adaptación y transición en la escuela.
4. Atención a las necesidades educativas especiales.
5. Desarrollo organizativo del centro.
6. Desarrollo de la comunidad educativa.
7. Desarrollo de la convivencia.

5. ORGANIZACIÓN Y GESTIÓN DEMOCRÁTICAS DE LOS CENTROS Y DE LAS AULAS

La cuarta disciplina que hemos querido integrar en la democratización de la educación es la gestión democrática del centro, entendida, en nuestro caso, como una forma de abrir a la participación de toda la sociedad en la escuela. De modo que, una vez presentadas las posibilidades de democratización que ofrece el proceso de planificación educativa y afirmada la necesidad de incorporar nuevos momentos a la planificación que fortalezcan la autonomía de los centros y comunidades educativas, debemos considerar las posibilidades de democratización que ofrecen los procesos de gestión de los centros educativos. Ahora bien, para abrir esta nueva exploración, es necesario dotarnos de algunos conceptos básicos, tales como «organizar» y «gestionar».

Podemos definir la acción de organizar como la acción de «disponer y relacionar de acuerdo con una finalidad los diferentes elementos de una realidad para conseguir un mejor funcionamiento.» (Gairín, 1996: 76). De acuerdo con esta definición la acción de organizar presentaría distintas dimensiones:

- La interrelación de los elementos entre sí.
- La constitución de una totalidad integradora de todos los elementos.
- La disposición de los elementos para la consecución de una finalidad definida.
- La aparición de un dinamismo propio, tanto entre los elementos como de éstos con el medio exterior.
- La continuidad temporal de las actividades.
- La ubicuidad espacial de las actividades.

Así pues, en el término organizar vamos a incluir todas las acciones destinadas a definir, desarrollar y controlar los procesos que se realizan dentro de una determinada organización, gracias a los cuales esta organización consigue sus propósitos. El resultado de la acción de organizar es el orden en el acontecer cotidiano, es decir la «organización».

Completamos esta aproximación conceptual con la idea de gestión. Esta idea, que en muchas ocasiones se identifica con la idea de organización, nos permite prestar atención a los procesos que tienen lugar en la organización, más que a la organización misma. En cierto modo, podríamos decir que mientras la organización nos sitúa ante la «estructura», la gestión nos sitúa ante los «flujos» que esa estructura genera y requiere para su mantenimiento.

Las características esenciales de nuestro sistema educativo (descentralizado, abierto y mixto) otorgan una especial relevancia al modo en que los centros educativos desarrollen su estructura organizativa y, especialmente, la gestión de los diferentes procesos implicados en su buen funcionamiento. De hecho, podemos afirmar que el cambio más importante que se ha definido es la posibilidad de que los centros educativos asuman decisiones que hasta el momento se reservaban para sí las diferentes administraciones educativas. Los centros educativos son considerados como entidades autónomas y, por tanto, con capacidad para definir su respuesta educativa y asumir las responsabilidades derivadas del uso de sus competencias. Ahora bien, conferir a los centros autonomía supone aceptar que los centros han de desarrollar la capacidad para hacer un uso adecuado de esa autonomía.

Por otra parte, los centros son considerados como organizaciones gestionadas por proyectos, ya que se ven obligados a articular sus respuestas educativas a través de diferentes planes: Proyecto Educativo, Proyecto Curricular, Plan de Acción Tutorial, etc. Pero transformarse en entidades gestionadas por proyectos supone una modificación importante del modelo organizativo tradicional que aún no se ha completado dado que, en este momento, coexiste el modelo basado en la división de territorios y competencias con el modelo basado en la colaboración en base a proyectos.

Junto a estas características, hemos de destacar otra que nos parece muy importante, desde el punto de vista que ahora nos ocupa: los centros son concebidos como organizaciones de opciones múltiples, es decir como organizaciones con capacidad para definir distintas respuestas educativas. La posibilidad de ofrecer respuestas educativas diferentes a los distintos alumnos y a las distintas alumnas en el marco de la misma escuela es la base de cualquier estrategia de atención a la diversidad, de aquí que nos interesemos con una mayor profundidad en poner de manifiesto qué es una escuela de opciones múltiples.

Las escuelas de opciones múltiples modifican el principio de homogeneización como principio rector de los centros educativos y lo sustituyen por un principio de heterogeneización. Este cambio se hace necesario para que los alumnos y las alumnas puedan recibir el tipo de ayuda pedagógica que necesitan, y para evitar que la escuela se limite a reproducir las desigualdades sociales.

> *...la orientación homogeneizadora de la escuela no suprime sino que confirma y además legitima las diferencias sociales, transformándolas en otras de carácter individual. Distinto grado de dominio en el lenguaje, diferencias en las características culturales, en las expectativas sociales y en las actitudes y apoyos familiares entre los grupos y clases sociales, se convierten en la escuela uniforme en barreras y obstáculos insalvables para aquellos grupos distanciados socialmente de las exigencias cognitivas, instrumentales y actitudinales que caracterizan la cultura y la vida académica de la escuela. Las diferencias de origen se consagran como diferencias de salida, el origen social se transforma en responsabilidad individual* (Pérez Gómez, 1992: 26).

El grado de autonomía de los centros, así como el hecho de ser consideradas como instituciones, comprensivas, o como organizaciones de opciones múltiples representan otras tantas opciones definidas en el modelo de escolarización, y como tales, según hemos visto, condicionan el tipo de gestión del centro y del aula que se puede desarrollar con éxito. Ahora bien, ninguna de estas decisiones determina el «guión» que se va a desarrollar en cada una de las aulas, es decir determina el modelo de enseñanza.

Los proyectos a través de los cuales se gestionan los centros educativos forman parte de los que se conoce como Programación General del Centro, de aquí que cualquier intento de mejorar la gestión educativa de las aulas tenga que apoyarse en los diversos proyectos que configuran la Programación General del Centro. La comunidad educativa es el agente que, a través de dicha programación tratará de crear el tipo de orden escolar que haga posible la convivencia entre sus miembros y la consecución de su finalidad esencial: educar a las futuras generaciones a través de la cultura considerada socialmente útil.

5.1. Organizar y gestionar los centros educativos de forma democrática: burocracia y adhocracia

Las organizaciones son entidades espacio-temporales y, en cuanto tales, están sujetas a cambios constantes, de modo que toda organización está sujeta a un equilibrio inestable entre su propio medio interior y el medio exterior; de hecho es la forma en que se configura este equilibrio la que hace posible la supervivencia de la organización. Las organizaciones tienen ciclos de vida; esto significa que se desarrollan como cualquier otro elemento vital o material. Los ciclos de vida de las organizaciones han sido definidos con criterios muy diversos, pero, quizá, uno de los más interesantes de esos criterios sea el que hemos recogido en el cuadro 15; en él se ponen de manifiesto tres etapas básicas en toda organización: inicial, de diferenciación y de integración.

Cuadro 15: Ciclos de vida de las organizaciones

VARIABLES DE ANÁLISIS			
	Inicial	**Diferenciación**	**Integración**
Objetivos para los miembros de la organización	Visibles	Difusos, lo que lleva a disociar intereses personales y de la organización	Son ideas básicas compartidas
Estructura	La asignación de puestos y tareas toma en consideración aspectos personales	Domina la especialización y la coordinación	Se crean equipos de trabajo
Organización del trabajo	Flexible y dinámica	La organización se hace más rígida	Hay autonomía de gestión y la actividad se orienta a los usuarios y usuarias
Dirección	Autocrática y aceptada.	Dirección y trabajadores tiene contactos indirectos	La relación entre dirección y trabajadores se basa en la confianza mutua
Desarrollo profesional del personal	Informal	Se institucionaliza	Se liberaliza y el aprendizaje formal se integra con el informal

Un estudio realizado por Lidia Fernández y sus colaboradores (1994) sobre 20 instituciones educativas les llevó a establecer para las escuelas una secuencia histórica que resulta muy interesante. (cuadro 16).

Cuadro 16: Modelo de evolución histórica de la escuela (Lidia Fernández, 1994: 112)

Periodos históricos en el desarrollo escolar	Características
Fundación Período de puesta en marcha	Primera crisis (entre 2 y 3 años). Replanteo de propósitos/abandono de algunos elementos utópicos
Período de exploración con propósitos reajustados	Segunda crisis (entre 5 y 7 años). Desprendimiento de elementos psicofamiliares: primeros egresados, duelo por la «pequeña» institución original
Período de afianzamiento Período de consolidación	Tercera crisis (entre 10 y 15 años). Crecimiento cuantitativo/redefinición de sistemas de organización para atender a una unidad compleja/cuestionamiento de las formas de acción poco sistemáticas
Período de diversificación	Cuarta crisis (entre 20 y 25 años). Pérdida de los fundadores o fundadoras /duelo/redefinición de fuerzas, tendencias, grupos. Lucha por el poder y la herencia

El reconocimiento de las transformaciones permanentes a las que están sometidas las organizaciones, plantea la posibilidad de que esas transformaciones pudieran ser previstas y planificadas, y ser el vehículo más adecuado para mejorar la eficacia de las organizaciones; surge así la posibilidad de establecer un desarrollo racional de las organizaciones. De hecho, en opinión de uno de los creadores, el desarrollo organizativo debe permitir a la organización generar una capacidad de respuesta al cambio que le permita sobrevivir con eficacia ante las nuevas realidades. Las claves para ese cambio son tres:

1. Estructura interna flexible.
2. Conocimiento del medio exterior e interior.
3. Integración de las relaciones y de las estructuras formales.

La importancia concedida a la base relacional de toda organización hizo que los partidarios de estas ideas consideraran de gran valor la dinámica de grupos dentro de las organizaciones y pusieran de manifiesto la relevancia que adquieren tanto las estructurales informales o adhocracias, como su integración con las estructuras formales o burocracia. Nosotros queremos subrayar la importancia de estas estructurales informales en los centros educativos, dado que, en buena medida, son esas estructuras las que facilitan el sistema de gestión por proyectos.

La idea y el concepto de adhocracia fueron introducidos al comienzo de los años setenta por Toffler para designar una forma de actuar dentro de las organizaciones que, aprovechando la dinámica positiva de las relaciones, favorece la constitución de equipos de trabajo *ad hoc*, es decir con un propósito único, claro y limitado.

Definida de un modo amplio y general, la adhocracia es cualquier forma organizativa que desafía a la burocracia a fin de abrazar la innovación e impulsar el cambio (Waterman, 1993: 14).

En una ocasión, un conocido gerente de grandes empresas, comentando la idea de adhocracia, afirmaba que esta fórmula de organización es muy antigua dentro de la sociedad y de las empresas, puesto que supone el simple reconocimiento del grupo como estructura eficaz para abordar y resolver problemas. El término utilizado toma la forma de una expresión latina *ad hoc* que se utiliza para indicar que una cosa o acción se ha realizado para un fin concreto y de forma no prevista. El término adhocracia se opone al término burocracia, que representa la estructura formal en toda organización. Los equipos que se constituyen bajo esta fórmula organizativa son grupos funcionales, no tienen relaciones jerárquicas de dependencia entre sus miembros y sólo existe un lazo entre la idea de propósitos y el compromiso con la búsqueda de una solución para la cuestión que ha llevado a su constitución. Esta caracterización de la adhocracia la hace especialmente adecuada para las organizaciones gestionadas por proyectos, como: la elaboración de planes de convivencia, la propuesta de temas a integrar en el Plan General Anual, las iniciativas cogestionadas de materiales comunes en los centros, la organización curricular de centros de interés, semanas y quincenas culturales, etc.

Para el profesor Serafín Antúncz, lo que caracteriza a estos grupos es su carácter técnico, así como la voluntad de actuar juntos.

La adhocracia, por tanto, se basa en el ajuste mutuo y en un sistema de trabajo en el que los equipos técnicos son la clave, mucho más que los órganos de gobierno donde reside el poder formal (Antúnez, 1993).

Es cierto que los grupos de trabajo suelen ser, generalmente, grupos de técnicos. Sin embargo, no faltan ejemplos notables de grupos *ad hoc* constituidos como órganos de gobierno, tales como los grupos que se constituyen para poner en marcha una empresa, para ayudar a una organización a superar una crisis, o para resolver situaciones críticas dentro de la organización. En los centros educativos son frecuentes los ejemplos de comisiones y equipos que se crean para resolver un determinado problema o para lograr que una determinada tarea se agilice: coordinación especial de ciclos para la programación actual de competencias con familia, el trabajo sobre absentismo escolar en zona; comisión familia-centro-contexto para resolver cuestiones con la convivencia en entradas y salidas, etc.

Los equipos *ad hoc* no suelen ser grupos estables, aunque su duración puede ser variable, dependiendo de la cuestión que les llevó a formarse. Normalmente, un grupo *ad hoc* trabaja en unas condiciones muy concretas que, por una u otra razón, no tienen cabida dentro de la estructura burocrática. En ocasiones, es la necesidad de contar con la colaboración de personas que no participan conjuntamente en ningún órgano de la burocracia; en otras, es una cuestión de urgencia la que reclama la constitución de un grupo *ad hoc*, ya que no existe ni tiempo, ni oportunidad de convocar al grupo previsto a tal efecto; en otras ocasiones es la necesidad de obtener una información o una propuesta que supere los cauces tradicionales y pueda proporcionar otra visión distinta del problema.

> *Todas las características de la adhocracia son actualmente valores en alza: el énfasis en la experiencia, la descentralización de poder; los ambientes dinámicos, la posibilidad de que las personas adquieran protagonismo, la agilidad en la respuesta a los requerimientos, o la búsqueda de la eficacia en las soluciones a los problemas que plantea el entorno* (Ídem, 137).

Robert Waterman (1993), en un sencillo trabajo sobre la adhocracia, se enfrenta al dilema entre burocracia y adhocracia, y afirma dos cosas que nos parecen de gran interés para la institucionalización de una educación democrática.

1. La adhocracia no necesariamente representa la cara buena de las organizaciones frente a la burocracia que representaría el lado malo.

> *He visto la adhocracia en su mejor esencia y también en sus peores aplicaciones. Algunas organizaciones están saturadas de grupos de trabajo; pocos de ellos con alguna eficacia, pero todos en funcionamiento. Otras, nunca usan grupos de proyecto para asuntos importantes de gestión. Algunas empresas hacen un magnífico uso de estos grupos para desarrollar productos o construir edificios, pero son incapaces de transferir esa capacidad a otras cuestiones. Algunos gerentes intentan evitar completamente la adhocracia traspasando la «propiedad» de algunos problemas cruciales a consultores externos con poco (o nada) en juego. Algunas organizaciones, especialmente las pequeñas, son sólo adhocracias. Ello puede estar bien mientras son pequeñas. Pero cuando crecen, tienen tal temor al tamaño que hacen todo ad hoc, convirtiéndose en tan rígidas como la burocracia* (Waterman, 1993: 29).

2. La adhocracia y la burocracia pueden ser complementarias dentro de la misma organización.

> *Algunas personas afirmarían que la burocracia debería ser destruida. No comparto esa afirmación. No se trata de adhocracia contra burocracia. Ambas formas son necesarias. Los grupos de trabajo son temporales, pero la adhocracia, como la burocracia es permanente* (Ídem, 29).

Lo cierto es que la fórmula organizativa de combinar órganos de gobierno (burocracia), con equipos de trabajo (adhocracia) está en pleno auge dentro de las organizaciones y que, en el ámbito educativo, ya cuenta con una cierta tradición, lo importante ahora es tomar conciencia de que la combinación entre planificación estratégica, gestión de proyectos y adhocracia supone un nuevo paso en la democratización de las relaciones y procesos educativos.

Atlántida aboga por una visión y análisis crítico de la burocracia en las instituciones educativas. Conviene no olvidar algunas de las consecuencias en relación con la organización y el desarrollo profesional que subyacen a su práctica silenciosa y silenciada, tales como (Alvarez I. y López J I): estructura jerárquica –no horizontal ni democrática-, alienación de los individuos, descualificación profesional, órganos de decisión estrictamente formales, énfasis en la dirección unipersonal, sobrecarga de tareas vanas meramente administrativas que no transforman la práctica educativa, énfasis en el control externo de los resultados medidos estrictamente en términos académicos o estandarizados, instituciones cerradas al medio, homogeneización de los productos finales, énfasis en los aspectos y estructuras formales frente a las dimensiones y procesos culturales y sociales, etc. Todo el conjunto de rasgos que se ha catalogado como «escuela fabril», procedente de la era industrial pero que no responde a las demandas y desafíos que plantea la sociedad del conocimiento. No se trata tanto de completar o complementar esta escuela (con adhocracia), hay que reinventarla en sus aspectos esenciales (estructura, cultura y currículo), como tratan de hacer precisamente las escuelas democráticas.

Un ejemplo de adhocracia puede ser el representado por los llamados *Círculos de Calidad*. Una buena parte del reconocimiento que en la actualidad tiene la adhocracia dentro de las organizaciones se debe a iniciativas como los Círculos de Calidad (CC), que durante más de una década se convirtieron en un recurso básico para cualquier sistema de calidad.

Un ejemplo de adhocracia que nos interesa especialmente destacar y contrastar a nosotros –como desarrollaremos en capítulos posteriores– son los Comités de Ciudadanía impulsados por el Proyecto Atlántida.

Los Círculos de Calidad (CC), y sus características: surgen como una idea original de las empresas y organizaciones japonesas, pero que después fueron reinventadas por los empresarios americanos. Los Círculos de Calidad son pequeños grupos de personas que se reúnen con una cierta periodicidad y de forma voluntaria con el propósito de analizar algún problema y proponer soluciones. Las personas que forman parte del Círculo pueden pertenecer a distintos estamentos dentro de la organización y tener en ella diferentes niveles de responsabilidad; es decir, que sea cual sea su papel en la estructura, dentro del Círculo, las personas adoptan el mismo nivel y el mismo rol, no hay relaciones jerárquicas.

El funcionamiento de los Círculos de Calidad dentro de una organización requiere ciertas condiciones, puesto que de lo contrario resultaría difícil su coexistencia con la estructura formal de la organización. La constitución de un Círculo de Calidad debe ser aceptada y asumida por la organización, sus miembros deben recibir una formación adecuada, elegir a una persona coordinadora, definir unas determinadas cuestiones y seguir un proceder que cuente con el consenso de todo el grupo. Los pasos básicos que se pueden seguir en el funcionamiento de un Círculo de Calidad serían los siguientes:

1. Identificación y definición del problema, así como del objetivo que se persigue con su resolución.
2. Estudio amplio del problema, tomando como referencia el modo en que lo perciben, valoran y desearían resolverlo las personas afectadas.
3. Formulación del problema en todas sus dimensiones y, si es posible, facilitar una representación.
4. Definir distintas propuestas de solución.
5. Elegir aquellas propuestas de solución que pueden ser compatibles entre sí y solicitar su implantación.
6. Implantar la solución y controlar sus resultados durante un cierto tiempo.
7. Valorar los resultados obtenidos e informar a la organización de ellos.

Nos interesa especialmente destacar el desarrollo y puesta en marcha de algunas experiencias que hemos dinamizado desde el Proyecto Atlántida, cuando hemos propuesto la creación de distintos Comités de Ciudadanía para impulsar experiencias de educación democrática. Se trata en este caso de conseguir corresponsabilidad de forma que la propuesta común surja como un compromiso producido en el propio proceso de debate, como suele intentarse en las experiencias basadas en el análisis situacional y en las que el diagnóstico puede ser compartido en grupos espontáneos y no burocratizados, donde se unen representantes de las familias, de los centros educativos y las comunidades locales. Algunos de sus pasos o momentos más representativos son los heredados del ya mencionado modelo de Proceso vivido en ADEME desde el ámbito curricular, y contextualizado para el ámbito socioeducativo.

Desde hace años hemos planteado un *modelo de proceso* como *acción conjunta* de toda la escuela (junto con la comunidad). Esto supone «hacer de la escuela un proyecto», como acción educativa común en permanente revisión, más que un «proyecto para la escuela», como documento. En este caso, se intenta dotar de un conjunto de criterios –construidos o consensuados– para llevar a cabo la los planes de acción o mejora. Se trata crear las condiciones necesarias para capacitar al centro a llevar a cabo un proceso de autoevaluación y mejora que, en conjunto, consta de: partir de diagnosticar dónde se está ahora y qué se ha hecho en el pasado inmediato, una visión de dónde se quisiera llegar, planificar un curso de acción y qué se deba hacer para conseguirlo, y –finalmente– en una perspectiva estratégica a largo plazo, dónde se irá después. Se seguirían estos procesos:

1º. Configuración de nuevas estructuras de participación espontáneas- los que llamamos Comités de Ciudadanía-, en un proceso de debate sobre el estado de la cuestión: Cómo está la educación en un espacio concreto: barrio, localidad, municipio.

2º. Realización de una autorrevisión compartida de las problemáticas comunes y específicas de sectores de la comunidad educativa, profesorado, familia y alumnado, agentes sociales.

3º. Definición de un plan integral que categorice los problemas, priorice su puesta en marcha y concrete las responsabilidades.

4º. Integración de recursos para la puesta en marcha del plan, elaboración de bancos de datos comunes y seguimiento del plan de mejora integral y de los sectoriales.

5º. Evaluación compartida, difusión de las memorias de las experiencias e institucionalización de las mejoras.

Esto supone planificar, de común acuerdo, el Plan de Trabajo que se va a seguir. Esta planificación se concibe como un proceso evolutivo o progresivo que se sitúa en la reconstrucción de la acción desde su pasado, presente y futuro por parte de los agentes educativos; y que, a su vez, debe quedar abierto a otros desarrollos subsiguientes: puesta en práctica, seguimiento y evaluación, toma de decisiones encaminadas a su progresiva mejora. Un planteamiento institucional de la acción educativa es el proceso por el que los miembros, junto a las familias, explicitan, consensúan y determinan los principios específicos y propios que van a guiar de modo compartido la acción educativa de un centro escolar, que –luego– pueden plasmarse en determinados planes específicos. Como tal requiere un largo proceso, inmerso en el desarrollo institucional del centro, generando formas de trabajo para autorrevisar los elementos subyacentes en las prácticas educativas cotidianas, repensar lo que se podría/debería cambiar y entenderse en los planes de acción.

En segundo lugar, la *revisión y diagnóstico general de la situación*. Autorrevisar lo que se ha hecho hasta ahora, repensar lo que se podría cambiar y consensuar planes pedagógicos de acción son tareas que que se sitúan en la reconstrucción de la acción desde su pasado (qué se ha hecho hasta ahora), presente (qué se hace actualmente) y futuro (qué se va a hacer) por parte del profesorado; y que, a su vez, debe quedar abierto a otros desarrollos posteriores: puesta en práctica, seguimiento y evaluación, toma de decisiones encaminadas a su progresiva sostenibilidad. Al tiempo se han de clarificar los ámbitos de mejora.

La revisión ha de conducir a la *Planificación de la acción de mejora*, como compromiso con los objetivos generales y específicos que se quieren alcanzar en el proceso de mediación, así como las estrategias y actividades que se van a hacer. Ello puede exigir, además de apoyo externo en forma de asesoramiento, acciones formativas tanto en el diseño del plan de mejora como en su capacitación para implementar las estrategias de mejora acordadas. Por su parte, el *Desarrollo y seguimiento del Plan de Acción* exige una serie de iniciativas para su puesta en práctica (materiales, planes estratégicos, tiempos y espacios, difusión de la información), que nos conducirán a la *Evaluación y propuestas de mejora*.

A pesar de la todavía escasa experiencia, lo que sí podemos asegurar es que la puesta en marcha de estrategias en los Comités de Ciudadanía que representan a todos los sectores socioeducativos está facilitando el desarrollo de experiencias educativas de gran valor.

5.2. Organizar y gestionar las aulas de forma democrática

Como ha puesto de manifiesto Rué (2001), con el término «aula» solemos referirnos a realidades muy diferentes que se condicionan mutuamente, pero que a efectos de gestión deberían ser consideradas con singularidad propia. El término aula se utiliza para referirse a cuatro cosas distintas:

- Un conjunto de espacios físicos diferenciados que forman parte de un centro educativo.
- Un conjunto de funciones y recursos asignados a esos espacios.
- Un conjunto de personas.
- Un determinado ambiente para el aprendizaje.

Nuestra intención es considerar que estos cuatro usos del término aula son importantes y que una gestión eficaz del aula supone una consideración conjunta y sistemática de estos aspectos. Esta consideración puede apoyarse en la última de las significaciones que se le dan al término ya que es la que mejor puede abarcar a todas las anteriores.

> *Debemos subrayar, no obstante, que no todas las representaciones del aula son igualmente efectivas y válidas, no todas las versiones de este contexto escolar por excelencia permiten profundizar en la socialización cultural del alumnado, ni en sus aprendizajes. De ahí que una determinada organización de ese entorno escolar deba ser sometida a reflexión al contener algunas de la claves para la mayor o menor*

funcionalidad de las actividades educativas. Según sean aquéllas, las modalidades de control, por ejemplo, reforzarán el papel del profesor o bien favorecerán la responsabilización del propio alumno, influirán en que las normas de clase sean eficaces o irrelevantes, que los alumnos sean dependientes o relativamente autónomos respecto del profesor, o bien que cooperen, que se ignoren o incluso que compitan entre ellos (Rué, 2001: 103).

Nuestra intención es considerar el aula como un medio para el aprendizaje. Como un nicho o nido ecológico, en el que el resto de los componentes se alinea adecuadamente.

Lo que nos interesa destacar es el carácter integrador de la cuarta acepción, que no entiende ya el aula como un conjunto integrado por la relación entre factores estáticos, sino como un medio físico y psicosocial con una doble propiedad. La de que cualquier parámetro que lo compone afecta, en mayor o menor grado, a la calidad de los fenómenos relacionales y de enseñanza y aprendizaje que se desarrollan en su interior, a la vez que es un contexto que se va modificando a consecuencia de los intercambios de conductas y valores, o en la construcción compartida de significados y normas, entre sus componentes, valores y significados que, a su vez, pueden afectar a las formas de uso y a la disposición de los parámetros físicos como los espacios y el tiempo de clase o de trabajo (Rué, 2001: 101).

Por el momento, vamos a centrarnos en el tercero de los aspectos considerados, el aula como conjunto de personas, y que también suele ser reconocido con una denominación específica: clase. Nuestra visión actual de lo que constituye un grupo humano debe muchos de sus elementos a los estudios e investigaciones de psicología social, tanto como a las múltiples experiencias y experimentos con técnicas de dinámica de grupos. Todos esos saberes nos han proporcionado unos distintivos muy claros de lo que podríamos llegar a considerar un grupo humano. Para que unas personas puedan ser consideradas como un grupo humano han de satisfacer las siguientes condiciones:

- Ser definible. Las personas que lo forman son reconocidos bajo alguna denominación.
- Tener conciencia de grupo. Las personas se reconocen a sí mismas como miembros del grupo.
- Consecución de objetivos comunes. Las personas que forman el grupo tienen una identidad de propósitos.
- Dependencia reciproca. Las personas dependen una de otras para la consecución de sus objetivos.
- Acción reciproca. Las personas deben comunicarse y relacionarse unas con otras para conseguir sus propósitos.

- Acción unitaria. Todas las personas pueden actuar juntos y pueden actuar conjuntamente.
- Estructura interna. Las personas del grupo desempeñan papeles distintos. (Knowlen,1962 en Casanova, 1991: 10).

Teniendo en cuenta los indicadores anteriores puede resultar evidente que las personas que están asignadas, según criterios distintos, a una misma aula, no constituyen un grupo de forma natural. De hecho, existen posibilidades de que esas personas nunca constituyan un grupo ya que la escuela no le proporcionará ni las condiciones ni las oportunidades para hacerlo. Una forma sencilla de ejemplificar esta situación podríamos encontrarla en la expresión utilizada por un profesor para explicar por qué sus alumnos no debían hablar entre ellos: «en este aula sólo hay dos partes, todos ustedes que sois una parte y yo que soy la otra». Esta expresión pone de manifiesto una creencia que dificulta la relación entre los alumnos y genera una dependencia constante del profesor para cualquier tipo de actividad. Vistas así las cosas, parece que el grupo clase como tal sería muy difícil que pueda surgir, es decir, el grupo clase sería siempre un grupo desestructurado.

Debemos considerar que, desde cada modelo de enseñanza y desde cada modelo de escolarización, se asume la realidad de la clase de formas muy diferentes. En algunos modelos de escolarización la existencia de clase es algo que se sobrepone a cualquier consideración didáctica como una parte de la propia escuela. Dicho de un modo simple, la clase pasa a ser considerada como una decisión administrativa, pero no educativa. En otros modelos de escolarización y de enseñanza, la clase es una realidad educativa y como tal merece todos nuestros esfuerzos para ser diseñada y desarrollada de modo que pueda contribuir al éxito escolar de todos sus componentes.

Llegados a este punto podemos formular la cuestión esencial: las distintas visiones de la clase, propuestas por los modelos de enseñanza y de escolarización, marcarán el tipo de gestión del aula que desarrollaremos y, en consecuencia, la disponibilidad de la clase para constituirse en un grupo para el aprendizaje. No obstante, nuestra opinión es que hay un conjunto de referentes básicos que pueden definir, en general, una buena gestión del grupo clase o de la clase como grupo social (cuadro 17).

Cuadro 17: Referentes de una buena gestión de la clase (Rué, 2001)

- El grupo-clase no es un simple aglomerado de individuos, sino una entidad psicológica, articulada por las relaciones que se dan entre sus componentes, uno de los cuáles es el propio profesor-tutor.
- Los grupos desarrollan, a través de su dinámica e historia, su propia personalidad. Cualquier grupo despliega un efecto de influencia sobre cada uno de sus miembros componentes, incluyendo a las conductas de aprendizaje de los mismos.
- Esta dinámica grupal no incide tan sólo en el ámbito de las relaciones sociales entre los individuos, sino también en su campo de valores, en el desarrollo afectivo, en el de ciertas habilidades, intereses y ritmo de aprendizajes y en ciertas estrategias de pensamiento.
- El conjunto de profesores de un grupo, por su status y por la manera de desarrollar su propio rol, tengan una mayor o menor conciencia de este hecho, siempre intervienen en la historia y caracterización de esta dinámica.
- El hecho de que la influencia del grupo sobre cada uno de sus componentes sea educativamente positiva depende del liderazgo, de la capacidad de articular, y de la modalidad de conducción de los intercambios, por parte del profesor tutor.
- Un conocimiento más preciso de los fenómenos del grupo permite a los tutores una intervención educativa mucho más relevante y ajustada a las necesidades y realidad de la configuración del mismo.
- El clima social que vive el grupo es importante porque afecta al conjunto de parámetros que regulan los contextos sociales: las estrategias de comunicación, las relaciones de poder, la capacidad de establecer relaciones de influencia, la activación de mecanismos de tipo psicodinámico, como la afectividad, la comprensión, la seguridad, la confianza, etc.

La democratización de los procesos de gestión del aula implica, a nuestro juicio, la transformación del grupo clase en una asociación para el aprendizaje, lo cual supone tomar conciencia de su contribución como agente activo para la formación de todos y cada uno de sus miembros, por eso vamos insistir sobre la conveniencia de que el profesorado reconozca su propio estilo de gestión del aula y trate de mejorarlo. Desde nuestra perspectiva una eficaz gestión del grupo clase compromete ámbitos de decisión de tres tipos estructurales, didácticos, y organizativos (cuadro 18). La atención a estos tres ámbitos mejoraría la disponibilidad del grupo clase y su capacidad para obtener buenos resultados de aprendizaje tanto como grupo como de cada uno de sus componentes.

Más aún, desde la perspectiva de una educación democrática, una gestión adecuada del grupo clase, como grupo humano, se complementaria con una gestión democrática del centro que impulsara la construcción de una comunidad de aprendizaje interesada en mejorar permanentemente los distintos escenarios educativos, tanto dentro como fuera del centro escolar. Una de las características del nuevo orden escolar será justamente la aparición de nuevas formas de agrupamiento y de nuevas formas de relación entre el alumnado y el profesorado.

Finalmente, no quisiéramos dejar de mencionar, aunque sea brevemente, la importancia que tiene asegurar unas condiciones estructurales adecuadas (espacios, recursos, etc.) para la creación de ambientes educativos adecuados. El espacio escolar en cualquiera de sus formas es un agente educativo en la medida en que aumenta o disminuye las oportunidades de aprendizaje. Un caso especial, por su importancia para el futuro, son los nuevos espacios virtuales. La incorporación de estos nuevos espacios virtuales puede contribuir significativamente al aumento de las oportunidades de aprendizaje dado que ya no cuentan con las limitaciones espacio-temporales de la estructura escolar tradicional.

Cuadro 18: Ámbitos de decisión en la gestión del grupo clase

Ámbitos de decisión en la gestión del grupo clase (Darder, Franch, Coll y Pélach, 1994)
Condiciones estructurales
La magnitud del grupo-clase. El grado de homogeneidad/heterogeneidad de los miembros. Los objetivos fijados, desde fuera, para el grupo. Los canales formales de relación del grupo con el entorno institucional. La existencia o no, de responsabilidades establecidas.
Condiciones de la actividad o del trabajo
El lugar disponible para el grupo. La organización del tiempo del grupo. Los campos de actividad que, a priori, se consideran legítimos y deseables para el grupo, y los que no. Los materiales disponibles. Los procedimientos de trabajo aceptados como correctos y los que no son considerados correctos. Los criterios de valoración del trabajo.
Condiciones organizativas
La división, o no, en subgrupos y las finalidades que se les atribuyen. Las jerarquías establecidas. La diversificación de funciones. El grado de descentralización posible en la realización de las diversas funciones. Los procedimientos de decisión. Los procedimientos de gestión. Los procedimientos de control. Los procedimientos de análisis y de debate.

Atendiendo a esta consideración nos parece que los objetivos que serían propios de una buena gestión de la clase serían los recogidos en el cuadro 19. Dicho de un modo breve y sencillo, el propósito de la gestión del aula no es «limitar las posibilidades de libertad personal del niño, sino incrementarlas ayudando al niño a lograr una mejor comprensión de las ventajas que le reporta un comportamiento cooperador y mutuamente respetuoso» (Fontana, 2000: 35).

**Cuadro 19: Una gestión democrática del grupo-clase.
Propósitos de una adecuada gestión del aula (Rué, 2001)**

- Favorecer o estimular el desarrollo de actitudes favorables al aprendizaje.
- Potenciar el acceso a distintos materiales y recursos fundamentales de enseñanza y aprendizaje.
- Favorecer una autoimagen positiva de los alumnos.
- Desarrollar un conjunto de aprendizaje vinculados a la adquisición de valores y hábitos personales.
- Desarrollar el aprendizaje de estrategias cognitivas y procedimentales básicas.
- Aprender a establecer una relación entre los aprendizajes formulados en los textos y los aprendizajes de carácter personal y experiencial.
- Conseguir y tener tiempo, los alumnos, para poder experimentar las aplicaciones de ciertas ideas o para el desarrollo de sus propias intuiciones.
- Generar un contexto social propicio para los intercambios entre compañeros.
- Desarrollar un ambiente favorable a la socialización en la cooperación.

Una vez presentados los criterios y los objetivos para una gestión democrática de las aulas, conviene centrar la atención en, lo que se ha dado en llamar «estilos de gestión del aula» y, para ello, nada mejor que comenzar por el estudio que durante décadas ha servido de referencia a cualquier intervención en este campo: el estudio de Kart Lewin.

En uno de sus habituales estudios sobre el comportamiento de los grupos Kurt Lewin desarrollo un experimento cuyas consecuencias aún perduran. Una de las consecuencias de ese experimento es la conceptualización de los estilos de relación entre profesores y alumnos como «democrático», «autoritario y «*laissez-faire*» (dejar hacer). Dado que esta conceptualización es muy habitual, convendría recordar algunas claves del aquel experimento y también realizar alguna reflexión personal sobre el estilo de gestión utilizando el Cuestionario que aparece en el Anexo 2.

Tres grupos de chicos de edades comprendidas entre los diez y los doce años fueron invitados a participar en una experiencia sencilla: tendrían que reunir una vez a la semana, durante cinco meses, para construir maquetas, mascaras, decorados, etc. Durante el experimento cada grupo tendría un monitor durante seis semanas acabadas las cuales cambiaría de monitor. Cada monitor gestionaría al grupo siguiendo un estilo diferente. El mismo monitor ejercerá con un grupo un estilo democrático, con otro grupo un estilo autoritario, y finalmente un estilo *laissez-faire*. Los grupos de alumnos fueron igualados al máximo con el fin de evitar sesgos que invalidarán el experimento haciendo peligrar sus conclusiones. Estos son los resultados que se obtuvieron.

▶ **Estilo autoritario**

Cuando el monitor ejercía un estilo autoritario de gestión del grupo, todas las instrucciones, todas las actuaciones, y el completo dominio y control de los recursos del grupo lo ejercía el monitor. El monitor distribuye las tareas, fija la composición de personas en cada tarea, asigna tiempos, recursos y lugares de trabajo, controla los resultados y los aprueba o desaprueba. Este dominio completo de la dinámica del grupo, venía acompañado de una ausencia total de razones sobre este modo de proceder. A los chicos y chicas de cada grupo se les pedía obediencia, pero no comprensión. La dependencia del grupo respecto del monitor es total.

▶ **Estilo *laissez-faire***

Este estilo de gestión es el menos intervencionista de todos, no establece ninguna instrucción para el trabajo, y deja que el grupo actúe según criterios propios, aunque estos criterios puedan ser diferentes e incluso contradictorios. La intervención de este tipo de monitor sólo se realiza cuando se demanda su intervención. Pero incluso en este momento lo hace de forma breve y sin instrucciones demasiado precisas.

▶ **Estilo democrático**

El monitor que ejerce el estilo democrático de gestión colabora para el grupo adopte decisiones. Anima continuamente las iniciativas del grupo, pero cuida de sus actuaciones. El monitor no decide, pero ayuda a alumbrar las decisiones, de modo que el grupo llegue a comprender las razones que justifican un determinado proceder. Las tareas del grupo, así como los recursos, los tiempos y el control de los resultados son fijados por el grupo, pero con la orientación y la intervención del monitor.

Una vez concluido el periodo de tiempo del experimento los resultados de cada uno de los grupos fueron sometidos a un análisis riguroso. El análisis puso de manifiesto las diferencias de comportamiento de cada uno de los grupos y la estrecha relación entre el comportamiento de los grupos y el estilo de gestión del monitor. Uno de los comportamientos que mejor evidenció la relación entre el estilo de gestión y el comportamiento del grupo fueron las conductas agresivas. La agresividad era más elevada entre los miembros del grupo cuando el monitor adoptaba un estilo *laissez-faire* y un estilo autoritario. En cuanto a los resultados de los trabajos emprendidos por los grupos, son similares cuando el monitor adopta un estilo democrático y autoritario. Aunque estas diferencias son muy grandes cuando el estilo que se adopta es el *laissez-faire*. Finalmente, los datos referidos a la propia satisfacción de los alumnos arrojaron un mayor grado de satisfacción entre los grupos cuando se ejercía un estilo democrático.

El experimento expuesto y las conclusiones que de él se derivaron nos dejan una lección muy clara: para comprender el comportamiento de nuestros alumnos en el aula, conviene revisar nuestro propio comportamiento ya que uno y otro pueden estar mucho más relacionados de lo que parece a simple vista.

5.3 Resumen final

La búsqueda de soportes técnicos y prácticos que contribuyan a generar nuevas prácticas democráticas tanto en la escuela como en las comunidades educativas es, sin lugar a dudas, uno de los retos a los que nos enfrentamos en el Proyecto Atlántida. Las herramientas que, en esta ocasión hemos seleccionado, tienen su origen en ámbitos de acción muy diferentes (educación, sociología, empresa, cooperación, etc.) pero mantienen una misma orientación: son herramientas que contribuyen a la democratización de los procesos sociales en los que han sido generadas. Para muestra un botón. En este capítulo hemos presentado dos modelos de planificación, la planificación por objetivos y la planificación situacional, ambas comparten un origen común, la planificación económica y, más concretamente, la gestión empresarial. Sin embargo, la primera se muestra insensible a la importancia de la participación social en el proceso de planificación mientras que esta misma participación constituye para la segunda una cuestión esencial. Desgraciadamente, hasta el momento, la planificación educativa sólo ha estado vinculada al modelo por objetivos; nuestra intención es que ahora pueda incorporarse también el modelo situacional, sobre el que estamos integrando, desde el Proyecto Atlántida, como hemos descrito, algunas características.

Todas y cada una de las herramientas que hemos presentado (fusión de perspectivas, planificación situacional, gestión participativa y planificación para la mejora) pueden contribuir a la mejora de los procesos y las organizaciones educativas y, todas ellas, lo harán del mismo modo: profundización en la democratización de la educación. Democratizar los procesos educativos significa, al menos para nosotros, tres cosas: (a) comprender mejor lo que hacemos, (b) corresponsabilizarse de todas las acciones educativas de forma colegiada y, finalmente, (c) contribuir activamente a la selección de los aprendizajes más valiosos y a su consecución por todos los estudiantes. Dicho de otro modo, la democratización de los procesos educativos es, para nosotros, una estrategia para el éxito escolar.

ANEXOS

Anexo 1: Una escala para reconocer la cultura institucional y la capacidad para el cambio.

Anexo 2: Un cuestionario para reconocer el estilo de gestión del aula.

Las condiciones que, a juicio de los responsables del Proyecto IQEA, contribuyen al éxito de los procesos de mejora dentro de un centro, son la siguientes (Ainscow y otros, 2001: 22).

- Prestar atención a los beneficios que se derivan de la formulación de preguntas y de la reflexión.
- Un compromiso de planificación colaborativa.
- La participación del profesorado, de los alumnos y de toda la comunidad en los proyectos y en las decisiones de la escuela.
- Estrategias de coordinación.
- Un liderazgo eficaz, pero no sólo del director: la función de liderazgo debe extenderse a toda la escuela.

A partir de estas variables se ha construido una escala que permite reconocer el estado en que se encuentra cada una de estas condiciones para tratar de mejorarlas. Cada una de las condiciones constituye un apartado de la escala o una subescala. Cada condición tiene sus propios indicadores.

ANEXO 1: UNA ESCALA PARA RECONOCER LA CULTURA INSTITUCIONAL Y LA CAPACIDAD PARA EL CAMBIO

Apartado 1: La formulación de preguntas y respuestas

Según los responsables del Proyecto IQEA, los centros que logran alcanzar una mayor eficacia escolar presentan un rasgo en común:

Hemos observado que aquellas escuelas que reconocen que la formulación de preguntas y la reflexión son procesos importantes en el logro de la eficacia escolar, tienen una mayor facilidad para mantener el esfuerzo de mejorar según las prioridades que se hayan marcado, además de tener una mejor disposición para controlar en qué medida las políticas facilitan el que los alumnos obtengan los resultados esperados (Ainscow, 2001: 23).

Las escuelas que tienen conciencia de esta situación se movilizan para encontrar un modo eficaz de obtener, registrar y acceder a la información generada por el propio centro y a la información que viene desde el exterior.

Los indicadores para la evaluación que se han seleccionando para este apartado aparecen en el cuadro 1.

Cuadro 1

FORMULACIÓN DE PREGUNTAS Y RESPUESTAS			
1.1	En esta escuela dialogamos acerca de la calidad de nuestra enseñanza.		
	Casi nunca	A veces	A menudo	Casi siempre
1.2	Hacemos el seguimiento de los progresos y los cambios que introducimos.		
	Casi nunca	A veces	A menudo	Casi siempre
1.3	Los profesores dedicamos tiempo a revisar nuestras clases.		
	Casi nunca	A veces	A menudo	Casi siempre
1.4	La escuela tiene especial cuidado en mantener la confidencialidad.		
	Casi nunca	A veces	A menudo	Casi siempre

Apartado 2: La planificación educativa

La planificación es esencial en el éxito de cualquier cambio dentro de la escuela, y constituye un elemento esencial de eficacia. Sin embargo, los responsables del Proyecto IQEA han observado que «algunos profesores no son plenamente conscientes de la importancia de cuatro aspectos concretos de la planificación».

> En primer lugar, los planes para mejorar la eficacia de la escuela deben estar estrechamente ligados a la visión de la misma. Las convicciones y los valores que la escuela promueve y persigue deben ser congruentes con las iniciativas e innovaciones que se adoptan y ponen en práctica...
> En segundo lugar, el proceso de planificación es tan importante como el mismo plan...
> En tercer lugar, todos aquellos que estén implicados en el proceso de mejora deben tener conocimientos de los planes...
> En cuarto lugar, la experiencia nos ha enseñado que ningún plan es capaz de prever todas las eventualidades desde un principio (Ainscow y otros, 2001: 42).

Los indicadores correspondientes a este apartado de la escala se encuentran desarrollados en el cuadro 2.

Cuadro 2

PLANIFICACIÓN			
2.1	Nuestros proyectos a largo plazo quedan reflejados en la planificación escolar.		
	Casi nunca	A veces	A menudo	Casi siempre
2.2	En nuestra escuela se considera más importante el proceso de planificar que el plan escrito.		
	Casi nunca	A veces	A menudo	Casi siempre
2.3	Cada persona conoce perfectamente el desarrollo de las prioridades en la escuela.		
	Casi nunca	A veces	A menudo	Casi siempre
2.4	En la escuela revisamos y modificamos nuestra planificación.		
	Casi nunca	A veces	A menudo	Casi siempre

Apartado 3: La participación

A juicio de los responsables de IQEA, «las investigaciones realizadas hasta el momento ponen de manifiesto que el éxito escolar está asociado a un sentimiento de identidad y de participación entre los alumnos, el profesorado, los padres y la comunidad en su sentido más amplio» (Ainscow y otros, 2001: 55). De aquí la necesidad de incluir este apartado en cualquier escala de evaluación.

Los indicadores elegidos para este apartado de la escala se encuentran desarrollados en el cuadro 3.

Cuadro 3

PARTICIPACIÓN			
3.1	En esta escuela pedimos su opinión a los alumnos antes de introducir cambios.		
	Casi nunca	A veces	A menudo	Casi siempre
3.2	Tenemos en cuenta el parecer de los padres cuando introducimos cambios en el curriculum.		
	Casi nunca	A veces	A menudo	Casi siempre
3.3	Toda la comunidad educativa trabaja conjuntamente para decidir el futuro de la escuela.		
	Casi nunca	A veces	A menudo	Casi siempre
3.4	En nuestro trabajo, utilizamos los servicios externos de apoyo, las asesorías, etc.		
	Casi nunca	A veces	A menudo	Casi siempre

Apartado 4: La formación permanente del profesorado

La formación permanente del profesorado se considera un componente esencial de su desarrollo profesional y, a la vez, el desarrollo profesional se considera una condición necesaria para el desarrollo y la mejora de la escuela. Mediante esta sencilla argumentación, se llega a la conclusión de que la formación permanente del profesorado constituye un elemento esencial en las condiciones que contribuyen a la mejora.

> La organización de la escuela marcará el modo en que los profesores se relacionan entre sí, con quien colaboran y de cuánto tiempo disponen para trabajar juntos. Su estructura influye mucho en las posibilidades de que los profesores puedan aprender unos de otros. Además, la cultura organizativa de la escuela guarda una relación directa e indirecta con la frecuencia en que el profesorado comparte sus ideas, sus éxitos y sus dificultades (Ainscow y otros, 2001: 77).

Los indicadores elegidos para este apartado de la escala se encuentran desarrollados en el cuadro 4.

Cuadro 4

	FORMACIÓN PERMANENTE			
4.1	En esta escuela se valora la formación permanente del profesorado.			
	Casi nunca	A veces	A menudo	Casi siempre
4.2	Al concebir el proyecto educativo se pone énfasis en esta formación.			
	Casi nunca	A veces	A menudo	Casi siempre
4.3	En esta escuela, la formación permanente de su profesorado está centrada en el aula.			
	Casi nunca	A veces	A menudo	Casi siempre
4.4	La organización de la escuela permite dedicar tiempo a la formación permanente.			
	Casi nunca	A veces	A menudo	Casi siempre

Apartado 5: La coordinación

La coordinación dentro de la escuela es otro de los componentes esenciales para alcanzar el éxito en la mejora de la eficacia escolar. Una vez más, en la valoración de este apartado actúan juntos componentes estructurales y culturales.

> En los libros sobre gestión educativa se suele hacer referencia a las escuelas como «sistemas débilmente conectados». Esta conexión débil ocurre porque las escuelas consisten en unidades, procesos, acciones e individuos que tienden a funcionar independientemente el uno del otro. La conexión, o falta de conexión está también fomentada por la ambigüedad de objetivos que caracteriza la escolarización (Ainscow y otros, 2001: 94).

Las dificultades de coordinación no sólo son imputables a componentes estructurales, como los que acabamos de mencionar, sino también a componentes culturales. En este caso conviene reconocer y valorar el tipo de cultura que se está promoviendo desde la escuela: cultura individualista, competitiva o cooperativa.

Los indicadores elegidos para este apartado de la escala se encuentran desarrollados en el cuadro 5.

Cuadro 5

COORDINACIÓN			
5.1	En esta escuela dialogamos acerca de la calidad de nuestra enseñanza.			
	Casi nunca	A veces	A menudo	Casi siempre
5.2	Hacemos el seguimiento de los progresos y los cambios que introducimos.			
	Casi nunca	A veces	A menudo	Casi siempre
5.3	Los profesores dedicamos tiempo a revisar nuestras clases			
	Casi nunca	A veces	A menudo	Casi siempre
5.4	La escuela tiene especial cuidado en mantener la confidencialidad			
	Casi nunca	A veces	A menudo	Casi siempre

Apartado 6: El liderazgo

El último de los apartados incluidos en la escala, pero no el último en importancia, es el liderazgo. Este liderazgo, no está vinculado exclusivamente a la figura del director, si no que se considera que es una función que se extiende a todos los miembros de la comunidad educativa.

Este cambio de énfasis ha venido acompañado de un cambio en la idea misma de liderazgo, con una mayor demanda de enfoques «transformacionales» que distribuyen y dan fuerza, en vez de enfoques «transaccionales» que apoya conceptos tradicionales (y más bien burocráticos) de jerarquía y control (Ainscow y otros, 2001: 108).

Los indicadores elegidos para este apartado de la escala se encuentran desarrollados en el cuadro 6.

Cuadro 6

LIDERAZGO			
6.1	El claustro tiene una visión clara de hacia dónde nos dirigimos.			
	Casi nunca	A veces	A menudo	Casi siempre
6.2	Los miembros con mayor rango y responsabilidad del claustro delegan tareas difíciles que suponen un reto			
	Casi nunca	A veces	A menudo	Casi siempre

6.3	La dirección lidera las prioridades de mejora.			
	Casi nunca	A veces	A menudo	Casi siempre

6.4	El profesorado tiene oportunidades de ejercer funciones de liderazgo.			
	Casi nunca	A veces	A menudo	Casi siempre

ANEXO II: UN CUESTIONARIO PARA RECONOCER EL ESTILO DE GESTIÓN DEL AULA

Vista la importancia que tiene el reconocimiento del estilo de gestión le proponemos que identifique el suyo propio a través de un sencillo cuestionario. La versión del cuestionario que vamos a proponer para identificar los estilos de gestión es una adaptación de la que diseñó originalmente el *Center for Adolescent Studies* (1997) de la Universidad de Indiana.

El cuestionario que le proponemos consta de una serie de enunciados que identifica un determinado modo de proceder. La respuesta a cada uno de sus enunciados mide su grado de acuerdo o desacuerdo con ese modo de proceder[6]. El acuerdo se expresa con valoraciones del 1 al 5 siguiendo el criterio siguiente:

1: Fuertemente en desacuerdo.
2: En desacuerdo.
3: Neutral.
4: De acuerdo.
5: Muy de acuerdo.

---

6. La interpretación de los resultados se obtiene de este modo. Los enunciados 1, 2 y 9 ponen de manifiesto un estilo autoritario. Así que presta atención a la puntuación obtenida en estos enunciados. También conviene revisar la puntuación obtenida en los enunciados contrarios. Los enunciados 2, 5 y 6 ponen de manifiesto un estilo *laissez-faire*. Así que presta atención a la puntuación obtenida en estos enunciados. También conviene revisar la puntuación obtenida en los enunciados contrarios. Los enunciados 2, 4 y 7 ponen de manifiesto un estilo «democrático». Así que presta atención a la puntuación obtenida en estos enunciados. También conviene revisar la puntuación obtenida en los enunciados contrarios. No se entiende bien. ¿Y el papel del resto de ítems (8-12): debieran agruparse en tres categorías.

CUESTIONARIO	
Enunciados	**Valoración del acuerdo**
1. Si un alumno interrumpe la clase, le mando callar sin esperar ningún tipo de explicación.	1 – 2 – 3 – 4 - 5
2. No me gusta imponer ninguna regla a mis alumnos.	1 – 2 – 3 – 4 - 5
3. La clase debe estar quieta y en orden para que los estudiantes aprendan.	1 – 2 – 3 – 4 - 5
4. Me interesa que mis estudiantes aprendan y como ellos aprenden.	1 – 2 – 3 – 4 - 5
5. Si un estudiante se retrasa en la entrega de sus tares de clase, no me preocupa.	1 – 2 – 3 – 4 - 5
6. No me gusta regañar a mis alumnos porque puedo herir sus sentimientos.	1 – 2 – 3 – 4 - 5
7. En mi clase no sólo se valora el esfuerzo de los alumnos sino el resultado que obtienen.	1 – 2 – 3 – 4 - 5
8. Yo siempre trato de explicar las razones de mis decisiones a los alumnos.	1 – 2 – 3 – 4 - 5
9. No acepto ningún tipo de excusas cuando un estudiante llega tarde.	1 – 2 – 3 – 4 - 5
10. El bienestar emocional de mis alumnos es más importante que el control de la clase.	1 – 2 – 3 – 4 - 5
11. Mis estudiantes comprenden que pueden interrumpir la clase si tiene motivos.	1 – 2 – 3 – 4 - 5
12. Si un estudiante me pregunta fuera de clase trato de contestarle.	1 – 2 – 3 – 4 - 5

CAPÍTULO III
BASES ORGANIZATIVAS Y CURRICULARES DEL MODELO DEMOCRÁTICO Y COMUNITARIO

Florencio Luengo Horcajo y Juan Ignacio López Ruiz

La propuesta de Ciudadanía Democrática y Comunitaria que estamos diseñando en el Proyecto Atlántida, ha recorrido un largo trayecto entre las primeras preocupaciones por el campo socioeducativo, y nuestra experiencia ligada a la realidad del aula y el currículo escolar. En la relación dialéctica entre el aula y la vida estamos haciendo coincidir dos líneas de trabajo que cada vez consideramos más complementarias. Por un lado, la investigación-acción de corte curricular heredera de nuestras conexiones con ADEME (Asociación para el Desarrollo y Mejora de la Escuela), y por otro, la investigación-acción participativa que heredamos del compromiso social de la educación con el contexto, vivido en la transición democrática, y puesto al día en el posterior contacto con nuevos movimientos, como las comunidades de aprendizaje y las plataformas socioeducativas de zonas concretas. Y todo ello, tratando de actualizar las ideas, principios y técnicas heredados de una tradición que fundó John Dewey y que han venido actualizando Freire, Habermas, o Michael Apple en el desarrollo de experiencias de educación democrática.

Las experiencias en las que Atlántida ha tratado de experimentar procesos de innovación se ubican en zonas y comarcas que definen la identidad de un contexto concreto. Ya se trate de un municipio completo, una comarca o un barrio o distrito de ciudad, el modelo comunitario que propugnamos invita a unir los esfuerzos de cada sector y pone en común un proyecto de trabajo. A lo largo de su implementación, puede llegar a acordarse un plan de mejora que abarque desde el diagnóstico compartido, las problemáticas categorizadas a partir de nuestras dimensiones de mejora clásicas (curriculares, organizativas, formativas y de contexto), hasta el acuerdo con un proyecto de investigación curricular para la propia zona, comarca o la ciudad, convertido en este caso en eje de la educación.

1. BASES TEÓRICAS DEL MODELO PROPUESTO

En el proceso de desarrollo de la experiencia de ciudadanía y valores democráticos por el que Atlántida apuesta, el papel otorgado a los órganos de gobierno de los centros, a las estructuras de los responsables de familia, y a las de los agentes sociales locales, ocupan el eje central de la mejora corresponsable. El encuentro común de sectores en las que hemos denominado Comisiones de Ciudadanía de Barrio, distrito o municipio, nos está permitiendo contemplar las enormes posibilidades que un trabajo más coordinado tendría, tanto en temas candentes como el clima escolar y los rendimientos del alumnado, como en el desarrollo social y humano de nuestras localidades y ámbitos personales.

Hacemos nuestras las aportaciones de Freire (1997), Flecha (1997) y de Habermas (1987) en relación con las acciones dialogadas entre iguales, los actos comunicativos, el diálogo igualitario, como base para la emancipación y el desarrollo de la capacidad de autogestión. Creemos en el trabajo compartido entre los distintos sectores implicados en la educación y en el eje de mejora escuela-familia-comunidad.

La propuesta del Proyecto Atlántida trata de integrar sus reflexiones y las de otros grupos, avanzando unas ideas que forman parte de la cultura innovadora elaborada por numerosos profesionales y colectivos, ligados al debate de la nueva ciudadanía. Las Escuelas Democráticas, Comunidades de Aprendizaje, Ciudadanía Democrática o Comunitaria, Estatutos de Ciudadanía, Cartas de la Educación Democrática del Ciudadano, Ciudadanía Planetaria, etc., serán la base de nuevas propuestas educativas que en estos momentos resurgen en el necesario debate del modelo de educación que sería preciso concretar entre todos. En concreto, esta nueva visión nace teniendo en cuenta tres ideas básicas que se están promulgando desde diferentes especialistas y foros internacionales.

La primera hace referencia a la urgencia y pertinencia de reconfigurar los espacios educativos y formativos en la sociedad del conocimiento (Tedesco, 1995; López Ruiz, 2005). Desde este emergente e intrincado contexto social, se plantea la necesidad de construir un nuevo «tejido educativo» que trate de unir los esfuerzos aislados e inconexos de diferentes profesionales e instituciones interesados en la mejora de esta relevante tarea. Y esto, a través de la dinamización de distintos tipos de agentes socioeducativos implicados, con la intención de promover una participación auténtica, plural, democrática y comprometida que renueve de modo significativo y profundo el proceso formativo en la sociedad de la información. Para conseguir esta nueva «red de redes» que posibilite un cambio sustancial en nuestro campo resulta imprescindible, como postula Delors (1996), que se establezcan diversas conexiones y apoyos mutuos entre los distintos ámbitos educativos: formal, no formal e informal.

Se trataría, por tanto, de aunar voluntades y sumar esfuerzos para reconstruir el proceso educativo de manera conjunta, contando no sólo con los centros escolares sino también con las familias y las otras instancias sociales que pueden contribuir eficazmente a su mejora.

La segunda, relacionada con la anterior, introduce la necesidad de contemplar el aprendizaje como un proceso que tiene lugar a lo largo de toda la vida. La sociedad de la información hace que el proceso formativo no pueda circunscribirse exclusivamente al escenario escolar, por lo que el sujeto está obligado a seguir aprendiendo fuera de este entorno formal durante toda su existencia, en paralelo y con posterioridad a su salida del sistema educativo. Esta crucial cuestión conduce a organismos transnacionales como la Comunidad Europea (1997) a denominar a este cambiante e intrincado contexto donde los sujetos, en sus progresivas etapas vitales, se ven abocados a adquirir nuevos conocimientos, destrezas y competencias de forma permanente como la «sociedad del aprendizaje». En nuestra realidad global, el aprendizaje se torna en una dinámica todavía más compleja que no tiene nunca fin; es decir, las personas no pueden dejar de aprender de manera continua (Longworth, 2003).

Esta relevante demanda hace que la escuela por sí sola no pueda responder a los nuevos desafíos de la era de la información, donde además pierde el monopolio como «transmisora de saber y cultura» que hasta ahora poseía. Pues en este emergente contexto, se multiplican de forma considerable las fuentes de información disponibles, y se requiere en paralelo, de manera congruente, contar con otros agentes e instancias sociales que puedan enriquecer y dinamizar tanto la vida escolar como la comunitaria.

La tercera hace alusión a la importante y generalizada crisis de valores que caracteriza a las sociedades postmodernas (Lipovetsky, 1994). Los ciudadanos en la era de la información parecen haber perdido el indispensable norte ético que siente las bases de una actuación comprometida, responsable y consecuente. En este momento crucial, las distintas agencias de socialización están sometidas igualmente a una serie de profundas transformaciones que está afectando los pilares básicos de nuestra civilización.

Por un lado, la familia tradicional que se encargaba de educar en valores alternativos a la prole, está sufriendo, debido a distintos factores, una importante metamorfosis que provoca la pérdida de su poder socializador. La incorporación de la mujer al mundo laboral y la aparición de nuevos modelos de familia han hecho que esta institución haya experimentado una drástica disminución en una de sus tareas básicas: la educación en valores. Al mismo tiempo, esta carga moral no afrontada en la familia se ha vertido sobre los centros escolares, que han visto así incrementadas de modo notable sus demandas sociales con respecto al plano axiológico. Pero una institución escolar que se ocupa principalmente de transmitir contenidos académicos, difícilmente puede afrontar este relevante e inaplazable reto de educar a los niños y jóvenes en valores democráticos.

Por ultimo, la tercera agencia socializadora que cobra especial importancia en la sociedad de la información, los medios de comunicación de masas, se dedica casi exclusivamente a entretener a la ciudadanía más que a desarrollar una función formadora. De hecho, en la actualidad los poderosos influjos de los nuevos *mass-media* digitalizados están cumpliendo más bien una tarea deseducadora, en la medida que transmiten esencialmente los contravalores propios de una sociedad capitalista y neoliberal. En este sentido, en lugar de difundir valores auténticamente democráticos lo que se dedican es al «entretenimiento» de los niños, jóvenes, adultos y mayores que componen el sistema social. Con este concepto se hace referencia a la capacidad de los medios de comunicación de masas para adormecer a la ciudadanía a través de contenidos y programas supuestamente amenos, pero que tienen como misión implícita mantener a la gente distraída en cuestiones superfluas para que no reflexionen críticamente acerca de los acuciantes y relevantes problemas que azotan a la humanidad y al planeta de modo interconectado y global.

Ante este complejo panorama, el Proyecto Atlántida ha apostado decididamente en los últimos años por abrir las puertas de los centros escolares a la comunidad, para implicar en la mejora educativa a todas aquellas personas y entidades sociales que están interesadas en la formación de la ciudadanía. Esto es a lo que hemos denominado *Ciudadanía Comunitaria, Democrática y Cívica*, como tarea corresponsable, sin duda próximos a otras aportaciones (Pettit, 1999; M. Martínez, 1998; Gimeno, 2001; Martínez Bonafé, 2002).

Se trata de un emergente y original modelo que pretende conjugar de manera simbiótica, de una parte, las propuestas que dimanan de los procesos de investigación-acción participativa en el ámbito socio-comunitario (Freire, 1970; Ander-Egg, 1990; Salazar, 1992; De Lorme, 1995; Villasante, Montañés y Martín, 2000, 2001); y, de otra, las propuestas que se circunscriben al ámbito del aula-centro, integradas en una dinámica de investigación-acción de naturaleza curricular (Elliot, 1990; Kemmis y McTaggart, 1992; Mckernan, 1999; Shagoury y Miller, 2000). En este sentido innovador, este nuevo modelo procura trabajar conjuntamente, y de implicar al mismo tiempo, tanto a los centros educativos como a su contexto o comunidad socio-educativa más amplia, desarrollándose dentro de un enfoque global donde se plantean las tareas de modo corresponsable entre las escuelas, las familias y los agentes municipales y sociales.

En realidad, este nuevo esquema ha surgido de una extensión y transferencia del modelo de procesos propio de ADEME, fundamentado en los movimientos internacionales del *Desarrollo Basado en la Escuela y la Formación Centrada en la Escuela* (Sirotnik, 1994; Hopkins y Lagerweij, 1997; Skilbeck, 1998; Escudero, 1999; Rudduck, 1999), al campo socio-educativo y comunitario. De hecho, el eje de la respuesta a los problemas socioeducativos detectados se sitúa en la necesaria reconstrucción del currículum para afrontar con éxito los recientes desafíos y demandas que plantea nuestro emergente y complejo sistema social basado en la información y el aprendizaje holístico a lo largo de toda la vida (López Ruiz, 2005).

Más concretamente, los referentes teóricos que en realidad nos han servido de base para elaborar nuestro *modelo democrático* han sido fundamentalmente los siguientes: el *modelo de procesos de ADEME* vinculado a la corriente internacional del desarrollo curricular basado en la escuela y de investigación-acción, el *modelo socioeducativo crítico* desarrollado por Freire y colaboradores, y el *modelo PES* de Investigación Acción Participativa cuyo máximo representante en nuestro país es el colectivo CIMAS. A continuación describimos brevemente cada uno de ellos.

a) *Modelo de procesos*

Este enfoque educativo ha sido diseñado por la Asociación para el Desarrollo y la Mejora Escolar, siguiendo las pautas de trabajo que ha establecido el movimiento internacional conocido como *Desarrollo Curricular Basado en la Escuela*. Se trata, por tanto, de una perspectiva exclusivamente escolar que trata de mejorar las instituciones educativas poniendo en marcha procesos de transformación tanto en el ámbito organizativo como en el plano curricular. Es una propuesta muy próxima a las conocidas fases que componen el clásico ciclo de investigación-acción. Así, se parte de la creación de condiciones para la mejora escolar, que incluye un diagnóstico de la situación de partida en la que se detectan los principales problemas y se establecen un conjunto limitado de prioridades. A continuación se diseña el plan que introduce los cambios pretendidos y después se pone en práctica en el centro. Durante su aplicación se realiza un seguimiento del proceso y al final se evalúan los resultados obtenidos. Esta valoración general se utiliza para incluir las modificaciones necesarias en su próxima implementación en el centro, a partir de la reformulación de los puntos débiles detectados. Después de sucesivas aplicaciones, si el plan se ha desarrollado de modo satisfactorio y la comunidad educativa ya lo percibe como algo positivo, se llega a la última fase de institucionalización. Es en este momento cuando la innovación pasa ya a formar parte íntegra de la estructura y cultura del centro en cuestión.

b) Modelo crítico de Freire

Partiendo del Movimiento para la Alfabetización de la Ciudadanía liderado por Paulo Freire desde Brasil se genera un nuevo enfoque educativo que persigue la emancipación de los adultos a partir de un proceso de toma de conciencia de su propia situación. Se pretende que la educación sea la base para diagnosticar y reflexionar sobre los problemas cotidianos que sufren las personas o que deterioran nuestro entorno. A partir de un diálogo igualitario se llega a consensos acerca de las posibles soluciones que se pueden poner en marcha. Consiste, por consiguiente, en un modelo socioeducativo que se extiende a la comunidad para transformarla. Se diferencia pues del enfoque anterior en que el proceso de mejora no se reduce estrictamente al ámbito escolar, sino que por el contrario persigue la transformación de la realidad social y ambiental, a través de la intervención colectiva en la resolución de sus principales necesidades.

No obstante, este modelo es reelaborado y generalizado a partir del Movimiento para la Reorientación del Currículum que se constituye en Sao Paulo, cuando Freire es nombrado Secretario de Educación de la capital brasileña. En este enfoque socioeducativo redefinido se establecen una serie de fases durante el proceso de construcción de un currículum interdisciplinario, tanto a nivel de centro como de aula. En concreto, los momentos que se plantean para el trabajo escolar en colaboración con la comunidad son los siguientes (Torres, O´Cadiz y Lindquist, 2007):

a) *Estudio de la Realidad*: después de acordada la implicación de la escuela en el proceso de reforma curricular, se elabora un Informe Preliminar en el que se realiza un diagnóstico del entorno donde se identifican los principales problemas de la comunidad. En este informe aparecen reflejados pues las cuestiones primordiales que preocupan a la ciudadanía de la localidad. Tomando como base este dossier se selecciona un *tema generador* o problemática relevante para trabajar con un currículum globalizado en todo el centro.

b) *Organización del Conocimiento*: una vez delimitada la problemática que se va abordar, los profesores colaborando en equipos interdisciplinares seleccionan y estructuran los contenidos y los métodos didácticos que se van a aplicar en cada materia. En primer lugar, se determinan las preguntas generadoras que se van a explorar en cada área disciplinar, para extraer de ahí los conceptos y contenidos específicos. En segundo lugar, los docentes escogen los diversos materiales curriculares y los múltiples recursos didácticos con los que se desarrollará la enseñanza en cada asignatura.

c) *Aplicación del Conocimiento*: esta última fase consiste en el diseño de actividades, tareas y proyectos para que los alumnos pongan en práctica los nuevos conocimientos y destrezas. Se trata de favorecer una comprensión auténtica de la compleja realidad para actuar sobre ese entorno comunitario con la intención de transformarlo. Este momento incluye la evaluación de los contenidos adquiridos por los estudiantes empleando distintas técnicas e instrumentos. En particular, se destaca la aplicación de las nuevas ideas y habilidades en grupos de trabajo.

En general, este interesante y experimentado modelo de Freire toma como fundamento los siguientes principios orientadores:

- Construcción colectiva del currículum mediante una amplia y dinámica participación en el proceso de toma de decisiones de todos los agentes implicados.
- Valoración de la autonomía real de cada centro escolar a la hora de poner en marcha sus propias experiencias innovadoras.
- Articulación de la teoría curricular con la práctica educativa a través de un proceso de investigación-acción en el que se involucra el profesorado, el alumnado, los familiares y otros miembros de la comunidad.
- Formación permanente del profesorado para la construcción de un proyecto curricular interdisciplinario, a partir del análisis crítico del modelo de enseñanza imperante.

c) *Modelo PES*

Este enfoque, del que hemos presentado algunas aportaciones para el desarrollo de una planificación democrática en capítulos anteriores, surge en el ámbito social, no escolar, como reacción al modelo técnico de intervención en los problemas comunitarios a partir de un proyecto orientado por objetivos definidos por expertos externos. Este modelo mayoritario inscrito en una perspectiva tecnológica es que el se conoce como planificación operativa y fue introducido en el campo escolar y didáctico por Tyler. El modelo PES, cuyas siglas significan *Planificación Estratégica Situacional*, recoge los principios esenciales y las pautas metodológicas propias de la Investigación Acción Participativa que se ha desarrollado básicamente en contextos complejos de intervención social. Una característica destacable de este modelo es que no separa radicalmente el diseño del desarrollo como hace el enfoque tradicional. En este sentido, los diferentes agentes implicados, bajo el asesoramiento de un experto en IAP, participan tanto en la elaboración del plan consensuado como en su ejecución colectiva. Por ello, en la planificación PES se ven reflejadas las perspectivas, ideas, intereses y valores de los distintos actores sociales.

En concreto, este nuevo modelo identifica cuatro grandes momentos en la planificación, que se corresponden con otras aportaciones y trabajos sociales de CIMAS (Villasante, 2006):

Momento situacional: responde a la pregunta «cómo explicar la realidad» y se dirige a una valoración sistemática de la situación de partida para comprender el contexto desde el punto de vista de los agentes participantes. Consiste en «aterrizar» en el entorno para conocer en profundidad la realidad social que pretende mejorarse. En esta fase se identifican las causas o «nudos críticos» de la problemática que haya emergido. Más que explicar propiamente la realidad se trata de detectar las carencias existentes para entender mejor los problemas detectados. Esta apreciación situacional se construye tomando como base las distintas interpretaciones de los individuos y colectivos implicados acerca de su singular e incierta realidad.

Momento normativo: pretende responder a la cuestión de «cómo concebir el plan», intentando establecer una serie de áreas prioritarias de intervención que este autor denomina «apuestas» y «propuestas sociopolíticas» de los diversos actores sociales. Pero la decisión de actuar está en función de los grupos, las relaciones, y las fuerzas que respaldan tal acción. En este momento se pretende establecer prioridades con respecto a las diferentes propuestas que hayan surgido, tomando en cuenta los diversos tipos de intereses y expectativas presentes.

Momento estratégico: trata de solucionar el interrogante referido a «cómo precisar lo posible», a partir de un análisis de los medios, recursos y agentes disponibles que constituyen los elementos básicos para diseñar la estrategia a seguir. Esto dota de relativo poder de transformación a cada uno de los sectores involucrados. Se trata de analizar las redes sociales que existen en la comunidad, referidas tanto a asociaciones constituidas formalmente como a colectivos o grupos informales. En este momento clave se pretende establecer nuevas sinergias y conexiones entre las redes ya presentes para aumentar la eficacia de los planes que se van a realizar. Como señala el propio Villasante (2006):

> *El análisis estratégico no solo da para precisar lo posible, sino para abrir desde un principio las oportunidades de situaciones complejas, y ganar en mayor creatividad y eficiencia, contando precisamente con muchos actores que habitualmente no son considerados en sus aportes a la planificación y ejecución de las propuestas.*

Momento operativo: se dirige a solventar el problema de «cómo actuar cada día», estableciendo el conjunto de acciones a desarrollar y evaluando el plan una vez implementado en función de los resultados o productos obtenidos. Se trata de poner en marcha el plan de modo reflexivo, haciendo un seguimiento del progreso y de las dificultades que aparezcan. En este momento es importante ir reformulando el plan previo a la luz de las posibles contingencias que surjan durante su desarrollo.

2. DESCRIPCIÓN DE LOS MOMENTOS IMPORTANTES DEL MODELO DE TRABAJO

La aportación más destacada de este modelo es, como ya se ha indicado con anterioridad, la conveniencia de integrar los momentos estrátegico y situacional a los dos momentos ya clásicos: el normativo y el operativo. Es precisamente en esos dos nuevos momentos donde los centros pueden abrir las puertas a la comunidad, y contando con todos los agentes e instancias sociales, convertir las necesidades colectivas en problemáticas relevantes para un emergente currículum global.

Sin tratar de variar sustancialmente el plan de trabajo que los centros educativos, las APAS, los servicios sociales, y los comités que asesoramos y apoyamos tienen aprobado, Atlántida les propondrá, una vez se haya vivido la etapa inicial de creación de condiciones para el trabajo, entrar en reflexiones que posibiliten levantar la vista de lo concreto en un proceso que nos permita enlazar y relacionar los problemas cotidianos con la problemática global: el modelo de educación y sociedad que subyace a nuestra propia actuación profesional. Así, se dice, con cierto criterio, que cuando sólo y habitualmente hablamos de problemas educativos, cuando especialmente vemos deficiencias en nuestro entorno, cuando todo suena a crisis, lo que falla y se pone en cuestión es el modelo de educación, que es preciso abordarlo globalmente si se pretende influir seriamente en la mejora. Como bien señala Fullan (2002), los auténticos cambios educativos han de contemplar obligatoriamente una perspectiva sistémica que ponga en juego todos los ámbitos, instancias y agentes potencialmente interesados y realmente implicados.

Si nuestro equipo de asesoramiento Atlántida expusiera en un claustro, APA o ayuntamiento, que «proponemos repensar el modelo de educación y para ello se requiere realizar un trabajo colaborativo, una investigación sobre los aprendizajes básicos que facilitan el desarrollo personal libre y crítico del ser humano; si demandamos un diseño de currículo diferente, o de área transversal de valores presente en todas las asignaturas, que facilite el trabajo y enfatice los valores de ciudadanía, necesarios para conseguir un centro, un barrio y un mundo más confortable y feliz», podría sonar a hermosa historia que tiene poco que ver con lo que se vive en patios, pasillos, aulas, salones de TV en el hogar, y calles o plazas. Será más oportuno desarrollar un proceso compartido del que se deduzca algo similar, pero todo ello discutiendo de lo que se conversa a diario, partiendo de problemas y animando a realizar diagnósticos que conduzcan a un plan común.

2.1. *Momento estratégico: conectar e integrar las estructuras presentes y los proyectos en marcha*

Nuestra propuesta empieza por indicar que es el contexto, la estructura creada o esbozada en cada lugar, la que debe reflexionar desde su propia experiencia. Atlántida, antes de iniciar el trabajo concreto de mejora, realizará una campaña organizada de información, de sensibilización y reflexión sobre las tareas que se desarrollarán en el propio medio y acerca del proceso de asesoramiento del proyecto; invitará a conocer y coordinar las posibilidades del entorno y a identificar los medios ya presentes: los proyectos y programas que el propio contexto (centro, municipio, distrito, comarca) desarrolla. Se trata de analizar las tareas que realizan las estructuras que ya intentan coordinar los esfuerzos: Consejo Escolar Municipal, plataformas, si las hubiera; para trabajar desde las ya existentes. O, en su caso, proponer la creación de estructuras que puedan favorecer la recreación de éstas, cuando su labor quede atenazada por los asuntos burocráticos. Por tanto, se trata al inicio de diagnosticar e identificar las posibilidades que ya existen, y que posiblemente estén necesitadas de más reconocimiento e información compartida, y, en todo caso, de mejor coordinación. Nuestra primera tarea es, sin duda, conocernos y realizar una primera fase de diagnóstico que asegure que no añadimos nuevos proyectos y tareas a los que ya venimos desarrollando de manera más o menos compleja, pero a veces sin rumbo común.

Atlántida apuesta por ayudar a ordenar los recursos existentes y darles coherencia, de ahí que en este paso previo propongamos elaborar un banco de datos que describa lo que realizan y llevan a cabo los centros educativos, las APAS, los programas municipales y los agentes sociales del lugar. Merece la pena destacar la importancia que recobra tener en cuenta las relaciones de poder, la necesidad de aprender a compartir los liderazgos y estar atentos a la micropolítica (González,1998) de los centros educativos y las organizaciones socioeducativas del entorno, para evitar disfunciones, solapamiento o marginación de realidades, de personas, colectivos, y duplicidad de estructuras participativas, así como protagonismos que dificulten la creación de condiciones solidarias para el trabajo compartido.

El Proyecto Atlántida está dinamizando experiencias de Consejos y Comités de Ciudadanía, creados a la luz de la complejidad social creciente, que intentan dar vida a los antiguos y en general poco aprovechados consejos escolares municipales cuando es posible, y en cualquier caso, una entidad con vida propia cuando así se requiere. En general, los citados Comités, como hemos dicho, se estructuran desde una Junta Coordinadora de cuatro o cinco miembros que los dinamizan, un Plenario donde se debate y decide, y una Asamblea abierta a diversos colectivos donde se participa masivamente para desarrollar y motivar el plan socioeducativo.

2.2. Momento situacional del marco social: detectar las necesidades de la comunidad para priorizar valores alternativos

Una vez que hemos identificado y valorado lo que tenemos y realizamos, pasamos a diagnosticar y formular las problemáticas de cada contexto, en relación con los valores que consideramos en crisis, y sus posibles causas, para relacionarlas y categorizarlas tomando como base los ámbitos de desarrollo de nuestra sociedad que Atlántida ha definido: sociopolítico, socioeconómico, sociocultural y socioafectivo o personal. Podría plantearse otra categorización alternativa, sin duda similar, o partir de otro marco teórico. Atlántida utiliza su modelo referente, elaborado en los últimos años, pero lo hacemos como propuesta orientativa. A partir de los problemas que se vayan describiendo, nos planteamos pensar en valores alternativos que sirvan para contrarrestar las problemáticas concretas detectadas. A partir del trabajo descrito, se propone realizar el esfuerzo por pensar en valores positivos que operen como antídoto de los valores deficitarios diagnosticados: así por ejemplo, ante la pasividad, motivación; ante la agresividad, tolerancia y convivencia democrática. Al final, como resultado del debate, habrá que concretar y llegar a priorizar los valores señalados para una etapa concreta, y en ese caso nos referiremos a un plan común que incida en el modelo de sociedad que tenemos en nuestro intrincado entorno.

2.3. Momento situacional del ámbito educativo: detectar problemas en el proceso de enseñanza-aprendizaje

A continuación, y para que los valores y problemas no queden descolgados del cotidiano quehacer de las aulas, las casas y la calle, volvemos a vivir el proceso similar, pero en este caso señalando *problemáticas* que se encuentran *en el proceso de enseñanza-aprendizaje*. Nos centraremos en momentos concretos del mismo, relacionado, en primer lugar, con el currículo (Jackson, 1991): cómo seleccionamos el currículo y atendemos la diversidad creciente, cómo abordamos la gestión de aula y la preparación/desarrollo de las tareas escolares, cómo lo vive el alumnado. También será imprescindible, si se desea incidir en los rendimientos del alumnado, llegar a concretar qué aspectos se consideran débiles en el proceso de planificación de los ámbitos sobre conocimientos básicos: sociolingüístico, científico-técnico y artístico. Aparecerá la disrupción creciente, la falta de motivación, la falta de hábito lectoescritor, etc.; y al hablar de las causas que los provocan, comentaremos algunas externas que se deben al sistema, al papel de los medios de comunicación, pero posiblemente, también a la actividad profesional, a la metodología, sin duda mejorable. A partir del breve diagnóstico de lo que ocurre en las aulas, pasaremos al ámbito familiar (quizás, falta de tiempo real de dedicación familiar al proceso educativo), y a continuación al ámbito social, referido a nuestras calles y plazas (posible descoordinación de servicios). Aparecerán en cada sector diferentes problemáticas que, analizadas en relación con sus causas, servirán de base para el plan común co-responsable.

2.4. Momento normativo: construcción del plan común

Con el doble trabajo esbozado (qué valores democráticos son deficitarios en la zona, y qué dificultades surgen en el proceso de enseñanza-aprendizaje), tendríamos un primer mapa de problemáticas que exigen una planificación integrada de valores generales, y de estrategias de gestión del aprendizaje, entre las que pueden llegar a aparecer: la necesidad de convenir unos criterios mínimos de metodología y evaluación en cada centro y la zona, posibles campañas de animación a la lectoescritura desde la escuela, la familia y las entidades socioculturales; planes de formación en la zona para profesorado, familias y servicios sociales, etc. No perdemos de vista un secreto a voces: se trata de disponer de un plan sencillo y concreto (más vale pocas tareas bien hechas, que un denso listado que no llega a abordarse), siendo esencial en ese momento establecer prioridades en procesos participativos, y contemplar tareas que representen el sentir de cada uno de los sectores implicados: profesorado, alumnado, familias y servicios sociales. Merece la pena partir de pequeños diagnósticos y priorizaciones iniciales que permitan comenzar también la resolución de aspectos muy visibles que agobian el día a día, antes que pretender largos y lentos procesos participativos en esta fase inicial, que alejan de la necesaria conexión con avances prácticos.

2.5. Momento operativo: desarrollo y evaluación del plan común

El trabajo descrito hasta aquí configuraría las bases del *plan común* a poner en marcha, para el que es necesario diseñar un proceso de seguimiento y evaluación, con indicadores concretos en cada uno de los ámbitos, garantía de los avances de cada experiencia. Con lo expuesto, ya dispondríamos de un representativo comité abordando la mejora de una serie de aspectos, lo que asegura como mínimo una mayor coordinación en la zona entre los diferentes medios y recursos con los que se cuenta.

3. LA PLANIFICACIÓN DEMOCRÁTICA: DE LAS INNOVACIONES PUNTUALES A LA DESEABLE CONSTRUCCIÓN DE UN PROYECTO CURRICULAR GLOBAL

En la medida de lo posible, proponemos intentar abordar gradualmente la fase tercera para generar sucesos, semanas culturales, centros de interés, que nos conduzcan a favorecer pequeñas experiencias pedagógicas con carácter social que integren vida y centro; y de ahí, hasta el posible proceso que inicie la *construcción de un Proyecto Curricular de Centro, de zona, de localidad, de comarca, como avance hacia la ciudad educadora.*

El modelo de desarrollo del propio plan se basa en la configuración de subcomisiones formadas dentro del Plenario, que representan a los diferentes sectores y que planifican el plan concreto donde se abordan temas tales como: absentismo, plan de formación del profesorado y familias, coordinación 1º ESO y Primaria, apoyo al asociacionismo juvenil y de adolescentes, infraestructuras extraescolares…, para luego ponerlos en común en su reunión mensual, bimensual, etc. Intentamos, finalmente, confluir en una segunda tarea: la posible elaboración de un proyecto educativo que incida en el proceso de enseñanza-aprendizaje y su relación con la identidad de la zona en donde se desarrolla. Como hemos dicho, se trata de profundizar y llegar al foco del aprendizaje formal: el aula, lugar de desarrollo del proceso de enseñanza-aprendizaje escolar, y hacerlo en contacto con la realidad, a partir de pequeñas experiencias, de dificultad baja (una semana o quincena de proyectos comunes), para intentar, desde sencillas experiencias valiosas, objetivos de mayor alcance.

El objetivo de favorecer la necesidad de articular proyectos curriculares de zona, que refuercen desde el debate de los aprendizajes básicos de cada una de las etapas educativas (Infantil, Primaria, Secundaria, Adultos), de una zona concreta, se encamina hacia el reto de conseguir una cultura elaborada por la propia comunidad, y que el proceso pedagógico sirva para descifrar, desde la experiencia común, líneas de trabajo que diseñen criterios mínimos de metodología y evaluación. Para ello, es necesario aterrizar de forma natural en el eje central del proceso educativo: el aula, la metodología y las tareas, en relación con las familias y el contexto. Necesitamos por tanto un motivo, un centro de interés o proyecto de trabajo de la zona o comarca, que una a los implicados en el proceso de mejora (Hernández y Ventura, 1992).

En Atlántida, estamos asistiendo a experiencias diferentes. En un lugar concreto es el APA quien propone al centro un tema general, como la interculturalidad; y el centro, junto al Comité de Ciudadanía, vive, investiga, como centro de interés, el conocimiento e intercambio enriquecedor de las culturas que integran el municipio. En otros casos, el equipo directivo promueve, animando a familias, ayuntamiento y APA, el rescate de un cultivo de la zona, una historia o leyenda…

La experiencia de Mala, Haría (Lanzarote) en que una escuela unitaria junto a su APA y FAPA, en coordinación con su Comisión de Ciudadanía, investigaba el rescate de un cultivo como el de la cochinilla, nos ha permitido poner en escena el proceso, organizar talleres y dar a conocer su proyecto final, en el que se ha llegado a implicar Consejerías, Ayuntamiento, Cabildo Insular; y, en fin, a modificar la propia realidad del contexto, que dispondrá de nuevos presupuestos, se abrirá a museos, itinerarios ecoturísticos y talleres con nueva creación de yacimientos de empleo. Sin duda, un ejemplo vivo de lo que proponemos: una escuela y educación activas, ligadas a los hechos sociales y culturales del entorno. Pequeños sueños, convertidos en sencillas realidades, como lo denominan los compañeros de comunidades de aprendizaje.

El lugar ideal para llevar a cabo una puesta en común de lo que proponemos es sin duda el Consejo Escolar, y por extensión, el Consejo Escolar Municipal, cuando éste es dinámico, y desde nuestra experiencia, como refuerzo, el creado Comité de Ciudadanía que hemos diseñado. Si no fuera posible, sigue siendo urgente que el aula en solitario, el Ciclo o el Departamento lo intenten cuando no surja el plan global. La propuesta de iniciar pasos hacia un proyecto general de currículo desde algunos centros de interés común, podría facilitar un proceso para sentar las bases elementales que favorezcan la construcción de un Proyecto Educativo de Ciudad (Carbonell, 2001). En un lugar común, ya sea el Ciclo, el Departamento, la Comisión Pedagógica, el Consejo Escolar antes mencionado, cabría debatir *qué valores echamos en falta, qué problemáticas nos agobian durante el proceso de enseñanza-aprendizaje, y en qué temática o investigación*, cabe poner en común el modelo de educación y de centro, aunque se trate de una experiencia temporal, en este caso, que supere las semanas culturales habituales y se centre en fenómenos sociales, económicos, medioambientales.

Avanzando en este sentido innovador, completamos el proceso de la fase tercera con la planificación conjunta de la problemática o proyecto común. En este sentido, es pertinente que se realice un trabajo general con los diferentes sectores que acordarán y planificarán tareas globales que motiven, que sirvan para analizar lo que se investiga, estrategias para transferir el trabajo educativo a la práctica, y el compromiso con difundirlo para que repercuta en la mejora del medio, cuando esto sea oportuno (Whitin y Whitin, 2000; Martinello y Cook, 2000; Manning, Manning y Long, 2000). Lo que esta fase asegura es el papel del currículo como eje integrador de valores democráticos y aprendizajes básicos, pero de modo que no sólo sea el profesorado quien controla y dirige todo el proceso, sino que se cuente además con la colaboración del alumnado, las familias y los agentes sociales del entorno.

4. CONSTRUIR UNA CIUDADANÍA DEMOCRÁTICA BASADA EN EL COMPROMISO ÉTICO

Como anexo final, por tanto, proponemos un nuevo paso, a modo de colofón, que nos permita relacionar, desde la experiencia vivida con los diferentes sectores educativos del centro o del municipio, los valores generales trabajados y las competencias o aprendizajes básicos que otras instancias europeas están proponiendo para el debate, y que la nueva propuesta legislativa de la LOE nos presentará como mínimos prescriptivos. En definitiva, se trataría de aprovechar el trabajo compartido en un lugar concreto, el diagnóstico realizado sobre problemáticas específicas, siguiendo el modelo descrito, para repensar el modelo de sociedad que tenemos, las alternativas y el papel que la educación debería jugar. Como tarea resumen: podríamos realizar contextualizaciones entre el proceso vivido en los trabajos de Comisiones de Ciudadanía, y el de las apuestas externas que nos llegan de Europa, del MEC u otras instancias, para finalmente llegar a acordar, a modo de orientaciones para todo un centro, ojalá que un municipio o comarca, un grupo de principios pedagógicos y aprendizajes básicos que vendrían a representar la suma de valores democráticos y competencias, como eje del nuevo Currículo de Ciudadanía; algo así como los principios generales del PEC, que iluminan el desarrollo del PCC, que es en el fondo lo que estamos reconstruyendo.

Con nuestra propuesta, y sin alterar demasiado el trabajo cotidiano, puede que logremos iniciar una tarea comunitaria donde todos aprenderíamos algo más sobre diseño curricular integrado, planificación de nuevas tareas, metodología investigativa, etc. Estaríamos debatiendo en paralelo sobre el modelo de educación y de sociedad, estaríamos elaborando una alternativa a la Educación Democrática para la Ciudadanía. Esto es, estaríamos abordando lo que en frío era un debate abstracto sobre los transversales, el área, o las asignaturas.

Proponemos encontrar la ocasión en el día a día, para pensar en un plan a la luz de las problemáticas diagnosticadas, plantear un programa común de mejora, un modelo de educación (los principios del PEC pero sacados de un trabajo concreto sobre los problemas diarios que nos preocupan), un referente de la actuación necesaria (mínimos de convivencia y tratamiento de conflictos, de metodología de aula, de criterios comunes de evaluación, de tratamiento y acercamiento al alumnado…), para que se trabajen en la vida diaria del aula, de los hechos cotidianos en la vida familiar, en las prácticas tutorizadas y planificadas desde los agentes del municipio. Todo ello es lo que estamos proponiendo sea acordado, coordinado, en primer lugar en el centro, desde el Consejo Escolar, en segundo lugar, donde sea posible, en distritos y comarcas, a través de las posibles Comisiones de Ciudadanía, que serían el eje vertebrador del debate sobre los valores y aprendizajes básicos de la educación del futuro.

Cuando la Unión Europea plantea como aprendizajes básicos para una Educación Democrática en la Educación Obligatoria el listado de competencias básicas que ya empezamos a desarrollar de forma práctica, cuando el MEC y las comunidades autónomas desarrollan la propuesta prescriptiva orientadora de la LOE – esperamos que acompañada de materiales guía tanto para la propuesta global como para la realización de pruebas de diagnóstico externo-, cuando alguna institución o grupo específico, libros de textos incluidos, describan que serían tales o cuales las formas de entender la propuesta, habrán «diseñado» un enfoque propio sobre valores-competencias y aprendizajes básicos para todos. Es a ese conjunto de saberes, de aprendizaje común, obligatorio, al que Atlántida denominó en su día: *Ciudadanía, mucho más que una asignatura*.

5. FORTALEZAS Y DEBILIDADES DEL MODELO PROPUESTO

Desde el Proyecto Atlántida, manifestamos nuestras incertidumbres sobre el alcance de la propuesta que realizamos y los procesos necesarios para avanzar en la línea esbozada. Asumimos las limitaciones del alcance de nuestra experiencia inicial. Reconocemos la enorme dificultad que supone adentrarse en procesos de innovación como los que describimos. No ocultamos que se trata de una apuesta arriesgada, pero somos conscientes de que una vez que conocemos ciertas claves vividas en procesos de innovación en centros muy concretos, además de favorecer la propia innovación en ciertos grupos especiales, es la hora de comprometerse con la indagación sobre las claves necesarias para tratar de incidir en la mejora global del sistema educativo y el éxito para todo el alumnado. Una apuesta inmensa, pero necesaria, que debe contextualizarse en espacios concretos. Pasar del campo de la innovación, a veces elitista, con centros específicos, al discurso de la mejora social y educativa, nos supone un reto que asumimos con entusiasmo y en donde nos implicamos en reforzar las líneas de políticas educativas que por su atrevimiento y compromiso es necesario fortalecer.

CAPÍTULO IV
UNA EJEMPLIFICACIÓN DEL PROCESO: ¿PUEDE UNA ESCUELA UNITARIA (MALA, LANZAROTE) MODIFICAR LOS PRESUPUESTOS DEL ESTADO ?

Florencio Luengo, José Moya y Sebastiana Perera

La propuesta de desarrollo del modelo de ciudadanía que presentamos representa un referente para la Red del Proyecto Atlántida. A la vez que hemos ido definiendo el marco teórico de nuestro proyecto, la metodología de trabajo y la identidad de lo que denominamos Escuelas Democráticas de Ciudadanía, se han ido desarrollando una serie de experiencias, de las que es necesario destacar la de la Escuela Unitaria de Mala, Lanzarote.

Confluyen aquí diferentes variables que nos permiten escenificar un modelo de trabajo que hemos descrito en el capítulo anterior y que estamos intentando configurar en un debate abierto entre teoría y práctica. El centro, integrado en la comunidad y como eje de ella, enlaza escuela y vida, reconstruye las relaciones de los agentes de la comunidad y se convierte en motor de pequeños cambios cotidianos.

1. EL CENTRO Y SU CONTEXTO

Nos interesará describir el centro desde la propia realidad en la que está insertado, formando parte de una zona con identidad propia, convulsa en la pasada década.

El CEIP Las Mercedes está situado en el pueblo de Mala, dentro del municipio de Haría, en Lanzarote.

Desde tiempos inmemoriales, en este pueblo costero sus pobladores han hecho de la agricultura, el pastoreo y el marisqueo su medio de supervivencia. El espacio geográfico de Mala, que ha sido cercado por la construcción de la nueva carretera en su tramo hasta Tahiche, está lleno de huellas que nos hablan de su pasado, con depósitos de agua abandonados que evocan una floreciente actividad agrícola y pastoril.

Los depósitos de conchas de lapas en el litoral nos recuerdan su actividad marisquera. Mala a unos 60 metros sobre el nivel del mar y situado en el este de la isla tiene una pluviosidad media anual de 140 litros por metro cuadrado. En la actualidad sus habitantes, se dedican principalmente al sector agrícola así como al sector servicios. Se trata en la actualidad de un pequeño pueblo de 545 habitantes, en el que no existen problemas de convivencia significativos, si bien la problemática social de identidad y desarrollo humano se convierte en la preocupación creciente de toda la comunidad. Aunque es una localidad bastante pequeña, cuenta con una Asociación de Vecinos, el grupo de teatro Tinamala, un Centro Sociocultural y la Asociación Cultural Cochinilla Presa del Jable Molino. Además, existe una farmacia, un centro de salud, una iglesia y varios establecimientos dedicados al ocio y a los servicios.

Volviendo a la realidad del entorno, cabe recordar que Mala tuvo en los años 60 una población cercana a los 800 habitantes, y que los distintos movimientos de inmigración interna entre las zonas de desarrollo turístico en la zona, acompañado de la caída generalizada de los índices de natalidad, le han ido despoblando paulatinamente.

Hasta 1983, Mala, apoyada, en el auge del cultivo de la «cochinilla» y sus derivados textiles, alimentación y cosméticos, que se producían con el cultivo del parásito en los inmensos campos de tuneras, ahora abandonados, disfrutó de una prosperidad sostenida, y que con los fenómenos de inmigración interna y desarrollo de colorantes sintéticos, se fue sumiendo en una decadencia paulatina, que llevó a esta localidad y su zona a un retroceso socioeconómico.

Desde el CEIP Las Mercedes, junto a agricultores, vecinos y asociaciones locales, se intentó revitalizar y dar un nuevo impulso al cultivo de la cochinilla, una vez realizado un análisis de la realidad social y educativa, como describiremos.

1.1. Identidad, estructura y organización del centro

El centro es una construcción relativamente antigua que se ha ido adaptando a las nuevas necesidades educativas según éstas han ido apareciendo. Se trata de un edificio de una sola planta, que consta de tres aulas, locales de servicio, aseos, cancha de baloncesto y un amplio patio de recreo.

La evolución demográfica que hemos anunciado ha tenido en el centro su evidente repercusión. La Escuela Unitaria que llegó a integrar a alrededor de 54 alumnos y alumnas en el año 1974, ha pasado a matricular a 36 alumnos en el curso 1983/84 y de ahí en adelante ha visto reducida la presencia a 18 alumnos en el año 2005. En el curso 2005/06 ha habido inscritos 18 alumnos, de los que 6 pertenecen al segundo ciclo de Educación Infantil y el resto a los seis cursos de Educación Primaria. Son atendidos por dos profesores-tutores, una profesora de PT y los correspondientes especialistas de Inglés, Música y Educación Física, entre otros.

La decreciente presencia de matrícula hace que la Escuela Unitaria vea permanentemente su identidad y presencia real en crisis. En el curso en el que se inicia el proyecto, de 18 alumnos se había pasado a 21, sorteando la posibilidad de perder la segunda tutoría, que al final queda asegurada, con nuevas incorporaciones de última hora.

Hay alumnos que proceden de otros países, principalmente de los continentes africano y americano. Esta diversidad cultural constituye un elemento enriquecedor y a la vez integrador que se ha visto reforzada en los últimos años.

Inmensos campos de tuneras, casa bajas blanqueadas, y una escuela unitaria al lado de la carretera local, configuran un paisaje único en el que tratamos de contextualizar la vida diaria del aula.

1.2. Principios educativos y valores del Proyecto del centro

El PEC del centro, se ha ido configurando a lo largo de los últimos años, contando con el trabajo cooperativo del claustro y el alumnado, el AMPA La Pequena y los agentes sociales del entorno. Estos serían, como resultado de un trabajo en diálogo permanente, los principios del centro que alumbran el conjunto de su actividad educativa. La educación democrática, en el eje de acción del proyecto educativo

Los objetivos educativos del centro que están especialmente relacionados con la actividad más innovadora que ha realizado el centro, integra el desarrollo de la vida diaria del aula y del currículo con el contexto que nos rodea. Estos son:

- Reconocer y valorar el papel de la educación como un eje básico para la formación de un alumnado más preparado para la vida, más libre y responsable.
- Integrar y comprometer a los diferentes sectores educativos: profesorado, alumnado, familias y agentes sociales con el diagnóstico compartido de necesidades del centro y el entorno, y con la planificación de proyectos escuela y vida, para la mejora del rendimiento del alumnado y de la realidad cercana.
- Potenciar el esfuerzo personal y la autoestima, a través de la iniciativa personal del alumnado y de los tres sectores educativos para la búsqueda de alternativas educativas, socioeconómicas y culturales al entorno.

- Motivar el desarrollo del proyecto educativo y la acción diaria del aula, a través de proyectos de investigación o centros de interés integrados en la vida y en el desarrollo de la localidad.
- El desarrollo de procesos de integración de las áreas transversales en la vida del centro/entorno.
- Dinamizar estrategias de comunicación oral y desarrollo de la personalidad para la atención individual al desarrollo académico del alumnado.
- Favorecer el asociacionismo del alumnado, las familias y los agentes sociales, en relación con el entorno, facilitando estrategias para las salidas sociolaborales y culturales.
- La actividad desarrollada dentro del proceso de enseñanza-aprendizaje, trata de integrar una serie de valores, siguiendo la propuesta del Proyecto Atlántida que asesora la experiencia, y que considera como señas de identidad de la nueva ciudadanía. Estos serían a modo de referencia, junto a las pedagogías que se ha tratado de impulsar:
- *Pedagogia medioambiental*: Respeto al desarrollo equilibrado y el consumo en relación con el medioambiente y el propio desarrollo humano.
- *Pedagogía cívica*: El civismo, tolerancia y autogestión responsables
- *Pedagogía intercultural*: La interculturalidad e igualdad de género, etnias y estructuras sociales.
- *Pedagogía socioafectiva o de los sentimientos*: La afectividad y la autoestima, la adecuada gestión del ocio y las habilidades sociales, como indicadores del desarrollo de la personalidad.

Como se observa en el gráfico anexo, desde el inicio, se ha tratado de analizar en el diagnóstico de zona, cuáles son los valores que entran en crisis, las conductas que así lo describen, y la pedagogía alternativa que es necesario poner en marcha como se explicará en el proceso de construcción del proyecto.

UN MARCO TEÓRICO: VALORES

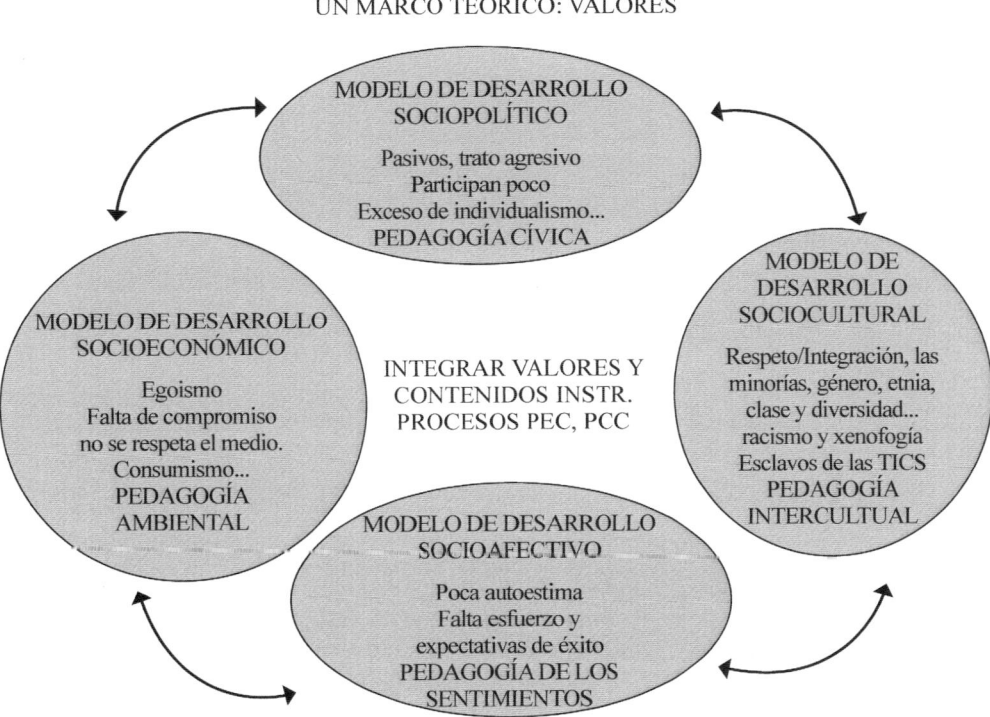

1.3. Procesos de innovación en el centro

Con la colaboración del AMPA La Pequena, cuya creación data del año 1983, se han llevado a cabo diferentes proyectos en el pueblo, pues siempre ha existido gran inquietud por impulsar diferentes iniciativas para dar soluciones a diferentes cuestiones planteadas e innovar dentro del ámbito académico y del entorno social. El convencimiento de que la motivación en crisis creciente marca una parte importante del éxito escolar ha llevado permanentemente a buscar iniciativas del entorno en las que el centro pueda encontrar temas para las tareas de aula.

En 1971 comenzaron lo que puede considerarse su punto de partida, con la realización de un Belén viviente en la iglesia, en el que participó toda la comunidad. Esta experiencia que se repitió a lo largo de varios años y determinó las bases de colaboración entre los diferentes estamentos de la sociedad local, comenzando proyectos como la realización en 1972 de un estudio sobre el pasado, presente y futuro de Mala elaborado por los jóvenes de pueblo y en los que la escuela jugó un papel importante.

Todos los trabajos, ilusiones y proyectos conducen, en el año 1974, a la creación de la Asociación de Vecinos, que junto a la comunidad educativa llevan a cabo nuevos proyectos fuera del aula: mejora de los alrededores del colegio, levantamiento de paredes de piedra en los caminos del pueblo y a lo largo de la carretera general, creación del primer parque infantil de la isla de Lanzarote, recuperación y ajardinamiento de la zona denominada «Las Acogidas», arreglos de la parte exterior de la iglesia (muros y jardines), participación en el proyecto de traída de fluido eléctrico al pueblo de Mala, control del agua del denominado «Charco de la Laja», creación de un espacio de ocio a la orilla del mar en la zona denominada «Playa de los Robaynas»..., experiencias que aún permanecen vivas en la memoria de los habitantes del lugar. La incorporación de su antigua y actual directora a la responsabilidad de primera mujer canaria con responsabilidades de gobierno (1975: Presidenta del Cabildo de Lanzarote), marca un paréntesis importante para la escuela que sigue su modelo de desarrollo educativo y vuelve a reforzarse con su vuelta en el año 1983. A partir de su nueva incorporación se suceden los proyectos sociales y medioambientales como núcleos transversales del desarrollo educativo.

En paralelo a la acción social motivadora con el entorno, el propio centro ha puesta en marcha una serie de proyectos para reforzar el éxito escolar para todos, entre ellos los medioambientales de estudio de la Finca Osorio, Finca Armas, La investigación sobre panaderías y queserías, la Casa Jameos, Fincas del Patio... todos ellos, configuran un grupo de núcleos temáticos que culminan en los últimos años con los proyectos de Escuelas Viajeras y trabajos sobre Cañadas del Teide, el Medioambiente y La Palma con indagaciones sobre la seda y las alfombras. Este afán por buscar en el medio las conexiones entre educación y vida, lleva a la Escuela Unitaria de Mala a modificar levemente su punto de enfoque. Como se ha avanzado, el lento pero progresivo deterioro del medio cercano, la creciente desmotivación del alumnado hacia las tareas del aula y su identificación con el medio, la desmotivación social y falta de expectativas de éxito en la zona, que conduce a la huida de Mala hacia otros lugares de desarrollo fuera de la isla y dentro de la misma, hacen modificar el punto hacia el que dirigir los esfuerzos. Se pasará de promover pequeños e inconexos proyectos sobre el medio visible en otros lugares de la isla y dentro del archipiélago, al intento por realizar proyectos globales que incidan en el entorno más inmediato.

Y en este punto aparece la experiencia innovadora que se ejemplifica, denominada *Rescate del cultivo de la cochinilla: estudio socioeconómico del pueblo de Mala y comarca*. Se trataba de conectar la acción puntual que el centro realizaba con la concreción de un modelo de trabajo que sirviera para reordenar la actividad global y darle coherencia al diseño académico y la apuesta social. Fue en la campaña 2004, desarrollada por la FAPA de Lanzarote y el Proyecto Atlántida, con el apoyo de la Consejería de Educación, titulada Ni *un paso atrás en la participación democrática*, donde el APA La Pequena y la Dirección del centro presentaron el proyecto de innovación sobre la cochinilla, y solicitaron el asesoramiento pedagógico de Atlántida, que puso sus recursos a disposición de la experiencia para el enriquecimiento mutuo, como viene sucediendo en los últimos cursos.

1.4. Algunas características del medio y del aprendizaje que nos inducen a desarrollar el proyecto

Desde el CEIP Las Mercedes de Mala, junto con el AMPA La Pequena, contando con el asesoramiento que se ha descrito, la ayuda de algunos agricultores, se formalizó un debate sobre la situación económica y social de la zona, y en paralelo sobre el estancamiento en salidas profesionales y motivación del alumnado. Ante la situación de estancamiento con respecto al cultivo y comercialización de la cochinilla que a lo largo del tiempo ha ido confirmando una singularidad paisajística, actualmente bastante deteriorada, así como condicionando un modo de vida, la comunidad educativa se ha visto en la necesidad de aportar su granito de arena para intentar ofrecer alternativas más acordes con la realidad que ha tocado vivir. Para llevar a cabo esta pretensión surgió la posibilidad de embarcarse en la realización de el proyecto ya anunciado, y buscar alternativas variadas e imaginativas, para evitar el actual estancamiento sorteando los obstáculos que han llevado a que el cultivo de la cochinilla sea casi abandonado o anecdótico. Y dentro de ese trabajo que intenta dar soluciones a viejos problemas se decide dar un nuevo salto desarrollando talleres y seminarios complementarios sobre el procesado y utilización de la cochinilla. Las tareas académica y social entrelazadas.

Redundando en el diagnóstico ya avanzado, con la aparición de los tintes sintéticos, anilinas entre otros, el fructífero cultivo de la cochinilla en la localidad decae estrepitosa y paulatinamente, llegando incluso a su abandono casi generalizado. Esto conlleva, aparte de la propia problemática derivada de la merma de ingresos por la falta de mercado de la cochinilla, a que el abandono de los campos de cultivo que habían ido formando una uniformidad paisajística se convierta además en un problema medioambiental, los campos de tuneras comienzan a padecer los efectos del abandono, los arbustos silvestres se van apoderando de los campos, convirtiendo el entorno en un lugar triste y decadente.

Pero además, el debate que se desarrollaba en la estructura del que ya denominamos Consejo de Ciudadanía de Mala, aprueba iniciar procesos para buscar soluciones que van más allá del cultivo y venta de la cochinilla como antaño. Se pretende rescatar los cultivos, o cuando menos parte de ellos, y generar riqueza elaborando productos derivados de la cochinilla. Se comprometen, y ya se han realizado experiencias muy interesantes en este sentido, con elaboración de tejidos, aloe-vera, lápices labiales, grabados sobre papel, etc., a parte de la mejora medioambiental que esto supondría, así como con rescatar del olvido todo un modo de vida que tanto desarrollo e identidad otorgó a la comarca. Pero todo esto forma parte de la historia que se irá desgranando. La Escuela Unitaria y su dirección en el medio del debate y formando parte del mismo, se convertirá en eje del cambio, con el alumnado, las familias y los agentes sociales incorporados al diagnóstico y la elaboración del plan.

La preocupación por el estancamiento de resultados y especialmente y relacionado con ello, con la falta de motivación del alumnado ha jugado a favor de un cambio de planteamiento. De tareas individuales y actividades inconexas, programas aislados de mejora (mejora del entorno del centro, jardines, medioambiente, salud...), se pasará a dar un salto al trabajo por proyectos globales.

Los resultados de los últimos dos años, no pueden servir de contraste definitivo, pero el grado de satisfacción mostrado en entrevistas, encuestas y grupos de discusión, así como en los órganos de gobierno del centro, nos describen una mejora paulatina que es necesario mantener, máxime cuando se trata de una escuela unitaria que tiene su identidad institucional en el aire por el número de alumnado.

2. EL PROYECTO SOCIOEDUCATIVO

Se trata ahora de identificar algunas claves generales del proyecto, de manera que se clarifiquen algunas variables del trabajo relacionadas con objetivos, contenidos, evaluación, medidas para la participación general y la difusión. Como se trata de un proceso en marcha que cumple su primera fase y entra en la etapa de profundización, la presentación se mueve entre lo que intenta y lo que logra, como veremos en la descripción de estas variables generales y las que describen el propio proceso en el capítulo siguiente. Se han entresacado del proyecto global estos indicadores:

2.1. *Objetivos concretos del proyecto y su incidencia sobre los participantes y otras partes interesadas*

Se fijaron los objetivos del propio proyecto en debate compartido tanto dentro del tiempo escolar como en el desarrollo de reuniones con el Comité de Ciudadanía.

a. Nuestro objetivo número uno es ofrecer una alternativa al papel de las escuelas y la educación democrática en relación con el rescate de los valores en crisis en la nueva sociedad del conocimiento; todo ello unido a la pretensión de que nuestro proyecto se conozca en toda la isla y avancemos en ese intercambio de experiencias tan importante con nuestros socios del resto de ayuntamientos. Demostrar que desde lugares tan pequeños como Mala, y desde la comunidad educativa con los creados Comités de Ciudadanía Atlántida donde están presentes la escuela, la familia y los responsables municipales, se puede movilizar y hacer trabajar a los integrantes de la sociedad cercana, y mejorar el proceso de aprendizaje, a la vez que el entorno.

b. A la par diseñar un modelo de trabajo en los centros que permita una educación activa inclusiva para el éxito de todo el alumnado, motivado por centros de interés del entorno con el que puede comprometerse.

c. Creación de nuevos modelos de trabajo para que el profesorado supere los libros de texto como única herramienta e integre sus programaciones en los elementos vivos del entorno.

La apuesta que subyacía era: La Escuela Pública tiene que estar presente en el debate planteado por la Unión Europea, que nos compromete con la creación de nuevos valores, desde la denominación del aAño de la Ciudadanía 2005.

2.2. Actividades previstas para realizar a lo largo del proyecto

Por sus recursos culturales, económicos y como conservación del medioambiente, tratábamos de acercarnos lo más posible al orden lógico y cronológico del campo. Tuvimos en cuenta una serie de factores que contemplaban:

- Lograr integrar a los agricultores-cultivadores de la cochinilla, ya que ellos mejor que nadie conocen los procesos de cultivo, así como las consecuencias del declive y decadencia actual.

- Que junto al profesorado, padres, madres y alumnado, den un enfoque de modernidad adaptando el cultivo a nuestra forma de vida actual, eminentemente turística.

- Que con las mejoras de aspecto ambiental, paisajístico, cultural e histórico, entre otros, redundarían en una mejora de nuestra calidad de vida, tanto presente como futura.

2.3. ¿Qué clase de productos finales se pretendía obtener? Los contenidos sociales del proyecto

Para el primer año se ha planteado (2005/06):

a. Investigación para el conocimiento de las rutas metabólicas.

b. Recorrido histórico de la cochinilla del nopal y otros productos con aprovechamiento tintorero.

c. Procesado, suertes comerciales y obtención de los productos.

d. Fibras naturales y su aprovechamiento textil y papelero (lanas, seda, algodón, cáñamo, yute) su estructura, sus propiedades y técnica para modificarla: hilado, tejidos, papel…

e. Utilización de los derivados de la cochinilla: trata sobre el color y las materias colorantes, fijación en las fibras, decoloración, estampado de textil…

f. Fabricación de papel artesanal e impresión.

g. Residuos en el procesado, aprovechamiento secundario, control y correcta eliminación de los residuos.

h. Obtención de las lacas de ácido carmínico.

i. Fabricación de lápices labiales.

3. EL DISEÑO DE UN CENTRO DE INTERPRETACIÓN EN LA ZONA

3.1. La evaluación de la marcha del proyecto y su incidencia sobre los estudiantes, los profesores y las instituciones participantes y, en su caso, la comunidad local

La evaluación formativa se ha planteado de la siguiente manera:

1 Para comprobar si la actuación se está desarrollando correctamente por todas las instituciones implicadas tanto en el proceso como en el resultado final de las fases.

2. Los integrantes en el proyecto participarán en la evaluación de forma activa con debates en grupo dentro de los Comités, y con encuestas, entrevistas…

3. En las reuniones que tenemos, tanto a nivel local, como de zona, se van analizando, los trabajos realizados para comprobar si los resultados son óptimos y se ajustan a los objetivos a desarrollar; modificando aquellos aspectos que fuesen necesarios.

4. La experiencia que está a viviendo el alumnado será revisada por el conjunto de trabajos realizados, las pruebas puntuales, y a través de las encuestas y

entrevistas dirigidas al profesorado, familias y autoridades, lo que será analizado conjuntamente

3.2. Cómo hemos previsto difundir los resultados, la experiencia y los productos finales entre las instituciones participantes, las restantes y la comunidad local

En este momento con el desarrollo de las nuevas tecnologías basadas principalmente en la comunicación digital se está haciendo uso de las mismas, dada la posibilidad y facilidad para acceder a estas herramientas de comunicación, sin olvidar los medios de comunicación tradicionales. Se está usando: teléfono, fax, video, Internet, folletos, fotografía... De este modo se difunde la experiencia creando un espacio propio de web (que ya está en marcha), audiovisuales especiales, así como información impresa tales como memorias, reportajes, folletos, publicaciones, etc. Tarea que en estos momentos ya está muy avanzada y de la que se da cuenta en los dos DVD elaborados. Ex-alumnos de la propia Escuela Unitaria, son los responsables del asesoramiento tecnológico del proyecto.

4. LAS FASES DEL PROYECTO EDUCATIVO Y SOCIAL DESDE EL MODELO DEMOCRÁTICO

Para tratar de identificar las diferentes fases del Proyecto, describiremos algunas de las acciones emprendidas integradas en momentos que se corresponden con el modelo de planificación democrática que hemos presentado en capítulos anteriores.

Después de haber situado el centro y el contexto, y de haber presentado unas muestras generales sobre la identidad del proyecto, se pasa a enfatizar lo que parece realmente novedoso en este caso, y que supone el mayor esfuerzo. Se trata de formular un modelo de trabajo por fases que pueda orientar la puesta en marcha no sólo de este proyecto sino del conjunto de experiencias que el centro ha vivido anteriormente con menor secuenciación y sistematización en las acciones emprendidas. En esta ocasión se ha tratado de reconducir el modo general de las acciones que se emprenden para que formen parte de un sistema ordenado que configura el plan de trabajo y ayuden a realizar un seguimiento y una evaluación más rigurosa.

La apuesta del PEC por la participación es decidida. Para superar y gestionar una mejora profesional que se considera base básico, se ha ido desarrollando un modelo que se centra en la participación real ordenada de todos los implicados.

4.1. Como parte de un momento estratégico

Se parte de una reunión informativa con todos los sectores educativos, en Consejo Escolar ampliado, desarrollando una reflexión para comentar y describir lo que se tiene y funciona en la zona y el centro, lo que se está haciendo, y disponer de un banco de datos sobre la zona. Se habla de lo que está realizando la Escuela Unitaria, el Plan del Centro, luego el APA, el Ayuntamiento, y de ahí a una reflexión sobre los valores parece que se ven amenazados en la zona y el contexto de Mala. Ese proceso se ha acompañado de la paulatina constitución de la creación de una nueva estructura colegiada: el Comité de Ciudadanía de la zona, que contará con presencia de profesorado, alumnado, familias y agentes sociales, y servirá de estructura que garantice un trabajo corresponsable.

Hablar del modelo de sociedad y las problemáticas generales educativas y sociales, puede ayudar a compartir angustias y proyecto común. En este sentido ha venido bien la propuesta categorizada de Atlántida y el marco general de los valores, que es preciso identificar en la zona (Proyecto Atlántida, 1999).

Esquema de valores categorizados y la contextualización en la zona de Mala

NÚCLEOS-VALORES DE CIUDADANÍA ATLÁNTIDA

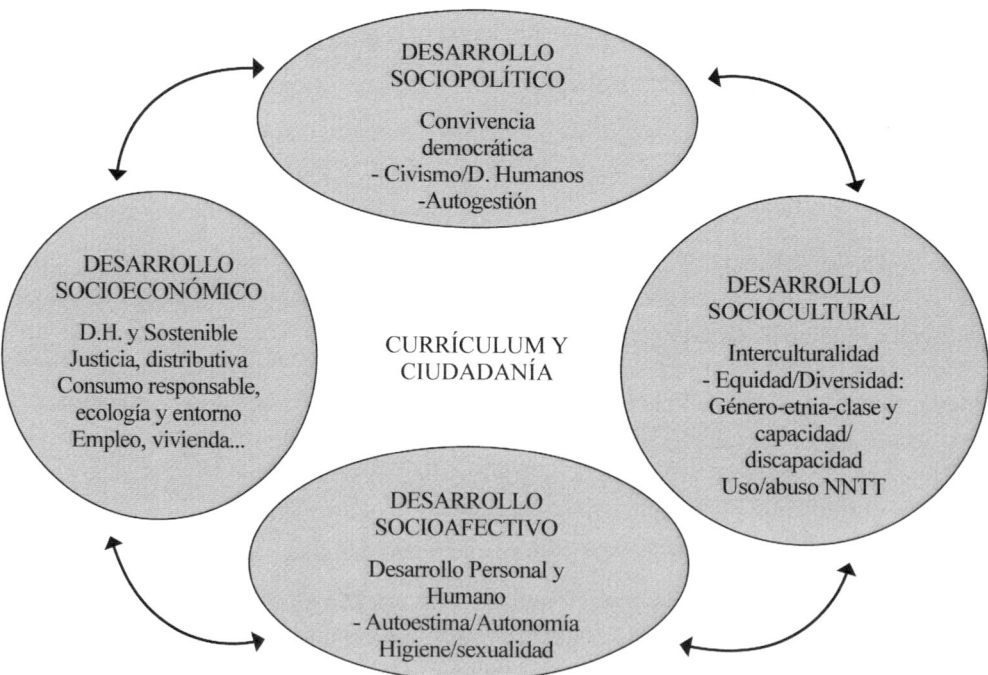

Qué valores en crisis- problemáticas zona-Valor alternativo

Se realizó un trabajo de identificación de los valores deseables y los que se consideran en crisis en la zona de Mala. Este es el esquema-resumen

Socioeconómico-ambiental	Sociopolíticos ciudadanía	Socioculturales	Socioafectivos	Otros
*Falta motivación y compromiso con el medio El respeto cariño y cuidado Del medioambiente y zona	***Inicio procesos de falta de respeto, tolerancia** Civismo, convivencia democrática	***Ignorar la diversidad** Respeto a culturas de la zona: rural, urbana, etnias	***Individualismo** Autoestima, expectativas valor del grupo	***Poca actitud creativa** Sensibilidad artística

4.2. *Creación de Consejo/Comité de Ciudadanía de Mala, Lanzarote*

Después de varias reuniones de puesta en común y con un primer diagnóstico estratégico, se constituye e institucionaliza, en coordinación con el Consejo Escolar Municipal de la localidad de Haría, de quien depende Mala, el Comité de Ciudadanía.

Estas son las entidades representadas en el Comité de Ciudadanía formado en Mala.

Representantes del profesorado.
Representante del alumnado.
Representante de la AFA (Asociación de Familias del alumnado).
Concejalías de educación y cultura, asuntos sociales.
Servicios sociales: educadores sociales y técnicos.
Representante de policía municipal.
Representantes del empresariado.
Representante de asociaciones de vecinos.
Representante de asociaciones y colectivos.
Inspección y CEP.

4.3. Momento situacional: problemáticas en Mala en relación con el proceso de enseñanza

A partir del primer trabajo de constitución del Comité de Ciudadanía, o formando parte de la decisión de si es necesario constituirle, se pasa a concretar algunos problemas del proceso de aprendizaje. A modo de síntesis del debate se recoge esta gráfica que resume algunas ideas de diferentes reuniones. La ordenación y secuencia del proceso pasa desde describir problemáticas de zona, a analizar causas, para luego concretar alternativas, dentro de lo que se llama el modelo de trabajo por análisis de problemas.

DIMENSIÓN	PROBLEMATICAS	CAUSAS
1.CURRICULAR Qué y cómo enseñar	Profesor: Desmotivado Alumnado: Pasivo, agresivo, paso de 6º a 1º ESO Familia: poco informada, motivada Sistema: currículo duro, muy académico, no motiva **Positivo: Conciencia del problema**	P-Individual, hábitos repetitivos A-Individuo/falta más planificar/incentivar S-Enseñanza muy académica, éxito poco posible, mínimo común de convivencia/Metod.
Currículo Sociolingüístico	Falta el hábito y destreza lectoescritor Técnicas estudio y elaboración de informes	Ídem
Curriculo Científicotécnico y Digital	Ídem lógicomatemcientífico Hábito buen uso TICS	Ídem
Curriculo Artístico	Hábito y Sensibilidad artística Valor/actitud limpieza del medio	Ídem
2.ORGANIZATIVA Centro Estructuras de participación	Poca cultura participativa No hay momentoscentro Faltan estructuras, espacios **Positivo: La normativa obliga y hay grupos por el trabajo común**	No se entrena, estrategias No se planifica y facilita espacios/horarios Faltan mínimos comunes a pesar de los estilos y libro de texto

3.a) CONTEXTO APAs FAMILIAS	Debilidad de APAS y directivas Poca afiliación y poca asistencia Planes desconocidos o dirigidos **Positivo: Hay pequeños grupos con voluntad**	No hay planes de formación estrategias Reuniones densas, información insuficiente Se dirige y deciden planes con poca participación
3. b) CONTEXTO SERVICIOS SOCIAL/MUNIC. CULTURAL	Trabajo descoordinado de otras iniciativas Planes de asociaciones desunidos **Positivo: Un medio maravilloso**	Falta estructura estable de participación Falta hilo conductor de todo
4. FORMACIÓN Talleres, intercambio de experiencias	Planes de profesorado alejados de intereses, no hay planes con la familia. Poco coordinados los planes de formación del pueblo. No se realizan diagnósticos de necesidades, encuestas **Positivo: Hay recursos variados**	Son más externos, no de centro para la mayoría No hay estructura coordinadora entre sectores Falta preparación e instrumentos Faltan estrategias
5.-INFRAESTRUCTURAS	No se rentabilizan las existentes Falta plan de mejora entre todos **Positivo: Se quiere mejorar**	Faltan protocolos y estrategias de mejora Falta diagnóstico riguroso sobre lo que ocurre y plan

A partir de esa reflexión con la categorización y priorización oportuna, se trabaja por desarrollar un proyecto común. Las problemáticas y las causas conducen a las líneas de un plan de trabajo corresponsable. Este sería el momento ideal para hacer aparecer la idea de un trabajo compartido. Decidir entre todos los representantes de la comunidad educativa. De este modo, en Mala, partir del diagnóstico de la zona pudo conducir a trabajar algunos valores que habían sido descritos como deficitarios .Mala, como se verá en la descripción de su identidad, podría abordar el estudio medioambiental y alguna rehabilitación de culturas en desuso, aunque estas deban estar enfocadas hacia el futuro.

5. EL DISEÑO PREVIO COMO FASE QUE FORMA PARTE DE LA PLANIFICACIÓN DEMOCRÁTICA Y DEL MOMENTO ESTRATÉGICO-SITUACIONAL

5.1. *Quiénes somos. El contexto y el asesoramiento externo*

En este apartado, nos ha permitido trabajar con los elementos básicos del entorno, y elaborar un banco de datos con todas las organizaciones que desarrollan su acción socioeducativa y cultural en la zona, incluido el sector servicios y empresarial. Se ha tratado de que el alumnado, como se ha hecho en el Consejo de Ciudadanía tenga presente todas las fuerzas activas de su zonal las conozca e identifique, con sus diferentes funciones, para entender desde el análisis de la realidad cuáles serían los temas que más nos interesa escoger en el medio en el que estamos.

Para desarrollar un proceso de trabajo ordenado, ha sido imprescindible contar con asesoramiento externo adecuado. Los trabajos anteriores del pequeño Claustro, APA y Consejo, estaban llenos de ilusión y esfuerzo pero necesitaban en algunos casos de mayor ordenamiento metodológico para que el aula pudiera vivir la actividad externa como un elemento base del aprendizaje. El trabajo desde Atlántida se ha centrado en apoyar la reflexión para ordenar todos estos apartados.

5.2. *La selección del tópico o centro de interés, como proyecto común. Justificación*

Debatir y analizar el posible tema o tópico de interés para trabajar en el centro y la zona, debe hacerse a partir del diagnóstico realizado previamente. El diagnóstico desarrollado en Mala indicaba la necesidad de fortalecer la identidad de la zona, la defensa del medioambiente y las expectativas de éxito en la población. De estos datos surge la propuesta de trabajo en el medio. Se invitó a pensar al alumnado y las familias, junto a los sectores sociales, sobre cuál sería el tema central, y cuáles serían los tópicos o subtemas en los que desarrollar la idea central.

Se adjunta una tabla resumen del diagnóstico y posibles tópicos por sectores

Qué valores

Socioeconómico ambiental	Sociopolíticos ciudadanía	Socioculturales	Socioafectivos	Otros
*Falta compromiso con medio El respeto cariño y cuidado Del medioambiente y zona	***Inicio procesos de falta de respeto, tolerancia** Civismo, convivencia democrática	***Ignorar la diversidad** Respeto a culturas de la zona: rural, urbana, etnias	***Invidualismo** Autoestima, valor del grupo	***Poca actitud arte** Sensibilidad artística…
TÓPICO y subtemas del PROFESORADO	TÓPICOS y subtemas DEL ALUMNADO	TÓPICOS y subtemas FAMILIAS	Tópicos y subtemas ENTORNO	CONSENSO Tópico y subtema
-T: La cochinilla	-T El rescate de la cochinilla	- T Las costumbres agrícolas de la zona	- T La cochinilla	-T El rescate de la cochinilla

5.3. Qué tópico se va a trabajar finalmente y cuáles son los subtemas o núcleos de conocimiento

La puesta en común entre el debate del Consejo de Ciudadanía y el del grupo de alumnado, profesorado y familias, tuvo como colofón el *Acuerdo General sobre el rescate del cultivo de la cochinilla: Estudio socioeconómico del pueblo de Mala. El procesado y utilización de los derivados de la cochinilla.*

Un grupo profesional - y en este caso fue fundamental unir fuerzas, recoger aportaciones de especialistas como farmacéuticos, biólogos, químico- condujo a un debate más técnico.

5.4. Los núcleos temáticos del tópico y su relación con momentos normativos

Se volvió a identificar cada uno de los núcleos de contenido que el proyecto social debería poner en marcha, y hacerlo de forma temporalizada, lo que da lugar a las fases descritas: iniciación, desarrollo y profundización.

Para el primer año en Mala se acordó concretar como núcleos temáticos de investigación:

a. Recorrido histórico de la cochinilla del nopal y otros productos con aprovechamiento tintorero.

b. Procesado, suertes comerciales y obtención de los productos.

c. Fibras naturales y su aprovechamiento textil y papelero (lanas, seda, algodón, cáñamo, yute) su estructura, sus propiedades y técnica para modificarla: hilado, tejidos, papel...

d. Utilización de los derivados de la cochinilla: trata sobre el color y las materias colorantes, fijación en las fibras, decoloración, estampado de textil ...

e. Fabricación de papel artesanal e impresión.

f. Fabricación de lápices labiales.

5.5. *La preselección de las actividades básicas y su relación con momentos operativos*

De igual forma, y para iniciar un proceso de diseño se esbozó una serie de actividades desde las que facilitar el desarrollo del trabajo, avanzando los posibles trabajos de diferentes áreas con el objeto de que la integración curricular ayude al reconocimiento de tareas entrelazadas, que superen las actividades excesivamente inconexas. El gráfico resultante de los tanteos iniciales y la puesta en marcha se presenta posteriormente junto a la descripción de las tareas.

5.6. *La concreción de objetivos y contenidos a partir del diseño previo de actividades.*

El esfuerzo que debe realizarse y así se ha decidido por enumerar los diferentes objetivos y contenidos del plan general anual y las programaciones de aula ha basculado hacia el tipo de tareas que el centro debe poner en marcha, como se verá a continuación. En ocasiones anteriores el centro ha vivido las actividades como un hecho excesivamente aislado de las tareas del entorno. En este caso se está intentando compaginar la acción de reflexión y repasos de contenidos más formales y estrategias de aprendizaje instrumental, con otras ligadas a la acción directa del proyecto, centro de interés.

5.7. *El proyecto final y su desarrollo operativo*

Diseñado el proyecto de trabajo, que se denomina también *Unidad Didáctica Integrada* o *Proyecto Situacional*, nos situamos en un nuevo momento: concreción de los conocimientos previos del alumnado: Se trataba de realizar un pequeño sondeo para partir de estos datos.

¿QUE SABEMOS?	¿QUE QUEREMOS SABER?	¿CÓMO VAMOS A APRENDER LO QUE HEMOS ESTABLECIDO? ¿DE DONDE SACAMOS LA INFORMACION?
QUE SALE DE LA TUNERA	¿DE DÓNDE VIENE?	BUSCAR POR INTERNET.
QUE ANTES SE COGIA EN MALA	¿POR QUÉ SE DEJO DE CULTIVAR?	PREGUNTAR A LOS PADRES Y ABUELOS QUE TRABAJAN EN LA TUNERA
QUE MALA TIENE MUCHA	¿QUIÉNES SON LO DUEÑOS DE LOS TERRENOS?	BUSCAR LA INFORMACION EN LA ENCICLOPEDIA, EN NATURA
QUE GUATIZA TAMBIÉN	¿CÓMO SE HACÍA PARA FABRICAR EL CARMÍN?	IR A LA BIBLIOTECA.
QUE SERVÍA PARA ALIMENTACIÓN Y PARA ROPA, TAMBIÉN PARA BELLEZA	¿CÓMO SE SACABA TINTE PARA LA ROPA?	COGER INFORMACION EN TV Y RADIO.
QUE SERVÍA PARA COMIDAS Y PARA VESTIDOS	¿CÓMO SERVÍA PARA LA ALIMENTACION?	PREGUNTANDO A LOS PROFESORES.
QUE AHORA NO INTERESA COGERLA PORQUE NADIE LO COMPRA	¿POR QUÉ SE DEJÓ DE CULTIVAR?	
	¿ES POSIBLE CULTIVARLA OTRA VEZ?	
	¿SI SALE BARATO O CARO?	

6. LOS CONOCIMIENTOS PREVIOS: EJEMPLIFICACIÓN SOBRE LA COCHINILLA

Descripción de las actividades a desarrollar y presente en los soportes digitales

Las actividades: Se describe el cuadro resumen de las actividades desarrolladas, organizado en torno a seis apartados, utilizado para ayudar a diseñar y planificar las diferentes variables que es preciso tener en cuenta para que las tareas de diferente modalidad y alcance.

- *Título de la Actividad*. Las que aparecen en cada apartado
- *Fase*. Indica, para cada una de las actividades, la fase en la que se incluye de acuerdo al modelo: Fase *Presentación de la Unidad Didáctica* integrada al grupo de alumnos/as. Fase *Proyecto de Trabajo*: Análisis/Síntesis y Transferencia del conocimiento.
- *Valores Atlántida*. Se señalan qué valores se encuentran presentes en cada actividad.
- *Contexto*. Alude a aquellas actividades en las que se aborda un tipo de conocimiento más global, el cual transciende a nuestro contexto más cercano (aula, centro, barrio).
- *Familia y/o contexto* Recoge aquellas actividades en las que la participación de las familias es fundamental para el buen desarrollo de las distintas propuestas de trabajo, y en su caso otras entidades del entorno o contexto.
- *Desarrollo de la Actividad*. Se efectúa una breve descripción del contenido y desarrollo de las actividades. Os recordamos que, para una mayor información sobre las actividades de nuestra unidad didáctica integrada, podéis acudir al CD audio, donde se escenifican la mayor parte de ellas.

Gráfica final resultado del trabajo de diseño del plan de trabajo

COMO DISEÑAR UN TRABAJO POR PROYECTO PARA MEJORAR LA ZONA						
Experiencia de Mala, el rescate de la cochinilla, tarea/proyecto de zona, aprendizaje situacional						
TIPO DE ACTIVIDAD	CONTENIDOS	VALORES	COMPETENCIA	FAMILIA	CONTEXTO	DESCRIPCION
ACTIVIDAD MOTIVACIÓN 1.- Charla señor Manuel Castro 2.- Charla señora Nieves Barreto 3.- Plantación de terreno, ideas 4.- Trabajo de campo, encuesta	I Y II	Compromiso con el Medioambiente. Transformar.	1 6	Sí	Sí	Se trata de comentar con expertos de la zona, personas ligadas a la cochinilla el trabajo realizado, y realizar encuestas. Vivimos el plantado de terreno como motivación.

ACTIVIDAD RECOGIDA INFORMACIÓN 1.- Charla con preguntas, Manuela 2.- Charla con preguntas, Miguel 3.- Búsqueda de Internet 4.- Encuesta a familias y sociedad, y recorrido histórico, papel de inmigración	II	Solidaridad. Interculturalidad.	1 4	Sí	Sí	Continuamos las entrevistas ahora sobre el cultivo y su evolución. Buscamos en Internet material sobre la cochinilla y realizamos encuestas a las familias y agentes sociales del municipio.

ACTIVIDAD: DESARROLLO ANÁLISIS/SÍNTESIS
1.- Vaciado de encuestas
2.- Plantación de huerta en el patio
3.- Desarrollo práctico, talleres
    - plantado, sacos, secado, higos
    - procesado, derivados: teñidos, papel bordados, residuos, estética labios,
4.- Primeras conclusiones, informe
	III	Ecociudadanía.
		Autoestima.
		Transformación y compromiso.
			2
			6
			7
				Sí	Sí	Se trata de analizar la información que nos llega, organizarla por apartados y a partir de ella, realizar un trabajo práctico, a modo de taller. En concreto vivimos el proceso completo de cultivo y al final algunos derivados de su tratamiento.
						Con el trabajo final de la fase tratamos de realizar y *resumir* las claves del Informe y las conclusiones.

ACTIVIDAD TRANSFERENCIA 1.- Cooperativa de niños 2.- Taller práctico, cooperativa adultos 3.- Cuentos, canciones 4.- Seminario de derivados: tintes, cosmética… ACTIVIDAD COMPROMISO MEDIO 1.- Entrevista al alcalde y Carta al Cabildo, propuestas 3.- Cierre de proyecto comunitario, Informe	III	Creatividad. Compromiso. Desarrollo Ambiental.	8	Sí	Sí	Con los conocimientos adquiridos tratamos de realizar ahora un trabajo práctico que nos haga sentir lo práctico y funcional del trabajo realizado. Al final se trata de hacer ver a los demás lo que estamos concluyendo, sentir que la escuela se compromete con la vida
ACTIVIDAD EVALUACIÓN 1.- Ideas previas del alumnado 2.- Lo que quiero saber y el cómo 3.- Pruebas por áreas y globales	II y IV	Valoración. Esfuerzo personal.	4	Sí	Sí ídem	Entender la evaluación como un proceso de mejora del propio proceso y de la mejora conseguida. Partir de conocimientos previos, contar con la valoración de todos

ACTIVIDAD DIFUSIÓN 1.- Rueda de prensa 2.- Confección de DVD y edición 3.- Exposiciones, cartas y carteles 4.- Grado de satisfacción, valoración	V	Autoestima. Desarrollo comunitario.	1 2 4 5		Sí	Se trata de dar a conocer de forma ordenada, con medios actuales, el trabajo realizado: salir a la calle, informar y ampliar las expectativas de éxito para todos en una educación inclusiva. Vemos al final lo que puede formar parte del PEC y las perspectivas.

Transferencia práctica. Desarrollo de talleres/seminarios y organización de la información.

A partir de estos momentos se pasó a escenificar en procesos de participación, el trabajo de derivados de la cochinilla, de forma que fueran los profesionales cualificados los que retomaran la tarea hace años olvidada, y ahora eje de la reconstrucción de la zona. El trabajo en talleres de los derivados de la cochinilla, trabajados con personal cualificado en talleres monitorizados por farmacéuticos, biólogos, químicos, iba a permitir formar a alumnado y adultos, que se convertirían en nuevos defensores de las posibilidades socioeconómicas.

6.1. Líneas metodológicas generales

Aunque cada área describe sus líneas de trabajo, el proyecto se ha apoyado en metodologías activas, integradoras del conocimiento y del aprendizaje constructivo, dialógico (Elboj, 2002), y situacional (Maturana y Varela, 1990), potenciando la cooperación entre ciclos, de enorme repercusión en la motivación y la integración del conocimiento, y la interacción centro-familia-municipio.

El constructivismo invita a partir de lo que ya conoce el alumnado, realizando un trabajo desde los conocimientos previos, el aprendizaje dialógico enfatiza la importancia de un permanente diálogo entre iguales y grupos interactivos (alumnado diverso en grupos heterogéneos), con familias del entorno y profesorado guía.

El aprendizaje situacional, por el cual se aprende a partir de problemas prácticos y cotidianos, trata de dinamizar el aprendizaje realizando tareas para mejorar e intervenir en la realidad del propio contexto. Se aprende con nuestros iguales y en contacto con ellos, en procesos colaborativos, resolviendo problemas cotidianos que comprometen con el medio (Freire, 1970).

6.2. Evaluación tanto del proceso de elaboración como de la mejora

Como se ha planteado, la propuesta de evaluación formativa que conlleva partir de los conocimientos previos, del diálogo en los diferentes momentos del proceso, nos permite evaluar tanto el proceso de elaboración y desarrollo, como el proceso de mejora. Nos hemos guiado por experiencias como las vividas en otros centros, especialmente por la de *El euro, algo más que un cambio de moneda*, del CEIP Maestro José Castaño, de Murcia (Proyecto Atlántida, 2001).

Los *criterios y procedimientos generales de evaluación* han sido desarrollados con el modelo de *Evaluación formativa* (Santos 1994), el cual informa de cada fase para modificar sobre la marcha el propio diseño y permite aprender dentro del proceso sin esperar al producto final. Se tiene en cuenta:

- Interés y respeto mostrados durante la consecución del proyecto hacia la identidad y el medio.
- Originalidad, autonomía, iniciativa y coordinación de trabajo en grupo mostrados durante todo el proceso.
- Compromiso de participación y continuación mostrado.
- La evaluación, no como un trámite burocrático y de obligado cumplimiento, sino como una ocasión que, profesorado y alumnado, comparten a la hora de analizar y reflexionar en torno al proceso de innovación que han desarrollado.

6.3. La evaluación del proceso de enseñanza/aprendizaje

Un primer elemento de evaluación es el de los *conocimientos previos* que el grupo o clase posee respecto el tema elegido.

Se plantearon en el apartado tres cuestiones clave, las cuales aparecían rotuladas sobre un papel continuo:

1. ¿Qué sabemos?
2. ¿Qué queremos saber?
3. ¿Cómo lo deseamos aprender? y ¿Dónde podemos obtener la información?

Las aportaciones de todos y cada uno de los alumnos y alumnas, fueron recogidas para reconducir el plan.

Se han tenido en cuenta otras opciones como:

Comprueba tus conocimientos.
Ficha de evaluación.

En *comprueba tus conocimientos*, se plantearon una serie de cuestiones sencillas, por medio de las cuales se pudo explorar si el alumnado había llegado a comprender el proceso de cultivo y el de fabricación de derivados de la cochinilla.

Como colofón, se proponía una actividad de autoevaluación.

FICHA DE AUTOEVALUACIÓN

1. Conozco el proceso de cultivo de la cochinilla.
2. Conozco las dificultades del pasado y su peligro en el presente.
3. Recuerdo composiciones para sus derivados.
4. He trabajado bien en grupo.
5. He terminado el trabajo con buena presentación.
6. He trabajo en colaboración con las familias y otras personas de la localidad.

6.4. La evaluación del proceso de mejora

Dicha evaluación, se constituye en un elemento, necesario e imprescindible, no sólo para cerrar un determinado proceso, sino como requisito para iniciar el siguiente. En este caso, se han considerado tres ejes fundamentales:

La evaluación del diseño del tema planificado.
La evaluación de la colaboración de los padres.
La evaluación del proceso de formación en seminarios y talleres.

Junto a este proceso y, formando parte del mismo, se ha considerado oportuno elaborar unos cuestionarios dirigidos a los profesores, alumnos y alumnas y padres y madres. El análisis de la información derivada de cada uno de estos cuestionarios, es en estos momentos fundamental para el cierre de la fase de profundización.

6.5. La edición y difusión del proyecto

El proyecto ha terminado por otorgar una especial importancia a la tarea de difundir y editar los trabajos de investigación que deben informar sobre la actividad y el compromiso de la educación. En ese sentido la falsa modestia que acompaña numerosas actividades del profesorado en su desarrollo profesional nos priva de conocer, por un lado el intenso trabajo que desarrollan las aulas, y por otro pierde la oportunidad de favorecer con sus conclusiones una mejora de la vida social y educativa del centro y su entorno.

Las experiencias narradas que pasan a ser conocidas por el resto de educadores y profesionales de la educación, se convierten así en herramienta fundamental de la innovación educativa y del avance en el desarrollo profesional.

Especial importancia recibe hoy día que al informe escrito ya habitual en la innovación y las pequeñas investigaciones, ocupe hoy una especial importancia el tratamiento en soporte TICS que facilite la difusión e información universal. De modo que los proyectos y tareas narren con imágenes y audios el desarrollo de las experiencias, haciendo que el resto de la comunidad pueda volver a vivir los procesos, aprender de ellos, reflexionar y rectificarlos a modo de moviola.

La innumerable actividad educativa debe comprometerse a desarrollar narraciones más ordenadas y secuenciadas y a la vez a trasladarlas a los soportes de texto, imagen y sonido, que serán sin duda el certificado de la nueva era de la información, tarea en la que deben intervenir no sólo especialistas sino que debe formar parte del propio proyecto de trabajo con reparto de tareas que integren a alumnado, familias y voluntarios del entorno.

La descripción de materiales del Informe y de soporte TICS que se ha realizado en la Escuela Unitaria de Mala, viene a ser la principal fuente de identificación de su Modelo. Todo el material se encuentra a disposición de los usuarios en la web del centro educativo, de su asociación, del proyecto Atlántida (www.proyecto-atlantida.org), y en el portal www.innova.usal.es.

7. VALORACIÓN DEL PROCESO Y RESULTADOS

Se describen a continuación una serie de valoraciones que tratan de ahondar en las posibilidades del modelo de trabajo, y que integran logros sociales y educativos, conscientes del nuevo papel del proyecto educativo y curricular que gana en consistencia por su conexión con el mundo social y las problemáticas cotidianas. También reconocemos lagunas y debilidades en las que es preciso profundizar.

Comenzaremos avanzando los logros del proyecto en lo referido a un modelo participativo como muestran todas las estrategias evaluadoras sobre el nivel de satisfacción de la comunidad educativa, así como la permanente presencia, verbalización de nuevas sensaciones y compromiso con el proyecto en marcha.

No disponemos aún de datos, tras sólo dos años de puesta en marcha del proyecto , en cuanto a logros definitivos en el nivel de éxito académico, sólo algunos indicadores que convocan a un creciente optimismo: mantiene matrícula e incluso aumenta el número de matriculados en el centro, cuando todo apuntaba a un cierre posible; la motivación creciente del alumnado por las tareas relacionadas con el contexto superan la atonía de años anteriores. Motivación e implicación que deberán redundar en mejora de rendimiento, como esperamos, si se logra dar continuidad a la experiencia. En estos momentos, el cese por jubilación de la directora del centro que ha liderado la experiencia, y que continuará desarrollando su asesoramiento desde su nueva situación laboral, obligará a retomar el trabajo escuela y comunidad desde otras perspectivas.

7.1. Resultados en el plano socioeducativo

* Elaborados por el farmacéutico Don César Corpas y el equipo técnico de apoyo

El patrón de consumo de los derivados de la cochinilla han cambiado a lo largo de la historia, pasando de un consumo mayoritario en la industria textil hasta bien entrado el siglo XX, a un consumo preferente en la industria de la alimentación en la actualidad.

Sin modificar el patrón actual de consumo, es plausible esperar que la demanda de derivados de la cochinilla se incremente de manera espectacular. Varios son los motivos para ello y pocos somos ajenos a ello. En la década de 1960-1970 los alimentos llamemos «industriales», eran marginales en la conducta alimentaria de buena parte de la población mundial, en la actualidad por gracia o desgracia es difícil encontrar una sociedad donde no lleguen las «gominolas», los helados, los yogures, las hamburguesas.

La falta de tiempo familiar como causa primigenia y el desarrollo de la industria alimentaria a niveles desconocidos en tan solo una década, hace que cada día se requiera de más coadyuvantes tecnológicos y aditivos alimentarios, y en su justa proporción de derivados de la cochinilla.

7.2. ¿Podemos esperar un resurgimiento de su empleo en el textil?

La industria química de los colorantes, publicita sus bondades en varios sentidos, la calidad constante de los colorantes de síntesis permite teñir con eficacia y economía en instalaciones con buen rendimiento, se optimizan en fábrica para dar altos niveles de intensidad y de solidez. Si bien todo es cierto o en parte, los buenos colorantes de síntesis son extremadamente caros, se parte en general de compuestos altamente tóxicos y muy reactivos. Su fabricación conlleva un riesgo inherente a toda explotación química y la existencia de vertidos no controlados, nubes tóxicas y catástrofes variadas son el día a día de las páginas de sucesos y ¿qué pasa cuando nos deshacemos de la prenda textil, qué pasa con el colorante?

Por el contrario si hablamos de cochinilla:
Fuente natural autorrenovable.
Productos en armonía con la naturaleza.
Ausencia de riesgos para la salud pública.
Química benigna o inexistente.
Biodegradable
Creatividad.

En el caso de los derivados de la cochinilla nos encontramos con todos esos puntos a favor, con alguna propiedad que la hace superior a los colorantes de síntesis, presenta una alta solidez del color a la luz y con la utilización de mordientes y coadyuvantes no tóxicos ni peligrosos para el medio obtenemos una gama de tinciones del rosa al negro; esto permite una alta creatividad en la obtención de prendas únicas y diferenciadas. Como ejemplo de ese resurgir disponemos en la actualidad de *Moda Lanzarote*, de la diseñadora Margarita Pérez basada en la seda y teñida con cochinilla.

7.3. ¿Qué proceso transformador sería viable en Lanzarote?

Lanzarote recibe una gran cantidad de visitantes al año, las visitas a centros culturales o de ocio oscilan de unos 600.000 visitantes al parque de Timanfaya a unos 200.000 visitantes al Jardín de Cactus, no es descabellado pensar en una afluencia de 200.000 visitantes a un centro cultural-transformador a pequeña escala de la cochinilla donde no prime el precio internacional de la grana sino el hecho cultural y de esparcimiento, acompañado de visitas guiadas a las vegas de Guatiza y Mala.

7.4. ¿Qué se puede ofrecer al visitante?

La transformación de la cochinilla por métodos tradicionales y a pequeña escala, no es difícil ni peligroso, no requiere de personal altamente cualificado y es sumamente interesante, como se pudo comprobar en la Feria de Artesanía de Los Dolores (año 2005), la atracción era general, niños, padres, personas de edad avanzada, a todos atraía y todos participaban.

Un pequeño paseo observando las tuneras de las vegas de Mala y Guatiza, el trabajo de campo con la cochinilla hasta obtener la grana, para posteriormente pasar a un centro interactivo donde se explique el proceso transformador hasta obtener extractos, carmín, ácido carmínico, pasando a un taller de teñido de fibras de lana y seda, el conocimiento de técnicas de grabado e impresión en papel y cuero hacen sumamente agradable la visita. Si a esto le sumamos un pequeño laboratorio cosmético y un taller experimental de confección con su área comercial correspondiente y un área de relajo, ocio y confortación física, el éxito con poquita inversión está asegurado y por poca cochinilla que se lleven a sus lugares de origen las existencias acumuladas durante años desaparecerán pronto.

7.5. Conclusiones sobre la apuesta social

El patrón de consumo de la grana y sus derivados, ha cambiado de un consumo fundamentalmente textil a un consumo por la industria alimentaria. Se espera un crecimiento en el consumo de grana y derivados a nivel mundial, pero para contrarrestar ese futurible aumento en el precio por aumento de la demanda, la producción también se va a incrementar y mucho.

El patrón productor – transformador – consumidor de antaño ha cambiado en gran medida, a un patrón productor – transformador que asegura la materia prima lo que dificulta la introducción en el mercado. En la actualidad la importancia de la producción de grana para los circuitos internacionales o nacionales por las Islas Canarias es cero.

La reintroducción en los circuitos tradicionales de la grana, requiere tecnificar al más alto nivel la producción, incidiendo tanto en la tunera como en la grana, los resultados serían una realidad en tres años.

La transformación a nivel industrial de la grana, es en la actualidad sobreproductiva y con capacidad para transformar sin problemas el posible aumento de la demanda. Sólo con la introducción de nuevos procedimientos que generen productos de alta calidad y a bajo precio de producción sería pensable la introducción en un mercado tan competitivo como éste.

El mercado agradece la introducción de nuevos productos y de calidad contrastada: el desarrollo de nuevas actividades como el grabado del papel con cochinilla, nuevos productos en cuero tintado, el desarrollo de tintes capilares o la moda textil de alto nivel, son un nicho económico diferenciado que se debe explorar.

La estructura productiva fundamental actualmente en Lanzarote es el turismo, es una realidad económica pero como todo debe evolucionar y adaptarse a las preferencias del visitante.

Si bien la elección de las islas como destino turístico es en un 92.7% por la característica Clima/Sol y tan solo de un 1.85% por la oferta cultural. Los datos de visitas a centros de Arte, Cultura y Turismo que proporciona el Cabildo de Lanzarote nos dicen que además del sol y playa, el visitante realiza unos dos millones y medio de visitas año a esos centros.

La incorporación de un museo interactivo de la grana como el descrito en el apartado de viabilidad de proyectos, sería en este momento la opción más económica, la más respetuosa con el medio, la que generaría tanto directa como indirectamente más puestos de trabajo, unos novedosos y otros tradicionales, y recordemos un 60% de visitantes viaja hasta las Islas motivado por lo que le han contado amigos o familiares.

8. PROYECTOS DE FUTURO E INFLUENCIA EN NUEVOS PROCESOS. ALGUNAS LIMITACIONES

Con los diferentes proyectos, actividades y experiencias innovadoras que el colegio ha venido realizando a lo largo de los años se ha conseguido que el centro se haya integrado en la vida del pueblo y éste forme parte activa del quehacer diario de la actividad docente, al mismo tiempo que toda la comunidad vuelva a mirar con esperanza el futuro y trate de recuperar tradiciones e ilusiones perdidas. La experiencia de Mala y su Escuela Unitaria, ha vivido desde el anonimato momentos de soledad y falta de reconocimiento al esfuerzo permanente. Saltar del modelo habitual de aula y acción académica supone a veces un pequeño salto en el vacío que agobia, desorienta, pero que el tiempo está ayudando a encauzar.

Una vez conocida la repercusión de su trabajo centro-contexto sobre la cochinilla, el proyecto de Mala ha servido de referencia para el resto de iniciativas sobre Ciudadanía que se desarrollan en Lanzarote. Hoy ya se dispone de cinco Consejos de Ciudadanía en cuatro de los siete ayuntamientos, el Cabildo Insular ha propuesto a la FAPA y al Proyecto Atlántida que, junto con Mala, diseñe un Plan de Ciudadanía para otras localidades de la isla, lo que harán con el permanente apoyo que reciben de la Consejería de Educación y las direcciones generales implicadas.

El modelo que cerramos en Mala será exportable al resto de experiencias en Canarias, y se extiende y difunde por el resto del estado. El alumnado de Mala visitó a su alcalde, al presidente del Cabildo, a los ayuntamientos de la isla. Desde el Consejo de Ciudadanía se llegó a los responsables políticos, a los diputados canarios en el Parlamento de Madrid. El debate sobre los presupuestos del año 2006, realizado en el otoño de 2005, tuvo en cuenta la realidad y el logro en Lanzarote. Dieciocho niños y niñas de una Escuela Unitaria, acompañando la tarea social y educativa de una zona llegaban al hemiciclo, y como cuento de hadas, 500.000 euros pasaban a formar una partida para el rescate de la cochinilla en toda la isla. Los sueños a veces van y se cumplen.

Si bien puede sonar a proceso y experiencia hermosa y positiva, es preciso atender a algunas *dificultades y limitaciones* para poder avanzar desde ellas. Estamos describiendo un proyecto inicial, en un modelo de trabajo que no deja de buscar en la innovación cauces para mejorar nuestras prácticas. No resulta fácil, ni gratificante en algunas ocasiones, pero parece que sí sea un reto obligado ante el creciente deterioro de la motivación y el esfuerzo de nuestro alumnado, así como de las necesidades del contexto y la ciudadanía en su conjunto. La soledad a veces del grupo que lo intenta, la falta de medios, y la resistencia al cambio de lo ya establecido, se ven compensados por el grado de compromiso de estas iniciativas innovadoras, que se sienten reforzadas en este caso por la optimista respuesta mostrada por el alumnado, por el grupo social y por las responsabilidades políticas.

Las *perspectivas* pueden ser muy positivas si logramos darle continuidad, difusión al modelo de trabajo, y la posibilidad de relanzar la experiencia. Tanto el CPR, como el Comité de Ciudadanía y el Proyecto Atlántida, se proponen un nuevo plan que permita dar continuidad y extender el modelo a otras areas y a nuevas etapas educativas. Somos optimistas de la motivación que el alumnado nos transmite, eje de la mejora social y educativa que buscamos, y destacamos el grado de motivación que el desarrollo del proyecto ha suscitado en alumnado que no ha podido participar activamente, lo que abre expectativas importantes de cara al futuro

En estos momentos, el proyecto presentado y avalado en diferentes foros nacionales (Universidad de La Laguna y Las Palmas, Universidad Menéndez Pelayo de Santander, Universidad Juan Carlos I de Alcorcón…), abre nuevas expectativas sobre el papel de la escuela en la vida, y relanza el modelo de trabajo diseñado en Mala. La valoración global que realizamos de la experiencia es positiva. Las luces y sombras de toda experiencia innovadora ponen también de manifiesto la necesidad de favorecer con apoyos y asesoramiento pedagógico iniciativas de este alcance, a la vez que es necesario reconocer su esfuerzo y garantizar unas condiciones mínimas para su continuidad. Estas son algunas de las líneas de desarrollo que forman parte de las tareas próximas:

- Talleres de transformación y tratamiento de los derivados de la cochinilla.
- Talleres de empleo para la limpieza de las huertas dedicadas a este cultivo.
- Enseñanza del cultivo de la cochinilla a las nuevas generaciones.
- Establecimiento de la *Ruta de la cochinilla* en los pueblos de Mala y Guatiza.
- Creación del *Centro de interpretación* dedicado a este cultivo: *Museo de la cochinilla.*
- Puesta en marcha de una industria de transformación de la cochinilla.
- Creación de medianas y pequeñas empresas que oferten los productos elaborados con los derivados de la cochinilla.
- Proyecto de búsqueda de cauces para la comercialización de los productos de este cultivo y de asesoramiento de las personas interesadas.

Las dificultades por abrir camino al nuevo modelo de trabajo, basado en aprendizajes democráticos, y experiencias situacionales, suponen para la Escuela Unitaria un reto de incalculable dificultad. El grado de satisfacción que el proceso produce no esconde que se trata como acción innovadora de un trabajo intenso, difícil de mantener en el tiempo si no es reconocido, y valorado por las instituciones que podrían compensar la tarea demasiado solitaria en una Escuela Unitaria. Medios humanos y servicio de apoyo compensador serviría para apuntalar el modelo que estamos intentando fortalecer. Por otro lado, la escasa preparación y formación que posee el profesorado para ordenar el trabajo global presentado, nos obliga a improvisar y dinamizar el modelo con falta de estrategias que suplimos con el asesoramiento, voluntario, del equipo que apoya la experiencia. Podría asegurarse el desarrollo de metodologías semejantes si la propuesta cala en el equipo de asesoramiento de la zona, y llega a ser percibido como un servicio común y permanente integrado en el modelo de trabajo de los propios centros del profesorado y de los programas educativos correspondientes.

En estos momentos, para superar el grado de dificultad de desarrollo del modelo, se trataría integrar la propuesta de competencias básicas que realiza la Unión Europea y el propio MEC en la nueva ley de Educación, LOE, en la vida educativa de los centros.

Ahora, más que nunca, las propuestas normativas y orientadoras de Europa y de la LOE, permiten y obligan desarrollar tareas sociales, relacionadas con la vida práctica, que favorezcan la consecución de las competencias básicas. En esta ocasión y es una de las apuestas para diferentes Comités de Ciudadanía en la isla, el diagnóstico de la zona, el trabajo sobre el rescate de la cochinilla, la integración de los temas sociales en el aula, nos permiten debatir el modelo de sociedad, el papel de la educación y las estrategias con las que la nueva ciudadanía debe enfrentarse a la nueva sociedad. Trataremos de entender las claves del proyecto educativo, del proyecto curricular… y en esta ocasión enfatizaremos la importancia de que sean reelaborados a la luz de una planificación situacional y estratégica, como nos ha permitido describir la experiencia de Mala. Estaremos apostando por proyectos situacionales, y trabajos corresponsables a partir de los problemas comunes, de forma que se motive y favorezcan la adquisición de los aprendizajes básicos, lo que venimos llamando la *base cultural común* de la ciudadanía.

* Florencio Luengo Horcajo, *es coordinador general del* Proyecto Atlántida, *asesor pedagógico en la Escuela Unitaria Mala, y coordinador de Comités de Ciudadanía.*

* José Moya Otero, *es coordinador de metodología en el* Proyecto Atlántida, *asesor pedagógico en diferentes experiencias de Comités de Ciudadanía*

* Sebastiana Perera Brito, *ha sido directora de la Escuela Unitaria de Mala, es eje del proyecto educativo y social. Continúa trabajando con el proyecto en toda la isla, Lanzarote.*

BIBLIOGRAFÍA

Ainscow, M. (2001). *Desarrollo de escuelas inclusivas: ideas, propuestas y experiencias para mejorar las instituciones escolares*. Madrid: Narcea.

Ainscow, M.; Beresford, J.; Harris, A.; Hopkins, D. y West, M. (2001). *Crear condiciones para la mejora del trabajo en el aula*. Madrid: Narcea.

Ainscow, M.; Hopkins, D.; Southworth, G.; y Wrdy, M. (2001). *Hacia escuelas eficaces para todos*. Madrid: Narcea.

Ander-Egg, E. (1990). *Repensando la investigación-acción-participativa*. Vitoria: Gobierno Vasco.

Ander-Egg, E. y Aguilar, M.J. (1993). *Cómo elaborar un proyecto.* Buenos Aires: Editorial Magisterio del Río de La Plata.

Ander-Egg, E. y Aguilar, M.J. (1994). *Evaluación de servicios y programas sociales.* Buenos Aires: Lumen.

Antúnez, S. (1993). *Claves para la organización de centros escolares.* Barcelona: ICE-Horsori.

Apple, M.J. y Beane, J.A. (comps.) (1997). *Escuelas democráticas*. Madrid: Morata.

Arencibia, S. y Guarro, A. (1999). *Mejorar la escuela pública*. Santa Cruz de Tenerife: Consejería de Educación, Cultura y Deportes.

Audigier, F, (2005). «Former des citoyens démocrates? Limites des analogies». *Cahiers Pedagogiques*, n1 433 (mai), 11-13.

Barroso, J. (1998). *Para o desenvolvimento de uma cultura de participação na escola*. Lisboa, Instituto de Inovação Educacional. Disponible en http://www.rinace.net (Biblioteca virtual).

Barroso, J. (2004). «La autonomía de las escuelas en el contexto de cambio de los modos de regulación de las políticas y de la acción educativa: el caso portugués». *Revista de Educación*, núm. 333 (enero-abril), pp. 117-140.

Bolam, R.; McMahon, A.; Stoll, L.; Thomas, S. y Wallace, M. (dirs.) (2005). *Creating and sustaining Effective Professional Learning Communities*. Bristol: University of Bristol y Departament of Education and Skills. Research Report nº 637. Disponible en: http://www.dfes.gov.uk/research/

Bolívar, A. (1999). *Cómo mejorar los centros educativos*. Madrid: Síntesis.

Bolívar, A. (2000). *Los centros educativos como organizaciones que aprenden*. Madrid: La Muralla.

Bolívar, A. (2004). «La autonomía de centros escolares en España: entre declaraciones discursivas y prácticas sobrerreguladas». *Revista de Educación*, núm. 333 (enero-abril), pp. 91-116.

Bolívar, A. (2006). «Familia y escuela: dos mundos llamados a trabajar en común». *Revista de Educación*, núm. 339, 119-146.

Bolívar, A. (2007). *Educación para la ciudadanía, algo más que una asignatura*. Barcelona: Graó.

Bolívar, A. (2008). *Ciudadanía y competencias básicas*. Sevilla: Fundación Ecoem.

Bolívar, A. y Luengo, F. (2005). «Aprender a ser y a convivir desde el proyecto conjunto del centro y el área de Educación para la Ciudadanía». En AAVV: *Ciudadanía, mucho más que una asignatura*. Madrid. Proyecto Atlántida, pp.17-38.

Bolívar, A. y Guarro, A. (eds.) (2007). *Educación y cultura democráticas*. Madrid: Wolters Kluwer.

Bollen, R. (1997). «La eficacia escolar y la mejora de la escuela: el contexto intelectual y político». En D. Reynolds y otros (eds.), *Las escuelas eficaces. Claves para la mejora de la enseñanza*. Madrid. Santillana, pp. 17-36.

Bolman, L. G. y DeaL, T. E. (1984). *Modern approaches to understanding and managing organizations*. San Francisco: Jossey-Bass.

Bransford, J.; Brown, A., y Cocking, R. (eds.) (1999). *How people learn: Brain, mind, experience, and school*. Washington, DC: National Academy Press.

Bronfenbrenner, U. (1985). «Contextos de crianza del niño: problemas y perspectiva». *Infancia y aprendizaje*, n° 29, pp. 45-56.

Bronfenbrenner, U. (1987). *La ecología del desarrollo humano*. Barcelona: Paidós.

Camps, V. y Giner, S. (1998). *Manual de civismo*. Barcelona: Ariel.

Carbonell, J. (2001). *La innovación en educación*. Madrid: Morata.

Carr, W. (1993a). «El curriculum en y para una sociedad democrática». En P. Ortega y J. Sáez (eds.): *Educación y Democracia*. Murcia: Cajamurcia, pp. 55-72.

Carr, W. (1993b). *Calidad de la enseñanza e Investigación-Acción*. Sevilla: Diada

Casanova, M.A.(1991). *La sociometría en el aula*. Madrid: La Muralla.

Cortina, A. (1993). *Ética aplicada y democracia radical*. Madrid: Tecnos.

Cortina, A. (1997). *Ciudadanos del mundo. Hacia una teoría de la ciudadanía*. Madrid: Alianza.

Creemers, B. (1997). «Las metas de la eficacia escolar y la mejora de la escuela». En D. Reynolds y otros (eds.) *Las escuelas eficaces. Claves para la mejora de la enseñanza*. Madrid: Santillana, pp. 51-70.

Crick Report (1998). *Education for Citizenship and the Teaching of Democracy in Schools*. Londres. Qualifications and Curriculum Authority. Disponible en: http://www.qca.org.uk/6123.html

Dar, P.; Franch, J.; Coll, C.; Pèlach, J. (1994). *Grupo clase y proyecto educativo de centro*. Barcelona: ICE.

Darling-Hammond, L. (2001). *El derecho de aprender: crear buenas escuelas para todos*. Barcelona: Ariel.

Davis, G. y Thomas, M.(1992). *Escuelas eficaces y profesores eficientes*. Madrid: La Muralla.

De Lorme, CH. (1995). *De la animación pedagógica a la investigación-acción*. Madrid: Narcea.

Delors, J (1996). *La educación encierra un tesoro*. Madrid: Santillana /UNESCO.

Delval, J. (2002). *La escuela posible*. Barcelona: Ariel.

Dewey, J. (1989). *Cómo pensamos*. Barcelona Paidós.

Dewey, J.(1995). *Democracia y Educación*. Madrid: Morata.

Dewey, J. (1997). *Mi credo pedagógico*. León: Universidad de León

Dewey, J. (2002). *Democracia y educación*. Madrid: Morata.

Domingo, J. (ed.) (2002). *Asesoramiento al centro educativo*. Barcelona: Octaedro.

Dubet, F. (2005). *La escuela de la igualdad de oportunidades. ¿Qué es una escuela justa?*. Barcelona: Gedisa.

Elboj, C. *et al.* (2002). *Comunidades de aprendizaje. Transformar la educación*. Barcelona. Graó.

Elliot, J. (1990). *El cambio educativo desde la investigación-acción*. Madrid: Morata.

Elmore, R. F. y cols. (1990). *Reestructuring schools: The next generation of educational reform*. San Francisco: Jossey-Bass. [Edición española: *La reestructuración de las escuelas. La siguiente generación de la reforma educativa*. México: Fondo de Cultura Económica, 1996].

Elmore, R.E. (2003). «Salvar la brecha entre estándares y resultados. El imperativo para el desarrollo profesional en educación». *Profesorado. Revista de Currículum y Formación del Profesorado* (Grupo Force, Granada), vol. 7 (1-2), 9-48. Disponible en: http://www.ugr.es/~recfpro/rev71ART1.pdf

Escudero, J.M. (1992). «La naturaleza del cambio planificado en educación: cambio como formación y formación para y como cambio». En J.M. Escudero y J. López Yañez (coords.). *Los desafíos de las reformas escolares. Cambio educativo y formación para el cambio*. Sevilla: Arquetipo Ed., 19-70.

Escudero, J.M. (1999). «El desarrollo del currículum por los centros». En J.M. Escudero (ed.). *Diseño, desarrollo e innovación del currículum*. Madrid: Síntesis, pp. 291-319.

Escudero, J.M. (2005). «Valores institucionales de la escuela pública: ideales que hay que precisar y políticas a realizar». En J.M. Escudero, A. Guarro y otros (eds.) *Sistema educativo y democracia*. Barcelona: Octaedro/MEC, pp. 9-39.

Escudero, J.M. (2006). «Educación para la ciudadanía democrática. Currículo, organización de centros y profesorado». En F. Revilla (coord.). *Educación y ciudadanía: valores para una sociedad democrática.* Madrid : Biblioteca Nueva, pp. 19-53.

Escudero, J. M. (2008). «¿Qué significa asegurar el éxito escolar a toda la población escolar?», Revista Profesional *Escuela, Temático,* 22 (febrero).

EURYDICE (1997). *Una década de reformas en la educación obligatoria de la Unión Europea (1984-1994).* Bruselas: Eurydice.

Fernández Enguita, M. (1995). *La escuela a examen.* Madrid: Pirámide.

Fernández Enguita, Mariano (2002). «Iguales, libres y responsables». *Cuadernos de Pedagogía,* nº 311 (marzo), pp. 56-60.

Fernández Enguita, M.(2006). «Iguales, ¿hasta dónde? Complejidades de la justicia educativa». En Gimeno, J (ed.) *La reforma necesaria: entre la política educativa y la práctica escolar.* Madrid: Morata.

Fernández, L.M. (1994). *Instituciones educativas. Dinámicas institucionales en situaciones críticas.* Barcelona: Paidós.

FlechA, R. (1997). *Compartiendo palabras: el aprendizaje de las personas adultas a través del diálogo.* Barcelona: Paidós.

Fontana, D. (2000). *El control del comportamiento en el aula.* Barcelona: Paidós.

Freire, P. (1970). *Pedagogía del oprimido.* Madrid: Siglo XXI.

Freire, P. (1970). *Pedagogía de la autonomía.* Madrid: Siglo XXI.

Freire, P. (1997). *A la sombra de este árbol.* Barcelona: El Roure.

Froufe, S. y Sánchez, Mª A.(1991). *Planificación e intervención educativa.* Salamanca: Amarú.

Fullan, M. (2002). *Las fuerzas del cambio.* Madrid: Akal

Fullan, M. (2002). *Liderar en una cultura de cambio.* Barcelona: Octaedro.

Fullan, M. (2002). *Los nuevos significados del cambio en la educación.* Barcelona: Octaedro.

Gairín, J.(1996). *La organización escolar contexto y texto de actuación.* Madrid: La Muralla.

García Sánchez, F.A. (2001). Modelo ecológico/Modelo integral de atención temprana. *XI Reunión interdisciplinar sobre poblaciones de alto riesgo de deficiencias.*

Gimeno Sacristán, J. (2001). *Educar y convivir en una cultura global. Las exigencias de la ciudadanía.* Madrid. Morata

Gimeno Sacristán, J y Pérez Gómez, A. (1992). *Comprender y transformar la enseñanza.* Madrid: Morata.

Gilbert, S (2001). John Dewey: filósofo de la educación democrática. Disponible en: http://sincronia.cucsh.udg.mx/winter02.htm

González G., Mª T. (1998). «La micropolítica de las organizaciones escolares», *Revista de Educación,* 316, pp. 215-239.

Guarro, A. (2002). *Currículum y democracia. Por un cambio de la cultura escolar.* Barcelona: Octaedro.

Guarro, A. (2002). *Currículum y democracia. Por un cambio de la cultura escolar.* Barcelona. Octaedro.

Gutmann, A. (2001). *La educación democrática: una teoría política de la educación.* Barcelona. Paidós.

Habermas, J. (1982). *Conocimiento e interés.* Madrid: Taurus.

Habermas, J. (1987). *Teoría de la acción comunicativa.* Madrid: Taurus.

Habermas, J. (1999). *La inclusión del otro.* Barcelona: Paidós.

Hargreaves, D. y Hopkins, D. (1991). *The Empowered School: The Management and Practice of School Development,* London: Cassell.

Hernández, F. y Ventura, M. (1992). *La organización del currículum por Proyectos de Trabajo. El conocimiento es un caleidoscopio.* Barcelona: Graó.

Hopkins, D. (1988) *Doing School Based Review. Instrument and Guidelines.* Leuven (Belgica): ACCO.

Hopkins, D. y Lagerweij, N. (1997). La base de conocimientos de mejora de la escuela, D. Reynolds et al. *Las escuelas eficaces. Claves para mejorar la enseñanza.* Madrid: Aula XXI, pp. 71-101.

Jackson, Ph. (1991). *La vida en las aulas.* Madrid: Morata.

Jares, X. (2006). *Pedagogía de la convivencia.* Barcelona: Graó.

Kemmis, S. y McTaggart, R. (1992). *Cómo planificar la investigación-acción*. Barcelona: Laertes.

Kruse, S.D. y Louis, K.S. (1997). «Teacher teaming in middle schools: Dilemmas for a schoolwide community», *Educational Administration Quarterly*, 33 (3), 261-289.

Kymlicka, W. (2001). «Educación para la Ciudadanía». En Colom, F. (ed.): *El espejo, el mosaico y el crisol. Modelos políticos para el multiculturalismo*. Barcelona. Anthropos, pp. 251-282.

Lipovetsky, G. (1994). *El crepúsculo del deber. La ética indolora de los nuevos tiempos democráticos*. Barcelona: Anagrama.

Little, J.W. (1999). «Organizing schools for teacher learning». L. Darling-Hammond y G. Sykes (eds.). *Teaching as the learning profession: Handbook of teaching and policy*. San Francisco: Jossey Bass, 233-262.

Longworth, N. (2003). *El aprendizaje a lo largo de la vida*. Barcelona: Paidós.

López Ruiz, J.I. (1999). *Conocimiento docente y práctica educativa: el cambio hacia una enseñanza centrada en el aprendizaje*. Archidona (Málaga): Aljibe.

López Ruiz, J.I. (2005). *Construir el currículum global. Otra enseñanza en la sociedad del conocimiento*. Archidona (Málaga): Aljibe.

López Ruiz, J.I. (2005 b). Nacimiento y crecimiento de las escuelas democráticas: cartografía de la aldea planetaria, Proyecto Atlántida (2005). *Ciudadanía, mucho más que una asignatura*. Madrid: Proyecto Atlántida.

Louis, K.S. y Kruse, S.D. (eds.) (1995). *Professionalism and community: Perspectives on reforming urban schools*. Thousand Oaks, CA: Sage Pubs.

Marchesi, A. y Martín, E. (1998). *Calidad de la enseñanza en tiempos de cambio*. Madrid: Alianza.

Martínez, M. (2001). *El contrato moral del profesorado*. Bilbao: Desclée de Brouwer.

Matus, C. (1995). Plan *Estratégico Situacional 95. Guía de análisis teórico*. Caracas: Fundación Altair.

Martinello, M.L. y Cook, G.E. (2000). *Indagación interdisciplinaria en la enseñanza y el aprendizaje*. Barcelona: Gedisa.

Martínez Bonafé, A. (coord.) (2002). *Vivir la democracia en la escuela*. Sevilla: Publicaciones MCEP.

Maturana, H. y Varela, F. (1990). *El arbol del conocimiento*. Madrid. Debate.

McKernan, J. (1999). *Investigación-acción y curriculum*. Madrid: Morata.

McLaughlin, M.W. (1990). «The Rand Change Agent Study revisited: macro perspectives, micro realities». *Educational Researcher*, 19 (9), pp. 11-16.

MEC (2004). *Una educación de calidad para todos y entre todos*. Madrid: Ministerio de Educación y Ciencia.

Meier, D. y Schwarz, P. (1997). «El colegio de educación secundaria de Central Park Este: lo difícil es que suceda». En M. Apple y J.A. Beane (eds.), *Escuelas democráticas*. Madrid. Morata, pp. 48-70.

Moreno, J.M. y Luengo, F. (eds.) (2007). *Construir ciudadanía y prevenir conflictos. La elaboración de planes de convivencia en los centros*. Madrid: Wolters Kluwer.

Morin, E. (2000). *Los siete saberes necesarios para la educación del futuro*. Barcelona: Paidós.

Morin, E. (2000b). *La mente bien ordenada: repensar la reforma, reformar el pensamiento*. Barcelona: Seix Barral.

Morrissey, M.S. (2000). *Professional Learning Communities: An ongoing exploration*. Austin, Texas: Southwest Educational Development Laboratory. Disponible en: http://www.sedl.org/pubs/change45/welcome.html

Mosterin, J. (1991). «Acciones e intenciones». En Anscombe G. (1991) *Intención*. Buenos Aires: Paidós.

Moya, J. (1993) *Reforma educativa y currículo escolar*. Las Palmas: Librería Nogal.

Orna, E. y Stevens, G. (2000). *Cómo usar la información en trabajos de investigación*. Barcelona: Gedisa.

Ossorio, A. (2003). *Planeamiento Estratégico*, Dirección de Planeamiento y Reingeniería Organizacional, Oficina Nacional de Innovación de Gestión e Instituto Nacional de la Administración Pública, Subsecretaría de la Gestión Pública. Buenos Aires.

Pedró, F. (2003). «¿Dónde están las llaves? Investigación politológica y cambio pedagógico en la educación cívica». En J. Benedicto y M.L. Morán (eds.): *Aprendiendo a ser ciudadanos. Experiencias sociales y construcción de la ciudadanía entre los jóvenes*, Madrid. Injuve, Ministerio de Trabajo y Asuntos Sociales, pp. 235-257.

Pérez Gómez, A. (1992). «Las funciones sociales de la escuela: de la reproducción a la reconstrucción crítica del conocimiento y la experiencia». En J. Gimeno y A.Pérez: *Comprender y transformar la enseñanza*. Madrid: Morata, 13-33.

Pérez Gómez, A. (2006). «A favor de la escuela educativa en la sociedad de la información y de la perplejidad». En J. Gimeno (2006) *La reforma necesaria: entre la política educativa y la práctica escolar*. Madrid: Morata, 95-108.

Pettit, PH. (1999). *Republicanismo. Una teoría sobre la libertad y el gobierno*. Barcelona: Paidós.

Postman, N. (1999). *El fin de la educación. Una nueva definición del valor de la escuela*. Barcelona: Octaedro.

Proyecto Atlántida (2005). «Ciudadanía, mucho más que una asignatura», www.proyecto-atlantida.org (Antonio Bolívar y Florencio Luengo).

Proyecto Atlántida (2001). «El euro, algo más que un cambio de moneda», www.proyecto-atlantida.org (Amador Guarro, Josefina Lozano, Nuria Illán, F. Luengo).

Proyecto Atlántida (1999). «Escuela democrática», www.proyecto-atlantida.org (Amador Guarro, Antonio Bolívar, Juan Manuel Moreno, Florencio Luengo).

Reynolds, D. et al. (1997). *Las escuelas eficaces. Claves para la mejora de la enseñanza*. Madrid: Santillana.

Reynolds, D. y Stoll, L. (1997). «La fusión de eficacia escolar y mejora de la escuela». La base de conocimientos, Reynolds y otros (1997) *Las escuelas eficaces. Claves para la mejora de la enseñanza*. Madrid: Santillana.

Rychen, D.S. y Salganik L.H. (eds.) (2006). *Las competencias clave para el bienestar personal, social y económico*. Archidona (Málaga): Aljibe.

Rudduck, J. (1999). *Innovación y cambio. El desarrollo de la participación y la comprensión*. Morón (Sevilla): Publicaciones MCEP.

Rué, J. (2001) *La acción docente en el centro y en el aula*. Madrid: Síntesis.

Salazar, M.C. (1992) *La investigación-acción participativa. Inicios y desarrollos.* Madrid: Popular-OEI.

Santos Guerra, M.A. (1994). *La evaluación, un proceso de diálogo, comprensión y mejora.* Archidona: Aljibe.

Santos Guerra, M.A. (1997). *El crisol de la participación. Investigación sobre la participación en Consejos Escolares de Centros.* Archidona. Aljibe.

Sarason. S.B. (2003). *El predecible fracaso de la reforma educativa.* Barcelona: Octaedro, 2003.

Schaefer, R. (1978) *La escuela como centro de investigación.* México: Diana

Senge, P. (1992). *La quinta disciplina. El arte y la práctica de la organización abierta al aprendizje.* Barcelona: Granica.

Shagoury, R. y Miller, B. (2000). *El arte de la indagación en el aula. Manual para docentes-investigadores.* Barcelona: Gedisa.

Sirotnik, K. (1994). «La escuela como centro del cambio». *Revista de Educación,* 304, pp. 7-30.

Skilbeck, M. (1998). «School-Based Curriculum Development». A.Hargreaves, A.Lieberman, M.Fullan y D.Hopkins (eds). *International Handbook of Educational Change.* Dordrecht: Kluwer Academic Publisher, pp. 121-144.

Stenhouse, L. (1984). *Investigación y desarrollo del currículum.* Madrid: Morata.

Stoll, L. y Fink, D.(1999) *Para cambiar nuestras escuelas.* Barcelona: Octaedro.

Stoll, L.; Reynolds, D.; Creemers, B. y Hopkins, D. (1997). «La fusión de eficacia escolar y mejora de la escuela. Ejemplos prácticos». Reynolds y otros (1997) *Las escuelas eficaces. Claves para la mejora de la enseñanza.* Madrid. Santillana.

Stoll, L., Fink, D. y Earl, L. (2004). *Sobre el aprender y el tiempo que requiere. Implicaciones para la escuela.* Barcelona: Octaedro.

Stoll, L. y Louis, S.K. (eds.) (2007). *Professional Learning Communities. Divergence, depth and dilemmas.* Maidenhead: Open University Press.

Tedesco, J.C. (1995). *El nuevo pacto educativo. Educación, competitividad y ciudadanía en la sociedad moderna.* Madrid: Anaya.

Thèlot, C. (presidente) (2004). *Pour la réussite de tous les élèves*. Rapport du débat national sur l'avenir de l'école. Paris. La Documentation Française. Disponible en: http://www.debatnational.education.fr/

Tomlinson, A. (2001). *El aula diversificada: dar respuesta a las necesidades de todos los alumnos*. Barcelona: Octaedro.

Torrego, J.C. (Coord.) (2000). *Mediación en conflictos en instituciones educativas. Manual para la formación de mediadores*. Madrid: Narcea.

Torrego, J.C. y Moreno, J.M. (2003). *Convivencia y disciplina en la escuela. El aprendizaje de la democracia*. Madrid: Alianza.

Torrego, J.C. (Coord.) (2006). *Mejora de la convivencia desde un modelo integrado: estrategias de mediación y resolución de conflictos*. Editorial Graó.

Torres, C.A.; O´Cadiz, M.ª P. y Lindquist, P. (2007). *Educación y democracia. Paulo Freire, movimientos sociales y reforma educativa*. Valencia: Instituto Paulo Freire de España y CREC.

Tyack, D. y Cuban, L. (2000). *En busca de la utopía. Un siglo de reformas de las escuelas públicas*. México: Fondo de Cultura Económica.

Touraine, A. (1994) *Crítica a la modernidad*. Buenos Aires: FCE.

Velasco, J.C. (2004). «Republicanismo, constitucionalismo y diversidad cultural. Más allá de la tolerancia liberal». *Revista de Estudios Políticos*, n1 125, pp.181-205.

Villasante Montañés, M. (2000). *La investigación social participativa. Construyendo ciudadanía/1*. Barcelona: El Viejo Topo.

Villasante Montañés, M. (2001). *Prácticas locales de creatividad social. Construyendo ciudadanía/2*. Barcelona: El Viejo Topo.

Villasante, T. (2006). *Procesos para la creatividad social*. Disponible en http://www.redcimas.org/

Viñas, J. (2004). *Conflictos en los centros educativos: cultura organizativa y mediación para la convivencia*. Barcelona: Graó.

Waterman (1993). *Adhocracia: El poder de la innovación*. Barcelona: Folio.

Wenger, E. (2001). *Comunidades de práctica. Aprendizaje, significado e identidad*. Barcelona: Paidós.

Whitin, P y Whitin, D.J. (2000). *Indagar junto a la ventana. Cómo estimular la curiosidad en los alumnos.* Barcelona: Gedisa.

Wilson, J. (1992) *Cómo valorar la calidad de la enseñanza.* Barcelona: Paidós.

Winter, R. (2000) *Manual de trabajo en equipo.* Madrid: Díaz de Santos.

SEGUNDA PARTE

HACIA UNA RED DE REDES DE EDUCACIÓN Y ESCUELAS DEMOCRÁTICAS

Rafael Feito, Rodrigo J. García y Jesús Domingo

- Escuela Infantil Zaleo, Madrid
- CEIP La Navata, Madrid
- IES Diamantino, Sevilla
- IES Carranza, Bilbao

La definición de la tarea de las escuelas, de su modo de trabajo, de sus pretensiones y de su mejora, no es algo sencillo; frecuentemente es entendido de formas muy diversas por distintos colectivos.

Hay quienes entienden, por ejemplo, que progresar en las respuestas escolares es sobre todo una cuestión de *disponibilidad tecnológica* y *mejora de la productividad*. Desde esta perspectiva, se puede entender que la cualificación del profesorado es, ante todo, responsabilidad de los *expertos,* o que la determinación del tiempo escolar es resultado de una ecuación de la que, principalmente forman parte los derechos laborales y las necesidades sociales de protección de los menores.

Ahondando en este discurso, es posible argumentar que sólo la competitividad entre las escuelas a la hora de captar cuotas de mercado, asegura una educación de calidad, y es posible creer que elevando la altura de las verjas de los patios, podremos estar tranquilos y hacer bien nuestro trabajo, es decir, seguir *impartiendo* nuestras clases *como siempre*. Es posible, también, entender que la escuela está para *instruir* y que para *educar* ya están los padres: los centros educativos deben ocuparse de los contenidos —que deben ser exclusivamente académicos— y la *educación en valores* es una cuestión privada, cuya responsabilidad recae exclusivamente en la familia. Se puede afirmar con insistencia que el currículo de las escuelas es el que *la academia* ha marcado desde siempre, independientemente del número de estudiantes que esta forma de entender la enseñanza haya dejado fuera; por cierto, en bastantes ocasiones, los que acaban resultando excluidos proceden de los mismos estratos sociales…

Pero también es posible imaginarse, soñar y encontrar… ideas, deseos y prácticas escolares, basados en un posicionamiento muy distinto, el que considera que mejorar las respuestas de las instituciones educativas es una exigencia moral indisolublemente unida a la responsabilidad de trabajar como profesional de la enseñanza; la tecnología se entiende como un recurso, y el éxito escolar se considera una cuestión de justicia.

En esta línea de reflexión, hay quienes creen, y lo ponen en práctica a diario, que la cualificación del profesorado es, fundamentalmente, un problema ético —de compromiso con los colegas, con las familias y con los estudiantes— que se aborda a través del diálogo. En este escenario, los expertos y el conocimiento formal se convierten en referencia, sólo si son capaces de situarse al servicio de la comunidad educativa. Hay quienes piensan, incluso, que los tiempos escolares están para atender las necesidades de aprendizaje del alumnado, y que la tarea docente —regulada laboralmente y protegiendo los derechos de los trabajadores— no puede estar presidida exclusivamente por intereses corporativos. También hay quienes entienden que la evaluación es una oportunidad para mejorar la vida escolar, ofreciendo mayores posibilidades a aquellos que históricamente no las han disfrutado. Quienes adoptan esta postura, son conscientes de que establecer *ranking* entre escuelas suele generar y promover prácticas de exclusión.

Es obvio que existen múltiples conceptos de escuela y aquí hemos esbozado los rasgos específicos de dos de ellos, que son distintos y que coexisten, subyaciendo en gran parte del debate educativo actual: el primero, coherente con los planteamientos más habituales o hegemónicos, y política y socialmente a «favor de corriente»… el otro, contrahegemónico, soñador y tachado recientemente de moralizante.

Desde el Proyecto Atlántida pretendemos poner de manifiesto, una vez más, tanto desde el punto de vista teórico, como a través de ejemplos de escuelas, que la mejora de la calidad educativa, no es básicamente una cuestión técnica, de metodología, de ingeniería de planificación, de mejora de la productividad…, sino de compromiso con un determinado modelo de sociedad.

Con este trabajo, Atlántida desea trasladar a las comunidades educativas, que existe un camino; un camino además muy transitado diariamente por profesionales que buscan el conocimiento y que no se dejan arrastrar por planteamientos que consideran injustos. Estas circunstancias se construyen de manera colectiva a base de diálogo profesional y personal, y están presididas por el compromiso con la equidad y por el anhelo del máximo grado de libertad para *todos y todas*.

Para no quedarnos sólo en palabras, hemos recopilado los relatos de algunas escuelas que ilustran lo que acabamos de exponer. No se trata sino de una pequeña ejemplificación de tantas y tantas buenas iniciativas en marcha, unas cercanas a nuestros trabajos, otras autónomas e independientes que buscan nuevas colaboraciones para seguir avanzando, y al fin otras que se coordinan con redes de innovación que tienen su propia identidad, y a quienes nos sentimos cercanos, como es el caso de comunidades de aprendizaje.

Comenzamos por agradecer el esfuerzo de todas las compañeras y compañeros, las madres y padres, y los estudiantes que han dedicado su tiempo, prestándose a compartir sus experiencias, dando forma a una visión de la escuela más optimista y ávidamente volcada en la búsqueda de la justicia. Todas estas personas, con su testimonio, nos muestran que existen vías alternativas y que es posible hacerlas realidad.

En esta ocasión, nos han descrito su trabajo varios centros de Educación Infantil, de Primaria y de Secundaria.

En el caso de Infantil y Primaria los dos centros responderían a características muy definidas desde el proyecto Atlántida con el que coinciden en su preocupación por la gestión democrática del propio centro y del currículo gestionado con participación del alumnado y las familias.

El primero de los relatos pertenece a la Escuela infantil Zaleo. Podremos comprobar con su lectura, cómo el rigor y la exigencia de máxima calidad en los aprendizajes se convierten en un acicate para el ejercicio de la participación; son un ejemplo de trabajo conjunto con todas las personas que forman parte de su comunidad educativa.

Disponemos también de estupendos «botones de muestra» referidos al funcionamiento del Colegio Público La Navata. Este centro, inconfundible gracias el empeño de un grupo de profesionales, se aferra a un desarrollo sistemático y coherente de lo que consideramos una escuela democrática, y que ha ido contrastando con Atlántida cada una de sus iniciativas.

También hemos incluido los relatos de dos Institutos. En ellos se pone de manifiesto que, en Educación Secundaria, existen colectivos que hacen de la práctica educativa inclusiva un estilo de vida profesional. De un lado la experiencia del IES Diamantino, que se organiza a caballo de la influencia del proyecto Atlántida y de las referencias recibidas por comunidades de aprendizaje, mostrando así un mestizaje innovador que supone un avance en nuestra propuesta de *red de redes* que empezamos a diseñar. En segundo lugar un IES que es en sí una ejemplificación de la transformación de un centro cotidiano en comunidad de aprendizaje, como es el caso del IES Carranza de Bilbao, en el que la fuerza de familias integradas en la vida del centro configuran el nuevo núcleo de aprendizaje compartido y dialógico y en el que es preciso adentrarse.

Este concepto de educación democrática y su desarrollo, son las bases para la enseñanza de las virtudes cívicas contempladas en las declaraciones de derechos internacionales. Atlántida considera que la vida escolar, los espacios, las relaciones, los aprendizajes, las propuestas de currículo, la organización... constituyen ocasiones privilegiadas para el aprendizaje y el ejercicio diario de la ciudadanía.

En estos momentos acabamos de poner en común con el profesor Michael APPLE el debate de redes de Educación Democrática, en el encuentro celebrado en Madrid en febrero de 2008 y anunciamos nuestra apuesta por la creación de una red de redes de escuelas democráticas en España que se integre y forme parte de una red internacional que debería encontrarse con mayor facilidad tanto a nivel virtual como presencial. Este es el empeño al que dedicaremos nuestro mayor esfuerzo, acompañados de múltiples historias de innovación como las que a modo de ejemplificaciones presentamos en la segunda parte del libro.

Termina nuestro trabajo con la descripción de la ficha base que entregamos a los centros que consideran oportuno poner en común su experiencia con nuestra propia red, a lo que seguimos invitando, recibiendo las aportaciones en el email: lauris@eresmas.net, y dispuestos a dar a conocer con la autoría correspondiente cuantas sencillas y grandes historias lleguen a nuestro servidor.

Coordinadores de la Red Atlántida
Rodrigo Juan García Gómez,
Rafael Feito Alonso

1. LA ESCUELA, UNA CONSTRUCCIÓN DE TODOS Y TODAS

Ana Díaz Cappa
Escuela de Educación Infantil Zaleo. Madrid

1.1. Situación y descripción de la escuela

La Escuela Pública de Educación Infantil Zaleo, está situada en la C/ Fuente de Piedra, número 10 dentro del distrito de Puente de Vallecas y más en concreto, en el barrio de Palomeras Sureste, en la zona sur de la ciudad de Madrid.

Es uno de los pocos centros para alumnos de edades comprendidas entre los tres meses y los seis años que se encuentran en la Comunidad Autónoma de Madrid. Abrió sus puertas al barrio en 1985.

Breve currículo:

- Tercer Premio *Marta Mata a la calidad de los Centros educativos 2006* otorgado por el Ministerio de Educación y Ciencia a nivel Nacional.
- Primer Premio *Defensor del Menor de la Comunidad de Madrid 2006* por nuestro proyecto sobre el uso de las tecnologías de la información por parte de la Comunidad Educativa.
- Mención Especial en la XIX convocatoria de becas *Investiga a través del entorno y exponlo, 2005*, de la Fundación de El Corte Inglés, por nuestro proyecto *La emoción de lo cotidiano*.
- Mención Especial en la IV edición del Premio a la Excelencia y Calidad del Servicio Público en la Comunidad de Madrid, 2002.
- Mención Especial en los Premios de Innovación Educativa de la Dirección General de Ordenación Académica de la Comunidad de Madrid de 2002, por nuestro *Proyecto de Arte Infantil*.

1.2. Características de la comunidad educativa

- **El equipo de la escuela**. Cada aula tiene asignado un tutor y el personal de apoyo se distribuye desde criterios organizativos que nos permitan optimizar todos los recursos. El equipo de la Escuela está formado por seis educadores a jornada completa y dos a media jornada, cinco maestros especialistas en Educación Infantil, un maestro especialista en inglés compartido con otro centro, tres auxiliares domésticas, un cocinero, una ayudante de cocina, un ayudante de control y mantenimiento y un auxiliar administrativo. El equipo directivo, elegido por el Consejo Escolar, está formado por una directora y un secretario.
- **Los niños y niñas**. La Escuela acoge a un máximo de 111 alumnos. Es un centro con programa de integración escolar, por lo que trabajamos, con el apoyo del Equipo de Atención Temprana de la zona, con alumnos con necesidades educativas especiales que suponen, aproximadamente, el 8% del total. La diversidad de nuestro Centro, nos lleva a adoptar un modelo que facilite el aprendizaje de todos los niños y niñas desde situaciones familiares, culturales, personales y sociales distintas con el fin de dar una respuesta educativa que permita desarrollar de forma óptima todas las capacidades de cada uno de nuestros alumnos.

- **Las familias**. Además de su participación en el Consejo Escolar, los padres consideran otras vías de participación como el AMPA, su colaboración en el centro es activa y sistemática. Todo proyecto iniciado en la escuela prevé su implicación ya que, sí bien nuestra finalidad no es la formación de padres y madres, somos conscientes de que participamos en ella a través de nuestro modelo de actuación, por lo que asumimos esta formación con distintas propuestas: escuela de padres, charlas, reuniones, entrevistas, participación activa en proyectos, documentos de orientación elaborados por el equipo educativo,...y un *cyber-rincón* de familias.

1.3. *La cultura de participación*

La legislación vigente nos habla de principios como la evaluación, la autonomía o la calidad, pero que estos se conviertan en una realidad en los centros educativos supone incorporar una serie de procesos, casi siempre lentos y, en un primer momento, costosos.

Nuestros *principios de gestión compartidos* facilitan promover el desarrollo de la escuela, detectando los problemas y planificando los cambios. La *Implicación de toda la Comunidad Educativa* en el análisis y diagnostico de la realidad, supone que cada sector evalúa los procesos que le afectan, analizando las áreas susceptibles de mejora y participando en la valoración de los procesos y actividades que se llevan a cabo.

Pretender una escuela participativa y de calidad, supone entender que ésta no se encuentra solo en lo educativo, sino que se refleja en todos los ámbitos y por tanto en la gestión, administración y organización del Centro, facilitando la consecución de objetivos y proyectos. Así pues autoevaluar y someter a la evaluación de las familias todos estos aspectos es un objetivo prioritario que posteriormente ha fortalecido nuestra autonomía, ha facilitado la toma de decisiones compartida, la mejora de actuaciones, el perfeccionamiento profesional, la innovación y la proyección en nuestro entorno.

La *autoevaluación* (como examen global, sistemático y regular de las acciones y resultados de nuestro centro), se convierte de esta forma, en un medio imprescindible de información, comunicación, participación y control de resultados compartido. La única forma de avanzar, es adaptarnos a las líneas educativas más progresistas y, mejor aún, *anticiparnos a las necesidades de nuestra sociedad y más concretamente a las de nuestros alumnos y sus familias*.

Los *documentos institucionales*, por supuesto, son para nuestra Comunidad educativa unos referentes de actuación imprescindibles que garantizan nuestra convivencia además de permitirnos desarrollar la finalidad y los objetivos de la Escuela. Su revisión periódica, en la que participamos *todos* los miembros de cada uno de los sectores de la Comunidad Educativa, nos permite conocer los cambios de nuestra realidad y adaptar nuestra práctica diaria, ajustando las respuestas educativas.

1.4. Nuestra metodología de trabajo

A la hora de desarrollar nuestra metodología tenemos en cuenta las edades de los niños y niñas de nuestra escuela y las características de nuestro entorno que nos exige un tratamiento especial de la diversidad, ya que en el Centro se dan situaciones sociales, económicas y culturales muy distintas y que conviven, creemos, en «armonía». Asociamos los conocimientos previos a aquello que es de interés para el niño o niña, considerándole el principal protagonista en su experiencia de aprendizaje. No se utilizan materiales editados por lo que basamos el trabajo docente en programaciones conjuntas y secuenciadas para toda la etapa (0-6) y en proyectos de trabajo, la mayoría comunes a toda la escuela, otros por niveles o incluso interniveles.

Educar en la diversidad nos supone adoptar un modelo que facilite la enseñanza individualizada y, por tanto, encontrar soluciones organizativas, metodológicas, de adaptación del currículum,... para poder dar la respuesta más adecuada en cada momento.

Partimos de la consideración de la educación como instrumento de *desarrollo personal y social*. Este aprendizaje como personas y ciudadanos es clave para conseguir un desarrollo integral de los niños. Desde bebés los niños son escuchados en las asambleas que cada día se suceden, comparten sus opiniones y se sienten respetados. En el día a día, en cada proyecto de arte, ciencia, interculturalidad, etc. se ofrece al niño la oportunidad de expresarse a través de «cien lenguajes», de hacerse oír y sentir en la escuela y, lo más importante, también, fuera de ella: una exposición de sus cuentos, cuadros, esculturas, experimentos científicos,... en la biblioteca, centros culturales, museos, en Ifema... *nos permiten hacer visible la infancia de hoy.* Ellos serán futuros ciudadanos con opiniones propias que *practicaran la escucha*, la democracia, la solidaridad y la tolerancia.

1.5. La apertura al entorno

Son muchas las actuaciones emprendidas con el fin de cumplir con el compromiso educativo adquirido con nuestros alumnos, sus familias, con nosotros mismos y nuestro entorno. Nuestro objetivo es el desarrollo de *todas* las capacidades (cognitivas, físicas, afectivas y sociales) de cada uno de los niños y niñas.

No ha sido fácil hacer consciente a la comunidad de que los niños de 0 a 6 años tienen derecho a utilizar, como cualquier ciudadano, los recursos culturales y sociales del entorno. Hemos tenido que ganar día a día terreno al escepticismo de muchos y a las barreras de otros. Sin embargo nuestro firme convencimiento de que trabajamos en una etapa de especial receptividad, tanto del alumno como de las familias, y que tenemos la oportunidad de crear «cultura» de participación social desde edades tempranas, nos ha llevado a extender el conocimiento más allá de la escuela, abrirnos a la comunidad para beneficiarnos de una aportación común, y, sobre todo, hacer partícipes a alumnos, maestros, familias, instituciones culturales u otros profesionales de nuestros proyectos educativos. Todos tenemos algo que enseñar y juntos conseguimos propuestas más creativas.

En esta línea de construir aprendizajes desde un punto de vista social y de acuerdo con nuestro Proyecto Educativo y Objetivos de Centro se han desarrollado importantes proyectos en los últimos años.

El hecho de *propiciar entornos educativos, dentro y fuera* de la escuela, favorece que nuestros alumnos tengan actitudes receptivas y creativas que les permiten investigar, disfrutar y comunicarse utilizando todos los lenguajes y recursos propios de su tiempo, desde bebés hasta los seis años.

Pero, sobre todo, es posible en primer lugar, porque el Consejo Escolar y el AMPA impulsan cada una de las propuestas que se han puesto en marcha desde el equipo y la Escuela cualquier proyecto de las familias y después, porque contamos con un equipo motivado y en continua formación, apoyado en sus iniciativas por el equipo directivo y coordinado internamente. El equipo de Administración y servicios, como miembros del equipo de la escuela, está muy implicado en la tarea educativa, participando desde la propia aportación de sus tareas al desarrollo de cada proyecto hasta su colaboración en talleres y salidas.

Las principales iniciativas innovadoras que han marcado nuestros proyectos clave: *Tecnologías de la Información y la Comunicación, Arte Infantil y Ciencia*, lo son, en parte, por el hecho de plantearnos el desarrollo curricular de estos contenidos no asociados a esta Etapa, anticipándonos a otros centros educativos y, por otra, por lograr la participación e intervención de nuestros alumnos de Educación Infantil en entornos y espacios no habituales ni previstos para ellos (museos de arte, centros culturales, ferias de ciencia, Internet…).

1.6. Una experiencia práctica de proyectos artísticos en Educación Infantil

Todos los niños y niñas, independientemente de su origen sociocultural tienen derecho a participar del mundo artístico, social y cultural de su entorno. Gran parte de los museos y salas de exposiciones de nuestro entorno son públicos y tenemos que educar a toda la comunidad educativa en la convicción de que podemos disfrutar de esos espacios porque nos pertenecen; se crearon para el disfrute y aprovechamiento de todos.

En la Escuela de Educación Infantil Zaleo venimos desarrollando *proyectos en torno a los artistas y los museos* desde 1999, momento en que contactamos con otros profesionales de la enseñanza que teníamos intereses similares: el colectivo Enterarte, grupo de trabajo de Acción Educativa dedicado a la investigación y creación artística en el entorno educativo, formado por maestros de Educación Infantil, Primaria, Secundaria y Universidad y profesionales vinculados a la educación y a diferentes esferas del mundo artístico.

El arte de los artistas permite poner en práctica otras formas de programar la actividad plástica en el aula. El artista contemporáneo es un buen modelo para el niño. No necesita materiales costosos para trabajar, ni espacios «sacralizados»; cualquier lugar es bueno para exponer: el aula para el niño, el taller para el artista; la calle, los museos, centros culturales, Internet… para ambos.

Los educadores tenemos que ser conocedores del arte actual, es la única manera de compensar desigualdades sociales. Tenemos que ayudar a los niños en la búsqueda de un resultado plástico fruto de un derroche de imaginación, potenciando las expresiones en grupo y mostrando a la sociedad sus producciones desde los propios colegios, centros culturales, bibliotecas públicas, desde los museos, galerías... Queremos potenciar los lenguajes artísticos en el aula no solamente en su componente de expresión, sino vinculados a lo cultural.

En Educación Infantil podemos vehicular los proyectos artísticos a través de las formas contemporáneas de expresión del arte, principalmente la *instalación* como práctica que proporciona emoción en el descubrimiento y placer en la transformación, a la vez que permite participar de las propuestas del Arte Contemporáneo.

1.7. ¿Qué repercusiones tienen este tipo de proyectos en la Escuela Infantil Zaleo?

Durante el periodo en que se llevan a cabo estas propuestas se produce no un cambio, sino una verdadera revolución a escala global. La escuela entera se convierte en un gran taller, no sólo las aulas, sino también pasillos y patios participando del «caos» creativo. Además nos acercamos a otros espacios para llevar a cabo nuestras experiencias plásticas: la calle, centros culturales del entorno, bibliotecas, los museos...

Las experiencias plásticas en torno al «arte de los artistas» ofrecen a nuestros niños oportunidades únicas: disfrutar con nuevas técnicas plásticas, grandes formatos y con materiales no convencionales que incitan a la curiosidad y la creatividad y que aseguran el aprendizaje sin salirnos del currículum de la etapa, además de posibilitar agrupamientos especiales interniveles e interciclos, generando alternativas innovadoras para el tratamiento de la diversidad.

Aparece la fantasía como motor imprescindible y eje organizador de todas las actividades. Los espacios se cargan de simbolismo. No decoramos la escuela, la transformamos en cada nuevo proyecto.

La vinculación con el mundo del arte eleva el nivel cultural de toda la comunidad educativa. Conseguimos que las familias acudan a los museos, ofreciéndoles la oportunidad de introducirse en el arte de vanguardia y de participar en la educación de sus hijos.

1.8. Contenidos científicos en Educación Infantil

Nuestro compromiso educativo con las familias de la escuela implica la búsqueda de la innovación, el desarrollo experimental y la apertura del centro a otras instituciones culturales y sociales. El apoyo de las familias que siempre participan desde el principio en los proyectos y la iniciativa del equipo, han sido y son los desencadenantes de nuestra introducción en el mundo científico.

Nuestra experiencia científica ha cumplido ya cinco cursos en los que hemos participado en las convocatorias anuales de la Dirección General de Investigación y Universidades de la Consejería de Educación de la Comunidad de Madrid: *Madrid es ciencia*.

Estos proyectos se integran directamente en la Programación General Anual. Se ha tratado de un proceso de «investigación-acción» desarrollado a partir del Proyecto Educativo de la escuela. Primero, fueron los *Experihuevos*, después *¿Se te resiste la ciencia?*, *Ciencia Pirata* y *Pequeños Faraones, Grandes científicos*. Pero como la experiencia nutre nuestros conocimientos, uno de nuestros mayores logros ha sido el proyecto correspondiente a la VIII Feria: *Orient-Arte*.

Nuestros alumnos comenzaron a dar sus primeros pasos como «investigadores» y familias y profesores, animamos y reforzamos su participación, estimulando su curiosidad e intentando captar su interés a lo largo de todo el proceso de investigación-acción.

Los niños, una veces solos y otras en grupo, descubren, aplican y, además, comunican sus experiencias. Se sienten verdaderos «científicos», buscando explicaciones a diferentes hechos a los que hasta ahora no habían prestado atención.

Trasladamos la metodología propia de la etapa de Educación Infantil a un «espacio científico» muy especial: un *stand* en la feria por el que pasan miles de visitantes, particulares y escolares, de toda la Comunidad de Madrid. Así logramos que la ciencia se haga tangible, significativa y divertida a través de unos científicos singulares: alumnos de Infantil.

1.9. *Nuevos retos, nuevos recursos: el ordenador como recurso didáctico en el aula*

Estos recursos se encuentran ubicados en las aulas de dos a seis años. Se puede pensar que su uso en estas edades se basa únicamente en el juego, pero en la EEI Zaleo vamos mucho más allá. Lo consideramos una verdadera herramienta de enseñanza-aprendizaje que hace al niño pensar, interiorizar conceptos y comunicarse. Es una *herramienta de trabajo para el niño y para el docente* ya que nos permite elaborar materiales curriculares. Esta última acepción es muy importante para nosotros ya que los docentes elaboramos los materiales de aula utilizando para ello cualquier recurso a nuestro alcance más o menos sofisticado: ordenadores, cámaras de fotos y vídeos digitales, scanner, *webcam*,… apoyándonos en programas de tratamiento de texto, de imágenes, presentaciones, o en materiales elaborados en la clase u obtenidos desde Internet…

La capacidad para usar las tecnologías de la información puede ser crucial en el futuro. Las escuelas, por tanto, deben procurar la formación de los nuevos ciudadanos para la sociedad en la que les toca vivir.

La introducción de Internet en el centro nos ha permitido, por una parte, que las familias puedan interactuar en las clases, ya que les animamos a que nos envíen correos electrónicos con archivos adjuntos que consideren interesantes, ya sean imágenes, fotos familiares o, incluso, datos de apoyo a las unidades temáticas trabajadas en clase, abriéndose de esta manera nuevos caminos de participación en los procesos de enseñanza.

En septiembre de 2006 lanzamos la revista digital del centro *Zaleando*. Nos permitió abrir un nuevo entorno de conocimiento e intercambio entre todos los miembros y sectores de nuestra comunidad educativa actuales y pasados. La idea surgió de la necesidad de mantener una comunicación más inmediata en el tiempo con las familias, de acercarles a las actividades especiales y a las cotidianas casi en tiempo real.

En ella aparecen artículos del personal de la escuela, familias, ex-alumnos y familias, ex-compañeros, información sobre actividades de ocio en el barrio y fuera de él, y acontecimientos como la visita de nuestro personaje fantástico, talleres especiales, entre otros. Para conseguir acercarnos aún más a nuestro grupo-clase, cada aula tiene su página, donde los tutores y las familias publican noticias de su interés e incluyen fotos de los procesos. El AMPA, también tiene su espacio, en el que se explica al resto de los padres y madres sus objetivos anuales y proyectos, y anima a la participación.

A modo de *conclusión* diremos que los compromisos educativos son claves y no se pueden establecer «desde fuera», sino que deben surgir de un proceso de reflexión y consenso interno y participativo que cada Centro debe buscar y planificar. Desarrollar ese *proyecto propio, innovador y creativo que todos los docentes deseamos* supone: formación continua, trabajo en equipo, compromiso social y un espacio libre para la evaluación de toda la comunidad educativa.

2. EL COLEGIO PÚBLICO LA NAVATA

Isabel de la Viña y Comunidad Educativa del Colegio La Navata. Madrid

2.1. El Proyecto Educativo. Documento de difusión para la comunidad educativa

¿QUIÉNES SOMOS?
(Un poco de historia)

- En el año 1994, un grupo de profesores que compartíamos similares principios educativos, presentamos un proyecto pedagógico, respondiendo a una propuesta del Ministerio de Educación y Ciencia para mejorar la calidad de la enseñanza. Así nace el CEIP La Navata con el Proyecto Pedagógico *Hacia una Escuela para todos*.
- Durante estos años profesorado, familias y alumnado, vamos haciendo realidad el Proyecto Educativo. Un centro escolar con personalidad propia, con un equipo de profesionales que reflexionan sobre la práctica educativa y participan, junto a todos los miembros de la comunidad escolar, en su organización y gestión y donde se unifican criterios en favor de una mayor coherencia en el proceso de enseñanza-aprendizaje.

¿QUÉ ENTENDEMOS POR EDUCACIÓN?	NUESTRAS PRIORIDADES
El pleno desarrollo de las capacidades de los alumnos y de las alumnas, es decir, una educación integral en conocimientos, destrezas y valores morales en todos los ámbitos de la vida personal, familiar y social.	• **La comunicación**. Potenciar el desarrollo de todos los lenguajes: oral, escrito, musical, plástico, corporal, audiovisual …
El Proceso de formación de personas críticas, autónomas, cooperativas, fomentando su originalidad, creatividad y capacidad de adaptación a situaciones nuevas.	• **La diversidad**. Se aúnan aquí temas directamente relacionados con los derechos humanos: la coeducación, la educación para la paz, la interculturalidad.
La formación permanente del profesorado, dentro de un proceso de investigación de la práctica educativa, que fomente nuevos valores y actitudes y enriquezca las relaciones entre las personas, tanto dentro de la escuela como entre ésta y su entorno.	• **La educación ambiental**. Potenciar actitudes de respeto, reflexión y análisis, hacia el medio ambiente y de implicación en su cuidado y mejora.

¿CÓMO LO LLEVAMOS A LA PRÁCTICA?

- Se trata de *aprender investigando*, bajo los criterios de investigación-acción, en un proceso dinámico de planteamiento-práctica-reflexión-crítica-replanteamiento.
- Una *enseñanza activa*. El aprendizaje es un proceso de construcción personal y social del conocimiento, interactivo y abierto, en el que el saber se elabora por medio de la reestructuración activa y continua de las ideas que se tienen del mundo.
- Al plantearse el conocimiento a partir de un conjunto de hipótesis de trabajo que se experimentan e investigan, *la participación* del alumno/a es fundamental y la posibilidad de acceder a la información en diferentes soportes (libros, enciclopedias, atlas, Internet, prensa, documentación variada...), *por lo que no tenemos un libro de texto por niño sino muchos libros para todos y cada uno.*
- *Los recursos* son, por tanto, fundamentales para esta forma de trabajar y esto hace necesario organizarlos y gestionarlos *de forma compartida, a través de la Asociación Gestora de material y visitas.*
- El Consejo Escolar gestiona una red de becas para garantizar la participación de todos los alumnos en todas las actividades.

Y... ¿DENTRO DE LAS AULAS?

- Las asambleas de clase. Un lugar de encuentro y comunicación. Donde observamos el tiempo, elegimos los proyectos, la forma de trabajar en las zonas, hacemos propuestas, comentamos noticias y hablamos de nuestras cosas. Intercambiamos, debatimos, acordamos... También resolvemos los conflictos. Acordamos entre todos las normas y hacemos propuestas a la Asamblea de representantes.
- Los proyectos de investigación. Son los temas de trabajo que nos permiten relacionar «lo nuevo» con lo que ya sabemos. Despiertan el interés, el pensamiento y las emociones. Potencian la colaboración y la autonomía personal.
- La organización del trabajo en «zonas» o «rincones». Nos da la posibilidad de elegir, de tomar decisiones, de ser responsables y autónomos.
- En las actividades de gran grupo. Los profesores y las profesoras estimulan el aprendizaje, refuerzan, explican, evalúan...
- Los talleres. Aquí los alumnos/as de distintos niveles nos relacionamos y realizamos producciones artísticas, científicas y/o tecnológicas de forma cooperativa, con la colaboración de madres y padres.
- Las visitas educativas. Fundamentales en una escuela que prepara para la vida y que se relaciona con el entorno natural, cultural y social, donde el medio se convierte en un lugar de observación, recogida de datos y búsqueda de información.

- La piscina. Un día a la semana la clase de Educación Física de primero a cuarto de Primaria se traslada a la Piscina Municipal de Torrelodones para realizar esta actividad que consideramos ampliamente integradora y compensadora.
- Equipo docente. profesores tutores, profesorado especialista de Inglés, Educación Física, Música, Religión, Educación Infantil y Equipo directivo.
- Equipo de apoyo. Equipo de orientación psicopedagógica, profesora de pedagogía terapéutica, logopeda, auxiliar y profesora de educación compensatoria.
- Personal no docente. Equipo de cocina y comedor, auxiliares, monitores y conserje

CON LA PARTICIPACIÓN DE LAS FAMILIAS

▶ Participación directa

- En talleres.
- En las visitas educativas.
- En las celebraciones y fiestas.
- En el «Proyecto de Centro».
- En otros momentos significativos.
- Y especialmente en:

    - En el Carnaval.
    - En la Fiesta de la Solidaridad.

▶ Participación institucional

- Como vocales de aula.
- En diferentes comisiones: comité ambiental, comedor, biblioteca...
- Como representantes de las familias en el Consejo Escolar.

▶ La Asociación Gestora de material, visitas y piscina. La forma de trabajar en este colegio, (proyectos, talleres, visitas…) determina la manera de organizar y gestionar los recursos económicos aportados por las familias. Es la organización cooperativa de los recursos a través de la Asociación Gestora lo que nos permite, disponer de una amplia gama de libros y materiales de uso compartido y garantizar la participación de todos los alumnos/as en las actividades educativas.

▶ La asociación de madres y padres (AMPA). Organiza:

- *Los primeros del cole*: servicio de desayunos.
- *Ratito más*: actividades en junio y septiembre para las familias que necesitan ampliación de horario.
- Servicio de «guardería» para todas las reuniones de padres convocadas por el profesorado o el AMPA.

Participa activamente en la celebración de fiestas: carnaval, navidad y en la realización de talleres.

Colabora activamente en la organización y realización de la *Fiesta de la Solidaridad*.

2.2. El periódico escolar El Garabato. Editorial

«Leer rima con placer»

- **Leer para aprender, leer para recordar algo, leer para gozar, leer para escribir, leer para entender el mundo que nos rodea.** Leer para recordar, para revivir, para encontrarse o para encontrar lo que ya estaba escrito. Hoy, si te sumerges en nuestras páginas, puedes leer para viajar y atravesar el espacio que va desde **la Cuenca del Guadarrama hasta el agujero de Ozono.**
- **Leer es llevar a cabo un ejercicio mental complejo y exigente**, ya que para comprender e interpretar lo escrito, ponemos en juego un montón de estrategias que nos ayudan a encontrar significados en los textos. No es tarea fácil, supone un esfuerzo… pero aquí estás, querido lector, querida lectora sumergiéndote de nuevo en las aguas por las que navega este barco hecho con papel de «garabato».
- **El deseo de leer constituye la condición esencial para el aprendizaje no sólo de la lectura sino que es el soporte indispensable en los demás aprendizajes.** Por lo que te invitamos a pasear por nuestras páginas, a leer entre líneas, a reescribir nuestros textos, a interpretar nuestra escritura… a superar los «saltos de página» con pértiga.
- **Leer es conversar con alguien que ha escrito el texto.** Y leyendo este número del periódico escolar encontrarás murmullos, susurros, voces claras debatiendo en su intento de acercarse, reflexionar y analizar nuestro medio natural y social y vislumbrarás actitudes de respeto hacia el medio ambiente y de implicación en su cuidado y mejora.
- **El placer de leer, de encontrar, de descubrir, de imaginar, de penetrar en la cultura, es distinto en cada persona. Cada cual hace el viaje a su manera, según sus capacidades y sus necesidades**, esperamos que el tuyo sea, como poco, agradable.
- **El acto de leer es, ante todo, un acto de libertad.**[1]

(Gracias por leernos: la Comisión del Garabato)

---

1. Todas las frases en negrita están extraídas del Proyecto Curricular del Colegio Público La Navata.

2.3. Diario de a bordo del «Cole de La Navata». Atisbando el arco iris

«Hoy me asomo a una clase de primero de Primaria del cole de la Navata, me cuelo por la puerta pasando entre mamis y papis que están dando recaditos a Clara. ¡Hola Isa! Mi presencia casi no se nota, no supone distorsión en una clase en la que entran y salen adultos y los niños y niñas siguen a lo suyo sin inmutarse con semejante trajín. Están leyendo cada uno su libro, sentaditos en círculo sobre la colchoneta.

»Poco a poco se van yendo los padres y la clase se dispone a comenzar. Antes, me presento. Ellos con un juego de estos que ayudan a «hacer grupo», me saludan y se presentan, «Yo soy Alba y me pica aquí», (se señala una parte del cuerpo)... «Yo soy Arturo y me pica aquí»... sentados chico-chica concluyen su simpática rueda de presentación y comienza la asamblea del lunes. Ya todos miran al registro de la pared en el que están escritas unas bonitas tarjetas con sus nombres y un distintivo que señala a los responsables: encargados del material común, el encargado de la fruta, el secretario... No consumen ni medio minuto en hacer el reparto de responsabilidades y secretario y encargado de la fruta se disponen a rellenar los registros correspondientes.

»(¡Qué suerte, Clara!, no tienes que pasar lista, ni repartir las pinturas y demás útiles por las mesas, ni contar para ver si hay fruta suficiente... ya se encargan ellos).

»Echo una ojeada alrededor y me topo con las normas de la asamblea.

»¡Vaya! ¡Qué pocas y qué claras!, me fijo un poquito más... ¡ni un «no»!; todas las normas están escritas «en positivo», invitan al autocontrol y al respeto al compañero.

»Reconozco que me he distraído y que me estoy perdiendo la rueda de intervenciones de «lo mejor del fin de semana». Clara en alguna ocasión, les recuerda las normas. Es leerlas y se observa un estiramiento de espaldas, un recoloque en el sitio y manos levantadas pidiendo turno para intervenir.

»Cambian «de tercio» y comienzan a hablar del proyecto de investigación que se traen entre manos: el arco iris.

»Minaya dice que ha encontrado información del arco iris en un libro de la clase, lo muestra.

– Clara: «¿En que página está? ¿Que número es éste?»

– Minaya: «En la página 20».

(Minaya lee en alto un fragmento del texto).

– «Clara ¿Qué es lo que has aprendido de esta información?»

– Minaya: «que el arco iris tiene siete colores.»

– «Clara, eso decían Sebas y Mariano el otro día, seguiremos investigando. Y deja el libro en la zona de investigación, para que mas adelante puedan consultarlo otros niños. Acordaos, página 20.»

»Minaya ha encontrado información para el proyecto en el ratito de lectura diario de antes de comenzar la asamblea, podría haber traído el libro de casa y el proceso habría sido el mismo, pero esta vez el libro estaba entre los de clase ¿Cuántos más irá incorporando Clara para que ellos encuentren información?

»Ahora María, que ha traído un juego de su casa con el que se pueden pintar arco iris utilizando un rodillo, nos hace una demostración.

– Clara: «¡Qué bonito! ¿Podríamos utilizarlo los demás?».

– María: «Vale, es fácil, solo hay que mojar un poco el rodillo con agua antes de pasarlo por la pintura» (no explica cómo se utiliza).

– Clara: «Pero ahora en la Asamblea, no nos podemos poner a pintar todos».

– María: «Mejor en la zona de Plástica».

»María ha aportado un material de su casa. Está dispuesta a compartirlo y además ha realizado una propuesta de actividad para la zona de Arte, que Clara sin dudarlo ha retomado e incorporado en el «Plan de Trabajo Semanal».

»Me perdí la semana pasada la recogida de información de las ideas previas que los niños tienen sobre el tema en cuestión, el ¿qué sabemos?, pero Clara me lo pasa una copia. Otra ampliada en A-3 y decorada, la pincha en el corcho de la Asamblea. Echo una rápida ojeada al documento:

EL ARCO IRIS
¿QUÉ SABEMOS?

– Sebas: «Tiene 7 colores».
– Gabriel: «Es luz de colores y tiene forma de luna».
– Minaya: «Parece un puente de colores, me recuerda a un delfín saltando.».
– Gonzalo: «Se forma cuando llueve y hace sol. Tiene forma de arco.».
– Mariano: «Tiene forma de túnel, y tiene 7 colores».
– Marina: «Es muy bonito y parece un puente de colores».
– Alba: «Si no está el sol no se puede formar».
– Fátima: «No se puede tocar el arco iris».
– Claudia: «Tiene muchos colores. Sale con la lluvia y el sol».
– Gitsi: «El arco iris está en el cielo».
– Elena: «El arco iris tiene colores igual que las flores».
– Roxana: «El arco iris se quita y se pone al lado de las nubes».
– Izam: «Sale porque se iluminan las gotas y tiene forma de túnel sin fin».
– Sole y María: «Parece una diadema».
– Carlos: «Tiene forma de montaña».
– Clara: «Hay colores qué no están en el arco iris».

»Así a primera vista, me parece que estos niños han decidido investigar un tema del que saben tanto como yo y que todo lo demás pasa por ser demasiado «científico» para unos niños de primero de Primaria. Sus ideas previas sobre este fenómeno de la naturaleza no difieren mucho de las mías. Pero ¿por qué quieren investigar sobre el arco iris? ¿Qué es lo que quieren saber? ¿Dónde podremos encontrar la información que responda a sus preguntas? Las ideas previas que tanto ellos como yo tenemos sobre el arco iris: tiene forma de arco, se compone de siete colores, sale con la lluvia y el sol, se quita y se pone, no se puede tocar… ¿Serán ajustadas?

»Mi mente regresa a la asamblea, me he vuelto a distraer. Ahora le toca el turno al secretario del día que está leyendo (todos muy atentos) el registro que ha completado, «hoy estamos en clase» … «en casa se han quedado» … «hace sol, en la Asamblea hemos hablado de» … Los aplausos al secretario dan paso a la frutera que nos lee que ha traído: «5 manzanas, 7 naranjas, 6 kiwis y 5 peras para compartir a la hora de la fruta, antes de salir al recreo». Más aplausos y agradecimientos.

»Por fin le toca el turno a Clara, presenta a la clase el plan de trabajo de las zonas y explica en qué consiste el trabajo de cada una:

ZONA DE PLÁSTICA (El arco iris de los colores)	ZONA DE INVESTI-GACIÓN (El reino de los exploradores)	ZONA DE LENGUA (El comedor de las letras)	ZONA DE MATEMÁ-TICAS (Matemáticas pensantes)
Construir un arco iris con plastilina. La actividad es de creación por lo que se pueden elegir los colores y combinaciones que queramos.	Experimento: ¡un arco iris en clase! Y dibujo más científico del arco iris.	Pensamos y escribimos. ¿Qué queremos saber del arco iris? Repasamos la grafía de la letra «c» y su sonido en *ca-co-cu*. La grafía de la mayúscula.	El número siete.

»Durante la semana hay cuatro sesiones en el horario dedicadas a las zonas y cuatro zonas en la clase. Esta organización permite al niño elegir la tarea por la que quiere empezar y los compañeros con los que quiere interactuar; y a la profe la posibilidad de atender a sus alumnos en un formato de pequeño grupo, ya que siempre programa actividades que requieren diferente nivel de autonomía o de presencia del adulto para su realización.

»De los cuatro días que hay zonas en dos de ellos Clara sabe que no está sola. Aprovecha la profesora de Audición y Lenguaje ese momento para hacer una de sus sesiones de trabajo para realizarlas dentro del aula y trabajar con el alumno en cuestión y con los que interactúan con él en la zona de trabajo. También la profesora de Pedagogía Terapéutica entra en una sesión de zonas para trabajar –en otra, claro–.

»A Clara esta intervención de los especialistas y el que haya momentos en los que dos adultos trabajan con los niños le viene fenomenal. Su clase no es fácil ¿Dónde quedaron las clases fáciles? Es muy heterogénea hay alumnos/as con distintos niveles de acceso al currículo: por un lado ya sabemos que en Primero hay niños «más o menos maduros», además hay un niño que presenta necesidades educativas especiales y por otro, este curso la Comisión de Escolarización lleva escolarizando niños de diferentes procedencias con una cadencia de 15 días. Así, este día, que es para mí el primero en clase de Clara es el tercer día de cole de Ilham.

»Ilham es todos ojos. Está emocionada en el cole y eso que no es fácil para ella. En su país acudía a una guardería y en casa… Bueno, en casa es la reina, la pequeña de tres, el ojito derecho de papá, la niña bonita de mamá… y aunque sabe que los cambios horarios vienen marcados por los golpecitos en la puerta de sus dos hermanos mayores, que vienen a buscarla para acompañarla al recreo, al comedor o a la ruta… a ratos se siente un pelín angustiada y eso que su compi Fátima hace de traductora y que Clara está atenta a enviarle sonrisas, además de ofrecerle momentos para intervenir… Pero ya estoy perdiendo el hilo y lo que estaba es contándoos las zonas.

»Los niños que hoy han acudido al reino de los exploradores se encuentran sobre la mesa esta fichita, hemos tenido suerte, ya lo dijo el secretario en la Asamblea, hoy hace sol. Clara está atenta a esta zona. Ha preparado los materiales necesarios y… ¡no sé si es magia o ciencia pero en poco rato y a fuerza de mover el espejo Marina consigue traernos el arco iris a clase».

Experimento ¡Un arco iris en clase!

Necesitas:

- Un espejo
- Un recipiente lleno de agua
- Hoja de papel blanco
- Una ventana por la que entre el sol directo

Montaje:

Coloca un espejo dentro del recipiente lleno de agua, ponlo frente a una ventana por la que entre el sol. Coloca una hoja de papel blanco en la pared.

¿Qué sucede?

Puedes experimentar con más o menos agua o inclinando más o menos el espejo.

Ahora pinta por detrás un arco iris con los colores observados.

¡Ay!, pero ellos además se preguntan los porqués.

ARCO IRIS. ¿QUÉ QUEREMOS SABER?

- ¿Cómo sale el arco iris?
- ¿De dónde sale?, ¿Dónde sale? ¿Dónde termina y dónde empieza?
- ¿Por qué el arco iris se ve?, ¿Por qué tiene muchos colores?
- ¿Por qué el arco iris tiene esa forma?
- ¿Por qué las gotas se quedan en el cielo?
- ¿Por qué el arco iris tiene siete colores en vez de 17?

- ¿Por qué sale con la lluvia y con el sol en vez de con el viento y con el sol?
- ¿Por qué el arco iris existe? ¿Por qué es «muy» maravilloso?
- ¿Se puede tocar el arco iris? ¿Puede tener más de siete colores? ¿Y menos de siete?
- ¿Puede salir de dos maneras? ¿Sí o no?
- ¿Por qué el arco iris viene y se va? ¿Por qué está en el cielo? ¿Por qué no se puede tocar?
- ¿Por qué da luz? ¿Por qué admiramos los colores?
- ¿Qué colores tiene? ¿Cuándo sale? ¿Por qué se llama «iris»?
- ¿El arco iris sale en Colombia? ¿De qué país es el arco iris?
- ¿El arco iris está vivo? ¿Tiene hijos? ¿Es el papá de todos los colores? ¿Dónde vive cuando no sale?
- ¿De qué está hecho? ¿De cristal? ¿De tiza? ¿De nube?
- ¿Se puede estirar y encoger el arco iris?
- ¿Podemos coger el arco iris y llevarlo a nuestra casa?
- ¿Cuánto rato dura?
- ¿Por qué es tan grande?
- ¿Los aviones y los pájaros que vuelan muy alto, chocan con el arco iris?

EL GARABATO   FAMILIAS   Diciembre 05

Representante saliente de las familias en el Consejo Escolar y Presidenta de la Asociación Gestora

"A PARTICIPAR SE APRENDE PARTICIPANDO"

PERFIL

Como madre de dos niños de este cole: Andrés (de 6º B) y Sergio (de 4º C) cumple ahora su noveno curso con nosotr@s.

Ha sido de todo, en lo que se refiere a participación: vocal de aula, miembro activo del AMPA, representante de las familias en el Consejo Escolar durante 4 años, Presidenta de la Asociación Gestora, representante de las familias en el Comité Ambiental, en la Comisión de comedor... Madre "tallerista" cuando ha podido, responsable de la olla solidaria en un par de ediciones de la fiesta de la Solidaridad.

Pregunta: ¿nos olvidamos de algo?

Respuesta: La verdad es que como se presentan tantas oportunidades, a lo largo de estos 9 años me ha dado tiempo a hacer muchas cosas que me apetecían. Con los niños recuerdo entre otras cosas cantar villancicos en el aula en Navidad, una salida al Jardín Botánico de Madrid o asistir a una asamblea a contar el funcionamiento de una antigua grabadora de películas "súper 8" con motivo de la organización de la exposición para el proyecto "Conecta, contacta...". Con niños, profes y padres lo he pasado estupendamente en un taller de baile un sábado de mayo y he compartido aperitivos en las excursiones mensuales a la sierra. Recuerdo también con entusiasmo una escuela de padres cuando Andrés tenía 3 añitos en la que aprendí mucho, y también las sesudas sesiones de trabajo para hacer el Reglamento de Régimen Interno, las normas que regulan nuestra convivencia en el colegio. Ser representante de padres en el Consejo Escolar da pero mucho también y entre otras cosas he asistido a varias reuniones con inspectores y representantes de las autoridades educativas y he escrito varias cartas, siempre recordando que existimos y que siempre queremos mejorar, que no nos conformamos.

P: Cuando llegaste al cole... ¿pensabas que te ibas a meter en tantas cosas?

R: Desde luego que no. Para mí fue una sorpresa y un descubrimiento este colegio tan participativo. Yo pensaba en la escuela tradicional de siempre, que como mucho tienes contacto con los profesores de tus niños y poco a poco fui viendo todas las posibilidades que se nos ofrecían como padres y madres para participar e implicarnos en la vida escolar de nuestro centro.

P: Seguro que tenías un objetivo, o se te fue ocurriendo ¿nos lo puedes contar?

R: Pues como todos los padres, lo primero que quieres es que los niños aprendan mucho. Pero enseguida descubres que participando en las actividades del cole estás aprendiendo tanto como ellos y el objetivo se va transformando en un aprendizaje compartido. Además, si les haces sentir que participando sigues aprendiendo a su lado y también de ellos, les apoyas más aún en su evolución.

P: Y después de estos años... ¿crees haberlo alcanzado?

R: Pues sí, cuando los niños aprenden a restar o dividir, yo lo vuelvo a aprender con ellos a través de sus deberes; cuando ellos se esmeran en solucionar los conflictos causados por turnos de fútbol del patio en la asamblea de representantes, yo tengo que tomar decisiones en las reuniones del Consejo Escolar; cuando ellos se aplican en elaborar las normas que rigen las actividades del aula, yo me esfuerzo en consensuar el Reglamento de Régimen Interno con los otros participantes en su elaboración; cuando ellos buscan información para sus proyectos, yo repaso con ellos el Quijote, las plantas, el sistema digestivo; cuando ellos escriben sus propuestas de mejora para el menú escolar en el tablón del comedor, yo colaboro en la Comisión de Comedor para que el menú sea más equilibrado. En fin, que esto está siendo para mí como ir al colegio de nuevo, pero casi más divertido que cuando me tocó a mí.

P: Seguro que te has tragado un montón de reuniones... ¿valió la pena?

R: Seguro que sí, creo que de todas se aprende y todas han sido productivas, para organizarnos, tomar decisiones, hacer propuestas, solicitar medios necesarios. Eso sí, tengo que agradecer especialmente a Javier, el padre de Andrés y Sergio, su colaboración plena para que yo pudiera dedicarme a tantas reuniones, sin su ayuda no habría sido posible.

P: La participación es uno de los pilares de este cole, ¿qué opinas de LA PARTICIPACIÓN, en general, en la sociedad?

R: Básicamente nos enriquece como personas y nos forma como ciudadanos.

P: Ya sabemos que has participado en muchas ocasiones con la olla Solidaria, pero ¿qué otros cocidos has ayudado a preparar?

R: Si te refieres a participación desinteresada en otros proyectos solidarios, me he implicado en otras ocasiones en iniciativas de ayuda a países tratados injustamente por el comercio internacional y en la defensa de nuestro entorno.

P: Dicen que la participación no siempre es fácil, ¿hubo momentos difíciles?

R: Pues sí, también ha habido momentos difíciles, especialmente cuando ves por causas varias hay niños con especiales dificultades de integración o aprendizaje, cuando a veces la comunicación entre padres no es todo lo fluida que debería y hay que tomar decisiones que afectan a todos, cuando ves que hay mecanismos administrativos tan rígidos que en muchas ocasiones no es fácil encontrar soluciones a problemas complicados.

P: Dicen que de todos se aprende, ¿Has enseñado tú algo a los profesor@s?

R: Esa respuesta la tendrían que dar ell@s, quizás deberías entrevistarles en el próximo Garabato.

P: Personalmente, ¿te ha aportado algo?

R: Yo he disfrutado mucho aprendiendo a participar participando. Pienso seguir haciéndolo si no hay nada que me lo impida.

P: Lo mejor...

R: Convivir con personas de ámbitos muy diferentes, de otros países, culturas, religiones, ideologías. En ningún otro sitio he tenido que compartir situaciones y decisiones con semejante diversidad humana.

P: Lo peor...

R: Que falle la comunicación, ya sea con un niño, un profesor o un padre... y esto no significa que pensemos todos igual, sino que aún pensando diferente seamos capaces de tomar decisiones justas por el bien de todos. Aunque esto pase a veces, hay que seguir intentándolo, con la mejor voluntad posible, tendiendo siempre la mano para el entendimiento.

P: Una propuesta de mejora:

R: Encontrar más espacios de comunicación entre padres, dado que es el colectivo que menos ocasión tiene para interaccionar, especialmente con aquellos que vienen de otros países.

Gracias.

3. IES DIAMANTINO. SEVILLA

«Aceleración para la transformación»

José María Berdonces Escobar, Carmen Domínguez Villalta y Manuel Gotor de Astorza

El **IES Diamantino García Acosta** se fundó en el curso 2003-2004 para dar solución a la escolarización de la zona donde se ubica.

Es un centro de Educación Secundaria Obligatoria que en el presente curso cuenta con cuatro grupos de primero, cuatro grupos de segundo, tres grupos de tercero y dos grupos de cuarto.

El Claustro está formado por 32 personas incluidos los recursos obtenidos a través del Plan de Compensación Educativa y la Educadora Social incorporada recientemente; cuenta a su vez con una monitora de Educación Especial. Al personal del centro se une una trabajadora social con la que se tiene firmado un convenio de colaboración como voluntaria.

3.1. El contexto y los destinatarios

El Instituto se encuentra en una encrucijada de barrios que popularmente se conoce por «Su Eminencia», y que primitivamente se conocía como «El Barrio sin Ley». Su Eminencia es la consecuencia de la aparición espontánea y desorganizada de barriadas privadas, creadas por la venta de terrenos provenientes de fincas rústicas. Esto dio como resultado que los vecinos fueran construyendo sus casas obedeciendo a criterios particulares sin un plan general que organizara las diferentes iniciativas. Se tratan de viviendas de autoconstrucción que no cumplen en muchos casos con todas las condiciones de calidad y seguridad. Sin embargo, al encontrarse edificadas con materiales propios de la construcción, no pueden ser consideradas, al amparo de la ley, como infraviviendas.

Del total de la población el 63,2% no tiene estudios (un 4,5% es analfabeta; 615 personas) Sólo un 6,8% tiene estudios superiores a la EGB o la ESO. Es significativo también el número cada vez mayor de residentes extranjeros, siendo mayoría los procedentes de América Latina, seguidos de magrebíes y ciudadanos de los países del Este de Europa. En los dos últimos años se ha detectado un importante aumento de la población de personas de origen oriental. Algunas familias viven de la economía delictiva (venta de drogas, compra-venta de objetos robados...). Muchas familias no disponen de recursos de ningún tipo para hacer frente a unos hijos que sobrepasan con facilidad los límites en la búsqueda de su identidad, además, soportan una grave desestructuración en otros órdenes: afectivo, emocional, relacional... Esto provoca que muchas familias se desentiendan de los hijos dejándoles hacer lo que quieran y conformándose con que no molesten.

El alumnado se caracteriza en un porcentaje elevado por:

- Alto grado de desmotivación.
- Déficit en materias instrumentales.
- Bajo rendimiento académico. El 34,5% del alumnado del curso pasado no está en condiciones de seguir el currículo ordinario, por lo que necesitan adaptaciones curriculares.
- Muchos alumnos/as han asumido prematuramente el papel de fracasados escolares.
- Procedencia en un 80% de CAEP.
- Conductas disruptivas y conflictividad.
- En un número significativo de casos se da desestructuración familiar.
- Procedencia de contextos sociales desfavorecidos.

El Plan de Compensación Educativa es un plan para todo el alumnado del centro, lo que, inicialmente, obliga a todo el claustro. Bien es cierto, que la implicación es desigual, pero la apuesta de la administración educativa por mantener al profesorado más concienciado y motivado (Comisiones de Servicio de entrada y salida) permite contar con un número significativo de miembros del claustro asumiendo la filosofía del Plan. Determinadas actuaciones específicas destinadas a las materias de Lengua Española, Inglés y Matemáticas se van extendiendo a otras como Sociales, Tecnología o Educación Física.

3.2. Objetivo de la experiencia

Se persigue un modelo de enseñanza-aprendizaje desde las diferencias individuales para evitar bolsas de fracaso escolar y favorecer un mejor clima de centro. Un modelo integrador en el que no exista alumnado de segundo nivel, guetos, itinerarios de segundo orden o aulas de segunda oportunidad.

Se persigue la calidad atendiendo a todo el alumnado, adaptándose a sus capacidades y a sus necesidades. Las diferentes asignaturas y materias no son sólo un fin en sí mismas, sino una coartada para explicar el mundo y preparar para la vida en sociedad, fomentando la adquisición de conocimientos, de habilidades y de actitudes necesarios para tal fin. Entre nuestros objetivos se encuentra que nuestro alumnado alcance las más altas expectativas.

Se persigue garantizar el principio de igualdad de oportunidades, la integración de todos y la atención educativa a todo el alumnado sin exclusión de ninguno, ofreciendo a cada uno el saber que sea capaz de asimilar y pueda asumir. Por ello, este Plan ha fijado como objetivos:

1. Contribuir al desarrollo de la personalidad del alumnado mejorando su autoestima y transmitiendo los valores básicos democráticos.
2. Educar a nuestro alumnado para la vida en sociedad a través del entrenamiento en Habilidades Sociales.
3. Capacitar a nuestro alumnado para la vida laboral prestando la atención individualizada conforme a sus necesidades específicas.
4. Desarrollar las Finalidades Educativas aprobadas por los distintos estamentos de la Comunidad Escolar (ETCP, Claustro, Junta de Delegados y Consejo Escolar).

En función de estos principios y objetivos, el Plan se sustenta en tres pilares básicos:

1. Una apuesta decidida por la comprensividad y la integración, por lo que defiende los agrupamientos heterogéneos interactivos y rechaza una organización basada en los grupos homogéneos.
2. La incorporación del mayor número posible de recursos al aula (doble docencia, no existe aula de apoyo, el profesorado de PT se incorpora, junto al voluntariado, a las aulas).
3. Un currículo adaptado y diversificado, el uso de una nueva metodología que exige del profesorado un cambio de rol, y una nueva concepción de las actividades de enseñanza aprendizaje.

3.3. Filosofía del plan

La sociedad de la información y del conocimiento supone un nuevo tipo de riqueza. La generación y distribución de la información constituyen una fuente de productividad, bienestar y poder.

Esta nueva sociedad trae consigo un continuo proceso de investigación, lo que obliga a aprender creando.

Por otro lado, conlleva un cambio en el proceso de producción con la consiguiente aparición de nuevas actividades y profesiones; además, este cambio no está en el modo en que se genera la producción, sino en el cómo.

Por último, en vez del tratamiento y transformación de los recursos materiales, como ocurría en la sociedad industrial, la producción se basa en la explotación de la información y, en consecuencia, en las capacidades intelectuales de las personas.

El desarrollo de las tecnologías de la información y la comunicación ha contribuido a la creación de una sociedad global e interconectada donde se trabaja a tiempo real a lo largo y ancho del planeta; también, ha permitido una notable automatización de los procesos de producción, y aunque este hecho se ha contemplado por algunos como la destrucción de puestos de trabajo, lo cierto es que han aparecido nuevas actividades y profesiones y se han modificado muchos trabajos tradicionales.

Se da la circunstancia de que los cambios son tan rápidos, que en muchas ocasiones no existe personal suficientemente preparado, porque, aunque estas tecnologías han llegado a todas las esferas de nuestra vida, es cierto que el acceso a ellas y su utilización no se han producido de forma igualitaria y las personas que no pueden acceder a estas tecnologías están predestinadas a ocupar los puestos de trabajo menos cualificados, en condiciones precarias, produciendo un aumento de las desigualdades.

Si el éxito actual reside en la capacidad de generar información y conocimiento, se hace necesario que las personas desarrollen capacidades de transformación social y de adaptación continua a los distintos cambios, porque aunque se tenga acceso a la información, la exclusión llega también por no saber cómo procesarla.

A través de la educación, se puede dotar a las personas de las habilidades y capacidades necesarias para estar dentro de las redes sociales, teniendo en cuenta que la formación especializada se va quedando desplazada y está dando paso a una formación polivalente y flexible y que la gestión de modelos de calidad se caracteriza por la mejora continua del trabajo cooperativo en todos los campos. Así pues, el bajo nivel educativo y el desconocimiento de las nuevas tecnologías, supone la fuente actual de desigualdad más importante.

Así las cosas, asistimos a una nueva estratificación social:

1. Personas incluidas en la sociedad, con trabajo estable y un nivel de estudios que les permite acceder a la información y procesarla.

2. Personas con una baja cualificación (bajo nivel de estudios o sin estudios) que tienen ocupaciones precarias y que son explotadas en los trabajos. Aunque algunas tengan medios para acceder a la información, no saben procesarla.

3. Personas excluidas de la sociedad, sin cualificación que le permita la incorporación continua al mundo laboral y, por lo tanto, en situación de paro o dedicadas a prácticas de economía delictiva.

4. Esta situación supone un aumento de las desigualdades, ya que no todas las personas tienen las mismas oportunidades de acceder a la información disponible y el efecto es la exclusión. Si antes la diferencia estaba en trabajar con las manos o con la cabeza, ahora está en *trabajar* o *no trabajar*.

Como apuntan autores de la talla de Ramón Flecha o Juan Carlos Tedesco, estas situaciones de desigualdad se pueden superar a través de prácticas que proponen una manera alternativa de entender el mundo y de hacerles frente. Para ello, tenemos en nuestras manos la herramienta fundamental: *la educación*; herramienta clave en la actual sociedad de la información para el avance hacia condiciones más igualitarias. Se hacen necesarios modelos, estilos, metodologías, estrategias educativas capaces de dar respuestas a todos y a todas. De entrada, hay que superar la idea de escuela como mera transmisora de conocimientos, el sentimiento de que la escuela es una reproductora de una realidad social insatisfactoria, la inmovilidad del sistema, la castración de la creatividad y la participación simbólica.

Aunque es necesaria una educación democrática que fomente la participación de todo el alumnado y sus familiares, apostando por el desarrollo de personas críticas e involucradas con las mejoras que requiere nuestra sociedad, como primera medida, hay que proporcionar al profesorado el aprendizaje de instrumentos de análisis e instrumentos para la valoración y crítica de las diferentes realidades socioculturales con el claro objetivo de tener en cuenta a las culturas y grupos que están en una situación mayor de riesgo de exclusión social y darles la misma educación que se quiere para los hijos e hijas de los integrados en las redes sociales.

Hay personas adultas que critican las nuevas tecnologías de la información asegurando que son una forma de alienación y de exclusión (incluso hay quien dice que son un estorbo), negando de esa forma el acceso a determinado alumnado que no podrá hacer uso de sus posibilidades fomentando con ello la desigualdad.

Estas mismas personas son las mismas que divulgan la idea de que la universidad es una «fábrica de parados».

Sin embargo, estas personas trabajan gracias a su título universitario, están dentro de las redes sociales, usan las tecnologías de la información en su trabajo y para su formación y, por supuesto, estas prioridades que niegan para muchos son las que a su vez quieren para sus hijos e hijas.

Luego no es demagogia reivindicar las altas expectativas para todos y todas, es un objetivo con alcance internacional y está impulsado desde las políticas europeas que pretenden que:

1. La educación recupere su objetivo igualitario.
2. Se logre que todo el alumnado tenga las mismas posibilidades.
3. Todo el alumnado atraviese la barrera de la exclusión.
4. La escuela deje de plantearse qué se puede hacer con el alumnado y se plantee qué tiene que transformarse dentro de ella, para que todo el alumnado desarrolle las competencias y los aprendizajes exigidos por la sociedad de la información.

Para concluir esta parte, la filosofía que sustenta nuestro Plan de Compensación Educativa, queremos afirmar que el aprendizaje no se puede limitar únicamente a lo recibido en las aulas; en la sociedad de la información tienen un papel educativo relevante los diferentes entornos en los que el alumnado desarrolla su vida e, igualmente, tiene un valor fundamental el aprendizaje basado en las interacciones con el resto de las personas y colectivos que forman parte de la educación tanto formal como no formal. Para evitar la exclusión de determinado alumnado hay que considerar, en términos de igualdad, además del contexto escolar, los contextos familiar y social.

3.4. Dispuestos a enseñarles a que aprendan

La sociedad de la información exige una nueva concepción de escuela, en tanto que ésta deja de ser una mera transmisora de conocimientos para convertirse en un espacio multicultural –hoy la normalidad está en la heterogeneidad, lo anómalo es la homogeneidad–, donde los distintos actores que interactúan «aprenden a aprender» unos de otros y unos con otros. Por eso, los métodos tradicionales de enseñanza-aprendizaje no pueden mantenerse en la escuela del siglo XXI. La presencia de emisores múltiples en la sociedad de la información, obliga a apostar por metodologías de aprendizaje basadas en las preguntas *versus* las metodologías basadas en las respuestas. «Quien enseña a un niño le está impidiendo aprender».

De ahí que debamos priorizar las siguientes apuestas educativas con nuestro alumnado:

1. *Que aprendan a saber*: Más allá de los conocimientos básicos, las habilidades para la integración efectiva en el mercado laboral.

2. *Que aprendan a hacer*: La habilidad para adaptarse críticamente y convertir los conocimientos en hechos.

3. *Que aprendan a ser*: A ser responsables con su desarrollo personal como seres humanos, para lo que inicialmente la responsabilidad debe ser compartida con los adultos responsables de su educación.

4. *Que aprendan a vivir juntos*: Aprender a hacer comunidad, a participar en la vida social a través de la creación de nuevas redes de integración y transformación de la vida cotidiana.

5. *Que aprendan a elegir*: Clarificando y desarrollando el dominio de valores universalmente compartidos, reforzando las estrategias que les permitan convertir en realidad sus ilusiones, acercándose a la sabiduría.

Por eso, cuando hablamos de conocimiento en la sociedad de la información, tenemos que entender y asumir que éste incluye hechos, ideas, emociones, intuiciones, experiencias, ideales, creencias y valores. Una educación de todos y para todos es una educación que no se queda circunscrita a las paredes de la escuela, responde a necesidades de la población, está basada en la realidad y el análisis del entorno, fortalece las redes existentes y potencia la creación de otras nuevas e integra todas las oportunidades educativas que el entorno oferta.

Y no olvidemos nunca que la enseñanza pública tiene que contribuir al bienestar general, que es un servicio público que mira al bien común y que tiene como metas fundamentales garantizar la adquisición de conocimientos y respetar, por encima de todo lo demás, el principio de igualdad de oportunidades.

En definitiva, son las competencias consideradas esenciales para la vida de las personas y el buen funcionamiento de la sociedad, definidas y seleccionadas por la OCDE (Organización para la Cooperación y el Desarrollo Económicos) en el Proyecto DeSeCo (Definición y Selección de Competencias), las que deseamos que actúen como un faro en nuestra labor docente con el alumnado, de forma que éste, al concluir la Educación Obligatoria, sea capaz de interactuar en grupos socialmente heterogéneos, relacionándose bien con los demás, cooperando, controlando y resolviendo conflictos adecuadamente. Que sea capaz de actuar autónomamente en un marco general o con una visión global del mundo, configurando y llevando a cabo planes de vida y proyectos personales, defendiendo y afirmando los derechos, intereses, límites y necesidades propios, y, por último, que sea capaz de utilizar herramientas interactivamente: el lenguaje, los símbolos y el texto, es decir, capaz de comunicarse adecuadamente de forma tanto oral como escrita, y que, lógicamente, domine también distintas destrezas matemáticas en situaciones múltiples al mismo tiempo que es capaz de utilizar las nuevas tecnologías interactivamente.

3.5. El plan de compensación educativa

Nunca nos planteamos la elaboración de un Plan de Compensación Educativa que partiera de la experimentación con el alumnado. Teníamos conocimiento de la existencia de modelos de escuelas que estaban dando buenos resultados, obteniendo éxito y demostrando ser eficaces en distintas partes del mundo y de España. El estudio de muchas de éstas, Escuelas Inclusivas, Escuelas Ciudadanas, Escuelas Aceleradoras o Aceleradas, *School Development Program* (Programa de Desarrollo Escolar), Escuelas Adhocráticas, Escuelas Democráticas, *Success for All* (Éxito Escolar para Todos/as), Escuelas Nuevas, Comunidades de Aprendizaje…, nos llevó a tomar la decisión de apostar por el modelo de Escuelas Aceleradoras porque, aunque todos estos modelos de escuelas tienen en común la defensa de la integración de todo el alumnado sin exclusión de ningún tipo, el modelo de escuela aceleradora del aprendizaje partía de un principio que nos atraía especialmente: dar la misma respuesta educativa a nuestro alumnado, instalado en un contexto claramente desfavorecido, que los distintos programas, proyectos y estrategias diseñados para el alumnado sobredotado (o superdotado) daban a éste.

Por otro lado, entendíamos que el término «compensación» tiene connotaciones cercanas a la resignación y la aceptación de la realidad en la que a cada uno le ha tocado vivir, eso sí, compensando desigualdades para una adecuada integración social: Si el entorno de nuestro alumnado es la venta ambulante, el trabajo temporal, la mano de obra barata o el paro, que al menos salgan de la escuela siendo buenos vendedores ambulantes, buenos trabajadores aunque estén en condiciones precarias cercanas a la explotación, buenos parados y, claro, con un dominio mínimo de la expresión oral, sabiendo escribir para que al menos se le entienda lo que escriben y dominando el cálculo básico para poder hacer cuentas.

El modelo de Escuela Aceleradora nos daba una nueva visión de la compensación: la educación que tenemos que dar a nuestro alumnado es la misma que queremos para nuestros hijos e hijas. Esto significaba que en lugar de compensación deberíamos hablar de transformación; había que plantearse un modelo educativo que permitiera a nuestro alumnado mirar hacia las más altas expectativas para poder transformar el entorno en que se desenvuelve.

De estas reflexiones surge el lema de nuestro Plan: *Aceleración para la transformación*. «Aceleración» porque, independientemente de que las metodologías que utilizamos permiten aprender más y más rápido, como ya veremos, el término es un símbolo de energía para toda la comunidad educativa, lo que hace que muchos de nuestros alumnos y alumnas se fijen por fin en la universidad. Y «transformación» porque hay una relación directa entre nivel de estudios y exclusión social; si conseguimos mejorar los niveles académicos de los jóvenes de estos barrios, más temprano que tarde estos se transformarán en entornos mucho más saludables, participativos y democráticos donde el bienestar de la comunidad se imponga a la frustración, el desaliento o el conformismo.

El ideal de nuestro centro es la Comunidad de Aprendizaje, pero lo vemos como eso, como un ideal. La ausencia de la familia, la falta de redes sociales, la carencia de una mínima cultura escolar, dificultan la participación efectiva de todos los sectores de la comunidad educativa. José Antonio Marina ha hecho popular entre los profesionales de la educación y otros colectivos el proverbio africano que dice que «para educar a un niño hace falta la tribu entera». Lo que ocurre es que «para educar bien, hace falta una buena tribu», y en el entorno en que se ubica nuestro Instituto el problema está en que no hay conciencia de tribu. ¿Dónde está la tribu? Se necesita crear la infraestructura previa para que todos los barrios de Su Eminencia asuman que la educación es tarea de todos. Independientemente de las actuaciones que llevamos a cabo con nuestro alumnado, la captación de voluntariado en nuestro entorno o entre los familiares de nuestro alumnado es prácticamente nula, lo que nos obliga a buscar recursos fuera de los barrios de Su Eminencia. Esto nos obliga a plantearnos un proyecto de innovación mucho más ambicioso en el que ya estamos trabajando: la creación de una plataforma socioeducativa con base en las tecnologías de la información y la comunicación; pensamos que la creación de redes sociales pueden ser más eficaces hoy en día si se sostienen en relaciones virtuales, sin que esto suponga rechazar las interacciones personales.

Estos son los tres pilares en los que se sostiene el Plan de Compensación Educativa de nuestro centro:

1. Apuesta decidida por la comprensividad y la integración, defendiendo los agrupamientos heterogéneos interactivos y rechazando la organización basada en grupos homogéneos.
2. Incorporación del mayor número posible de recursos al aula y al centro.
3. Adaptación y diversificación del currículo usando, para ello, una nueva metodología que exige un cambio de rol en el profesorado y una nueva concepción de las actividades de enseñanza-aprendizaje.

Para ello se ha elaborado un Plan de Actuación que implica trabajar desde las diferencias individuales, apostar por una escuela que ayuda, reforzar las conductas positivas, dar respuesta a *todo* el alumnado, adaptar los procesos de aprendizaje a las distintas capacidades y necesidades, convertir las asignaturas en una coartada para explicar el mundo y plantearse las más altas expectativas, al mismo tiempo que rechaza la homogeneidad de los grupos por ser segregadores, las trabas y los obstáculos para integrarse y aprender, el castigo como medida educativa, las aulas de segunda oportunidad y los itinerarios de segundo orden, los principios de la escuela hegemónica, las asignaturas y materias como un fin en sí mismas y la compensación como sinónimo de adaptación «a lo que hay».

Un plan basado en los principios de integración, participación, atención a la diversidad y sistematización y normalización de las distintas actuaciones, al mismo tiempo que apuesta radicalmente por la heterogeneidad, ya que ésta favorece una mayor motivación del alumnado, puesto que la interacción es una fuente de motivación fundamental, mejora la autoestima, a lo que se une el diseño de actividades para que todo el alumnado se sienta competente, desarrolla las habilidades sociales que sustentan las interacciones, el alumnado aprende a través de la cooperación y a cooperar y mejora el rendimiento individual de manera complementaria a la del grupo, ya que el alumnado no puede basar su éxito en el éxito de los demás, por lo que todos y todas los componentes del grupo tienen que participar en el trabajo en equipo y cada uno tiene que demostrar por separado lo que ha aprendido.

Mientras, la homogeneidad nos ha demostrado que es una práctica docente segregadora, competitiva e individualista, clasifica al alumnado por niveles de conocimientos, ritmos de aprendizaje o conflictividad, se centra exclusivamente en la adquisición de conocimientos generando baja autoestima, conductas conflictivas y bajas expectativas en buena parte del alumnado, reduce la ratio pero no cambia la dinámica del aula y aunque puede ser válida con alumnado adulto, alto nivel sociocultural, altas expectativas y alto grado de interés y motivación, nada de esto tiene que ver con la Educación Obligatoria. En la Educación Obligatoria, el profesorado no puede tener como objetivo la selección del alumnado; su objetivo fundamental es formar personas. En consecuencia, hay que apostar menos por el diagnóstico y la clasificación y más por la intervención.

Justificación de los tres pilares básicos:

1. Una apuesta decidida por la comprensividad y la integración, por lo que defiende los agrupamientos heterogéneos interactivos y rechaza una organización basada en los grupos homogéneos

Los grupos homogéneos suponen una práctica docente segregadora, competitiva e individualista, que clasifica al alumnado por niveles de conocimientos, ritmos de aprendizaje, conflictividad. Este tipo de agrupamiento centra la educación sólo en la adquisición de conocimientos, generando una baja autoestima en el alumnado, conductas conflictivas y la visión de pocas expectativas sobre los logros de este alumnado. La agrupación del alumnado en grupos homogéneos reduce la ratio, pero no basta con reducir ésta para cambiar las dinámicas del aula. Es posible, con menos alumnado, hacer exactamente lo mismo que con el doble de ellos. Las reducciones de ratio no pueden basarse en dividir al alumnado atendiendo a niveles de aprendizaje que segreguen, sino que han de ser aprovechadas para introducir nuevas metodologías más participativas.

Métodos como los aplicados en las academias de idiomas pueden ser válidos y positivos para una determinada tipología de alumnado: adultos en su mayoría, de un determinado nivel sociocultural, con altas expectativas de éxito y con un alto grado de interés y motivación (viajes, promoción laboral, completar su formación académica, etc.). Nada de ello tiene que ver con el contexto en el que se desarrolla nuestro proyecto.

Por otra parte, el actual sistema educativo concibe la ESO como una etapa obligatoria con carácter integrador que tiene entre sus objetivos, además de conseguir unos contenidos curriculares académicos, fomentar una serie de valores y capacidades personales, que permitan a nuestros alumnos/as relacionarse entre ellos y con la sociedad. Valores como la solidaridad, la tolerancia, la capacidad crítica, el respeto a las diferencias…, han de estar presentes a la hora de hacer las agrupaciones.

Es por todo ello por lo que este proyecto apuesta por el grupo interactivo heterogéneo, que favorece la comunicación entre el alumnado a partir de la discusión y el razonamiento. Promueve la ayuda mutua que beneficia a todos y desarrolla interacciones significativas entre el alumnado.

Trabajar en grupos interactivos heterogéneos beneficia a todos: al alumnado con mas retraso cognitivo, el contacto con los alumnos más aventajados les abre nuevas perspectivas y posibilidades, que solos no habrían podido o habrían tardado más en descubrir; al alumnado de nivel medio, las discusiones en grupo, el desarrollo del trabajo individual y la puesta en común de los trabajos les hace progresar; al alumnado de nivel más alto, que en ocasiones es la excusa utilizada para oponerse al empleo de este tipo de metodología, el que tutoren y expliquen a otros compañeros les sirve para consolidar sus conocimientos y les obliga a una mejor estructuración de los mismos para que sus compañeros los comprendan mejor. Además, les ayuda a ver que sus compañeros de nivel más bajo también poseen capacidades valiosas para el grupo. Esto se ha de complementar con la oferta de actividades más complejas para este grupo que el profesorado ha de prever.

Normalmente, el trabajo escolar se apoya en la creencia de que debe ser desarrollado y ejecutado individualmente, pero aunque todo aprendizaje tiene por finalidad el progreso individual, lo que importa no es sólo el fin sino el proceso seguido. Así, ¿qué produce un mayor progreso individual? ¿Un ejercicio realizado en solitario, en una situación de relativo aislamiento con respecto a los demás, o bien un trabajo que debe coordinarse con el de los demás? Llegar a acuerdos sobre algo, contrastar lo realizado con otras personas, contrastar los propios propósitos con los demás, observar otros modelos de pensamiento, hacer y resolver, son situaciones de aprendizaje social que multiplican las oportunidades de aprendizaje de las personas inmersas en ellas.

Prácticamente en todas las situaciones de aprendizaje escolar los demás son una referencia importante en el control y desarrollo de nuestro propio trabajo y aprendizaje.

El trabajo interactivo hace que las soluciones sean acordes con la complejidad de los fenómenos y problemas, permite optimizar recursos humanos y materiales, favorece la transferencia de conocimientos entre unos alumnos y otros, facilita al profesorado la adquisición de pautas innovadoras de actuación en el aula y favorece la continuidad y normalización de las acciones, una vez que se ha experimentado, así como un mejor clima de trabajo, convivencia y colaboración.

2. La incorporación del mayor número posible de recursos al aula

En una situación de clase, el profesor puede ser considerado un recurso de aprendizaje en la medida en que presta su atención, proporciona apoyo afectivo, introduce un reto estimulante, ofrece referencias, informa, permite aclaraciones, etc.

¿En qué medida determinados alumnos y alumnas tienen acceso a sus profesores, a su tiempo, a sus estímulos u orientaciones? ¿En qué medida el apoyo del profesor alcanza a las distintas necesidades de diferentes alumnos y alumnas? Obviamente, mucho menos de lo que cada profesor o profesora quisiera, ya que la capacidad de trabajo y la disponibilidad de atención y de seguimiento son recursos limitados y no alcanzan a toda la clase ni al modo como determinados alumnos o alumnas exigen.

Por ello es necesario incorporar el mayor número posible de recursos al aula para atender estas necesidades del alumnado. A esto responden medidas tales como:

- La utilización de los grupos heterogéneos interactivos, en el que los alumnos/as de mayor nivel ayudan y cooperan con sus compañeros/as de menor nivel, comparten el conocimiento, mejorando así sensiblemente la calidad de los aprendizajes e incrementando los recursos disponibles para favorecer el desarrollo personal en el contexto de la diversidad del aula.
- El doblamiento del profesorado o docencia compartida. La inversión que representa el uso de dos profesores por hora lectiva, es la misma que si dividiésemos el grupo en dos, pero tiene como ventajas:
- Que no se hacen grupos segregados por niveles de dificultad.
- Nos permite mejorar la atención al alumnado.

- Simplifica la tarea de preparación de los materiales de clase. Así para determinadas actividades un profesor es el encargado de su realización y para otras se intercambian los papeles, o pueden prepararse simultáneamente varias actividades, o prepararlas conjuntamente.
- Permite hacer observaciones de las dinámicas individuales y aportar puntos de vista e interpretaciones diversas de la actividad realizada.
- Facilita la evaluación del alumnado.

La presencia conjunta en el aula del profesor/a que imparte una determinada asignatura y de especialistas como el maestro/a de educación especial, el logopeda, el orientador/a, permite que estos especialistas puedan hacer determinadas observaciones, plantear formas de mejorar la ayuda al grupo o algún alumno/a concreto o desarrollar actividades específicas con determinados alumnos/as.

Además, se puede contar con la presencia de más recursos humanos en el aula incorporando al alumnado de mayor nivel de aprendizaje, incluso de cursos superiores, para que coopere con los compañeros de nivel más bajo y a voluntariado formado por familiares, antiguo alumnado del centro, estudiantes universitarios…

En definitiva, es mucho más eficaz aumentar la ratio de los adultos que entran en clase que reducir la ratio del alumnado.

3. *El tercer gran pilar en que se sustenta nuestro proyecto es un currículo adaptado y diversificado, el uso de una nueva metodología que exige del profesorado un cambio de rol, y una nueva concepción de las actividades de enseñanza aprendizaje*

Es necesario adaptar el currículo de cada curso a cada individualidad, para evitar que muchos de los alumnos/as se sientan desatendidos, ya que no entienden las explicaciones del profesorado, no comprenden lo que tienen que asimilar y todo se les presenta como un reto insalvable; por eso desconectan con facilidad de la marcha del curso y su permanencia en el centro se convierte en un sin sentido que sólo se justifica con un «estar en el instituto porque si no, ¿qué hago?»; –pura y dura guardería de adolescentes sin objetivos claros que cumplir–. Esta situación deriva rápidamente en conflictos, disrupción, amenazas, insultos, agresiones...

Si en la realidad en que nos movemos aplicamos lo que Isabel Álvarez llamaba el «currículo hegemónico» gran parte de nuestro alumnado quedará fuera. Por tanto hay que elaborar «currículos alternativos» y ensayar métodos diferentes que acerquen los bienes culturales mal distribuidos por la globalización «a todo nuestro alumnado». La red conceptual con que llegan al centro es muy rala. Los agujeros con que está tejida esta red son muy anchos y no pueden atrapar ni descodificar la enorme cantidad de conceptos nuevos que cada día vamos vertiendo sobre ella. Y desconectan. Si no procesan la información no podrán acceder a nada. Se bloquearán y pasarán. Éste será nuestro fracaso y el suyo. Nuestros tiempos y ritmos tienen que ser más adecuados y el currículo menos abstracto.

Si cada alumno/a sabe a qué va al Instituto, si las metas que les planteamos están al alcance de sus capacidades, si la consecución de esas metas se traduce en resultados académicos positivos, el alumnado encontrará sentido a su estancia en el Centro, se sentirá bien consigo mismo, tendrá más confianza en las personas y aceptará de buen grado las normas y el principio de autoridad.

Es necesario asimismo un cambio de rol del profesorado, que dedique menos tiempo a explicaciones concretas al alumnado y más a planificar, supervisar y cooperar con el grupo.

En este currículo adaptado adquieren una gran importancia los materiales curriculares. Disponer de materiales diversificados para una misma actividad, puede mejorar la atención de cada uno de los alumnos y alumnas, aunque, bien es cierto, que puede complicar la dinámica interna del aula y complica también la programación y la elaboración de materiales curriculares. De ahí la necesidad de que el profesorado se habitúe a trabajar en equipo.

Una manera de trabajar con materiales adaptados o diversificados, es buscar actividades centrales comunes para todo el grupo del aula, con la explicación del profesorado, visionado de un vídeo, lectura de un texto, etc. Y a partir de esta actividad común, tener preparadas diferentes actividades en función del alumnado que haya en el aula.

Para atender a todo el alumnado debemos programar actividades diversificadas que se adapten a los distintos ritmos de aprendizaje y competencias curriculares de la clase. No obstante, en determinadas ocasiones, no será necesario ofrecer a este alumnado actividades distintas, sino que harán las mismas actividades que el resto de sus compañeros/as y para que sean capaces de realizarlas podremos apoyarlos con la ayuda de un adulto, o con distintos tiempos o utilizando algún soporte material, como láminas, uso de las nuevas tecnologías de la información y la comunicación (TIC), mapas conceptuales, esquemas...

Los alumnos y alumnas con algunas dificultades se ven sometidos a las limitadoras consecuencias de una doble hipótesis que en realidad afecta enormemente a sus oportunidades de desarrollo educativo.

La primera de dichas hipótesis plantea que este alumnado ha de realizar fundamentalmente trabajos de *memoria-comprensión-aplicación.*

La segunda, que los trabajos que realicen se simplifiquen hasta adaptarse a sus necesidades o particularidades individuales.

Contrariamente a lo anterior, otro tipo de actividades –como las de comparar, argumentar, observar y registrar, buscar información, pensar qué hacer, desarrollar iniciativas personales, clasificar datos, contrastar con otros criterios o informaciones–, ofrecen un abanico de oportunidades de desarrollo personal mucho más amplio que el de las situaciones educativas más estandarizadas. Demasiado a menudo se olvida que memorizar o aplicar un conocimiento no son actividades que se justifiquen en sí mismas, sino en función de un «porqué» o un «para qué».

Así, frente a la simplificación de las actividades educativas para cierto alumnado, se plantearía la tesis contraria: situarles frente a unas actividades de mayor complejidad, en la medida en que dichas situaciones son susceptibles de ofrecer una mayor cantidad de «puntos de anclaje» para las diversas experiencias humanas de diferentes personas.

En cualquier caso, las actividades de aula deben estar íntimamente vinculadas al mundo de los conocimientos, a las inquietudes de los alumnos, a la transformación del entorno próximo y a la integración en la sociedad.

Hemos de concluir pues, que la perpetuación de la «escuela hegemónica» no es sostenible en zonas como la que compartimos. Este modelo de escuela genera fracaso escolar, problemas de convivencia, segregación, abandono y desigualdad social. Frente a ello nuestro proyecto apuesta por un modelo de «escuela democrática». Una escuela que se comprometa con la construcción de un clima de cooperación en el aula-centro, que forme al alumnado para efectuar elecciones informadas y reflexionar sobre sus consecuencias, que diseñe actividades que puedan ser realizadas con éxito por todo el alumnado de los diversos niveles. Una escuela en la que el profesorado sea un recurso de aprendizaje, más que una autoridad a la antigua usanza (hoy, la autoridad hay que ganársela día a día), y en la que la enseñanza se base en la investigación y la reconstrucción de la cultura. Una escuela que garantice el clima de convivencia y tolerancia necesario para alcanzar los objetivos con garantías de éxito.

En definitiva, para construir estos tres pilares hay que soñar la escuela y el entorno que queremos, enfatizando tres aspectos básicos:

1. Las altas expectativas.
2. La ilusión.
3. La sensación de poder transformar la realidad.

La escuela tiene que dar respuesta a todos, incluyendo a ese alumnado que pasa cinco o seis horas al día en el Centro sin hacer absolutamente nada y del que, además, esperamos que se porte bien simplemente porque lo dice la norma.

No podemos exigir al alumnado que tenga un buen comportamiento cuando no tiene claro para qué está en la escuela, ya que el nivel de exigencias no está acorde con su capacidad de respuesta.

Si diseñamos un modelo de enseñanza-aprendizaje desde las diferencias individuales, pero basado en la interactividad, evitaremos bolsas de fracaso escolar y favoreceremos un mejor clima de Centro.

Álvaro Marchesi en su libro *¿Qué será de nosotros los malos alumnos?* dice que sólo hay un motivo por el que el alumnado está en la escuela: «para aprender» (aprender a que tiene que aprender durante toda su vida); pero para que se interese y se esfuerce tiene que tener igualmente claro «qué debe aprender», (Metas).

Si conseguimos que esto le quede claro, hay que ayudarle entonces a que descubra:

1. Para qué tiene que aprender (motivos).
2. Qué expectativa tiene de conseguirlo (estímulos).
3. El coste que puede suponer intentarlo (incentivos).

Hay que tender por tanto, a algo más allá de la inventiva y la experiencia personal del alumnado de forma que abandone las malas costumbres con el estudio (lo individual): exceso de memorización, dependencia excesiva del profesor/a, dependencia excesiva del libro de texto, estudio pasivo y superficial, estudio sólo en función del examen, mal uso del tiempo disponible, no saber sintetizar, no saber tomar apuntes o las dificultades de expresión… y le podamos ofertar lo que entendemos que son las buenas costumbres en el «oficio de alumno» (la interactividad): uso de nuevas técnicas de trabajo y un modelo de enseñanza aprendizaje basado en preguntas en vez de en respuestas.

Cuando coinciden en el aula la formación de grupos para el trabajo cooperativo y un número significativo de personas adultas para la interacción, observamos que en el alumnado se manifiesta una mayor aceptación de uno mismo y de los demás, hay menos tensiones y dominio de situaciones estresantes, una visión más positiva y optimista del trabajo, un mejor control de las cosas y aceptación de responsabilidades, más autonomía, desaparece el miedo a participar, no se dan manifestaciones de envidia o rencor, aumenta la capacidad para escuchar a los demás, se nota un mayor equilibrio emocional, muchos disfrutan de la actividad escolar, expresan más la confianza en los demás, hay buen humor y más creatividad, hay menos temor al fracaso, y se produce un aumento de la capacidad para expresar sentimientos; en definitiva, se visualiza una mayor motivación y entusiasmo en el alumnado.

Lógicamente, el alumnado va siendo poco a poco más habilidoso en las relaciones sociales, porque tiene la posibilidad de encontrar modelos adecuados a través de un aprendizaje directo y los factores que inhiben o interfieren con las conductas son compensados al disponer de medios para un mejor control de los pensamientos negativos e ir eliminando progresivamente la ansiedad o el nerviosismo.

Las interacciones heterogéneas permiten que el alumnado vaya adquiriendo una mayor capacidad para asumir los valores mínimos necesarios para formar parte de una sociedad verdaderamente democrática y poder llevar una vida digna: paz, igualdad, libertad, justicia, solidaridad…; para que asuma los valores necesarios para una vida en común: responsabilidad, tolerancia, honradez, respeto, cooperación, diálogo…; y, por último, para que asimile la importancia de llevar una vida sana, no sólo física y mental sino también social, en un planeta sano, donde participe en la defensa del medio ambiente y en la transformación de sus entornos natural y social.

En el número 347 de *Cuadernos de Pedagogía*, publicado en junio 2005, se hace referencia a la trascendencia para la contribución a la democracia que tiene la Educación Secundaria porque, por ejemplo, hace aportaciones importantes al mantenimiento del capital humano y social aumentando la confianza y la tolerancia entre las personas. Además, a medida en que la sociedad se hace cada vez más compleja y menos tradicional, la Educación Secundaria tiende a convertirse en elemento central de desarrollo de «redes de participación cívica» que constituyen el núcleo de las capacidades colectivas de las comunidades para trabajar por el bien común.

Se apunta igualmente a que la Educación Secundaria ayuda a reducir las actividades delictivas y las condenas a prisión, lo que se traduce en importantes beneficios tanto sociales como económicos. Un incremento del 10% en la obtención del título de Bachillerato, reduce las tasas de arrestos hasta un 27%. Por otra parte, argumenta que existe una fuerte correlación entre escolarización y buena salud. Las personas, cuanto más estudios tienen, responden con más facilidad a la información asociada a los riesgos del tabaquismo o de infección del VIH/sida. A escala mundial, el incremento de un 10% en la graduación en Secundaria por parte de las mujeres, reduce la tasa de mortalidad infantil en 5,6 muertes por cada 1.000 nacimientos vivos. Por último, el estudio afirma que está demostrado que la educación refuerza el bienestar de las mujeres y les da más voz en las decisiones familiares, mayor autonomía para determinar las condiciones de sus vidas y mejores oportunidades de participar en los asuntos de la comunidad y en el mercado laboral.

3.6. Importancia de la familia

Ya nos hemos referido antes a que «para educar a un niño hace falta la tribu entera» y que en el entorno donde se ubica nuestro centro la tribu o no existe o está dispersa, o muchos están formando parte de «tribus enemigas». Para continuar con la metáfora, creemos que la escuela tiene que tener claro que es la choza principal del poblado, donde debe concentrarse la tribu cuando los jefes, chamanes, curanderos o brujos entienden que hay que hacer algo por el buen funcionamiento de la comunidad. Por eso, la escuela tiene que asumir su protagonismo como agente promotor del cambio en las costumbres de una sociedad que no están facilitando una educación de calidad en igualdad. Para ello, la escuela debe contar con las familias del alumnado por razones tan obvias como la de que están más cerca de sus hijos e hijas, están más tiempo juntos, suelen estar siempre (otra cosa es cómo están), poseen intereses comunes, valores, que comparten con ellos (que sean los más adecuados es otra cuestión), también comparten necesidades comunes, objetivos, y suelen implicarse en su educación (buena o mala implicación, dependerá de los valores y de los objetivos).

Como podremos observar diariamente, los y las adolescentes de hoy son más fieles a la familia, porque la familia de hoy, en general, es más tolerante, más abierta y más permisiva, además de constituir una estructura defensiva frente a las hostilidades del mundo actual.

Por otra parte, los modelos de escuelas eficaces ponen de manifiesto la correlación entre altos logros de aprendizaje y participación familiar. Es más importante lo que la familia hace, que su propio nivel socio económico y cultural.

Por todo ello, con determinado alumnado son mucho más eficaces para su educación las intervenciones educativas directas con la familia que las que se llevan a cabo convencionalmente en la escuela con sus hijos e hijas.

Si queremos que nuestro alumnado alcance el éxito, debemos facilitar la colaboración familiar no sólo informándola y asesorándola sino convocándola e implicándola y, por qué no, cada vez que haga falta «riñéndola». Aunque pueda parecer lamentable, de momento es la estrategia que mejor resultado nos da, porque la «riña» va acompañada de la «sanción» de tener que participar en actividades formativas, reuniones dialógicas o grupos de trabajo con sus hijos/as y con el profesorado. En zonas socioculturales desfavorecidas la comunidad educativa tiene que sustentarse en la pedagogía de la participación, porque, como decía Montesquieu, «lo que se aprende en la familia y en la escuela se va al traste con lo que se aprende en la calle».

La participación eficaz de toda la comunidad resalta la importancia de invertir en *capital social* y se plantea la necesidad de que así sea, porque, según Sergio Boisier, el capital social es «lo que permite a los miembros de una comunidad, confiar el uno en el otro y cooperar en la formación de nuevos grupos o en realizar acciones en común». Se basa en la reciprocidad colectiva. Una comunidad con elevado capital social alcanza mayores logros con los recursos disponibles.

La existencia de capital social se reconoce en la densidad de las redes sociales. Es un bien público y por tanto debe existir una tendencia a invertir en él. Además, el capital social tiene una particularidad: es la única forma de capital que cuanto más se usa más crece.

3.7. *Valores para la eficacia del plan*

- Equidad. Todos los/as alumnos/as pueden aprender y tienen igual derecho a recibir una educación de calidad.
- Participación. Los alumnos tienen que participar en el diseño y proceso del aprendizaje y las familias en la toma de decisiones.
- Comunicación. El alumnado aprende de forma activa y en grupo; de esta interacción se beneficia la calidad de la educación.
- Cooperación. Todos los actores trabajan con una visión común de la escuela y comparten sus experiencias. La interacción beneficia la calidad.
- Reflexión. Se realiza una aproximación más interpretativa al currículo. Profesores/as y familias tienen que reflexionar sobre la escuela para mejorarla.
- Experimentación. Los/as alumnos/as tienen que ser inducidos a inmiscuirse en experiencias de descubrimiento. Se deben organizar actividades de experimentación.
- Confianza. Todos los actores de la escuela deben confiar los unos en los otros y aprovecharse mutuamente de sus cualidades. Además, el que exista confianza conlleva que todos podamos sentirnos seguros, distinguir entre lo bueno y lo malo, reforzando hábitos, siendo positivos y consensuando criterios comunes. Nos permite sentirnos capaces para establecer objetivos adecuados y así poder resaltar los éxitos o, en su caso, enfrentarnos al fracaso para buscar soluciones. Nos permite sentirnos importantes lo que facilita saber tomar decisiones, solucionar problemas y reconocer y comportarnos adecuadamente ante la angustia. Nos permite sentirnos únicos sabiendo que podemos hacer lo que otros no hacen, que podemos expresarnos como somos y disfrutar de las diferencias. Por último, nos permite sentirnos acompañados al relacionarnos unos con otros, desarrollando el sentimiento de pertenencia al grupo, dedicando y compartiendo el tiempo y demostrando nuestro afecto.

- Riesgo. Hay que tener carácter emprendedor y arriesgarse a innovar. El riesgo puede traer malos resultados, pero posibilita descubrir y aprovechar aquello que sea positivo.

3.8. Conclusión

Lo que está en juego en la Educación Obligatoria es el ideal de ciudadano y ciudadana democráticos; lo que queremos ver en la sociedad, tenemos que ponerlo en la escuela, en la familia y en la calle.

Desde su fundación en el curso 2003-2004, en el Instituto Diamantino García Acosta se han puesto en marcha los siguientes proyectos o programas:

- Plan de Compensación Educativa.
- Plan de Acompañamiento Escolar.
- Grupo motor de Presupuestos Participativos Municipales.
- Proyecto *Escuela: Espacio de Paz*.
- Programa *El Deporte en la Escuela*.
- Programa de *Inserción y Orientación Laboral*.
- Programa para el fomento de la lectura.
- Para el curso 2007-2008 ha sido seleccionado por la Consejería de Educación el Proyecto de Centro TIC aprobado en el Claustro y Consejo Escolar durante este curso.
- Se están elaborando el Proyecto de Coeducación y el Plan de Lectura y Bibliotecas que se presentarán en la próxima convocatoria.
- Se está ultimando y se presentará antes del 31 de marzo el proyecto *Plataforma Socioeducativa Digital de los barrios de Su Eminencia*, para la utilización y desarrollo de nuevas tecnologías en la población de estos barrios.
- El centro, a su vez, forma parte del Seminario de Sevilla del Proyecto Atlántida donde trabaja en las Comisiones de Convivencia y de Currículo Global.
- Todos los segundos y cuartos jueves de cada mes se celebra en el Instituto una tertulia dialógica en el que participa profesorado de distintos centros de la ciudad que llevan a cabo experiencias sobre Comunidades de Aprendizaje o cercanas a éstas.
- Desde hace tres cursos se forman grupos de trabajo en el centro, inscritos en el CEP, en el que participan junto al profesorado, alumnado, familiares y voluntariado; se han formado hasta ahora los siguientes grupos:

Curso 2004-2005:

- *El papel de los adultos en la educación de adolescentes*, sobre estilos, funciones y modelos educativos.

Curso 2005-2006:

- *Círculo de Estudios sobre maltrato escolar y otras formas de violencia juvenil*, sobre *bullying* y mediación.
- *Convivencia en la Diversidad*, sobre estrategias para la mejora del clima de centro.

Curso 2006-2007:

- *Reordenar el desorden: las relaciones entre personas adultas y adolescentes*, sobre el avance en el trabajo cooperativo y el acercamiento para la colaboración.

4. IES CARRANZA. BILBAO

Marisol Herrero. Directoria del IES Karrantza

PROCESO DE TRANSFORMACIÓN DEL IES EN COMUNIDAD DE APRENDIZAJE O EL PROCESO DE TRANSFORMAR UN SUEÑO EN REALIDAD

Un dramaturgo dijo que «los sueños, sueños son». Quizá quiso decir que los sueños son sueños porque no se pueden hacer realidad, o que son sueños precisamente porque pueden convertirse en realidad; en cualquier caso, un sueño de los que no se pueden cumplir parecía, desde luego, a finales del curso 2004-05 la transformación de nuestro centro de Karrantza en Comunidad de Aprendizaje.

Queríamos que aquel sueño se convirtiera en uno de esos que se pueden cumplir para estar mejor, para trabajar más a gusto, para tener alumnos y alumnas más contentas, que aprendan más, para convivir mejor, para convivir aprendiendo durante tantas horas como pasamos juntos en el instituto y para estrechar esas relaciones con las familias y otros componentes de la comunidad, que tan importantes son para la educación de nuestras alumnas y alumnos.

Que la educación, la enseñanza y el aprendizaje no pertenecen a unos o a otros como tantas veces nos empeñamos unos y otros en creer lo veíamos claro, lo difícil era cómo unirnos, cómo sentir que es de todos y todas, cómo participar todas y todos.

Había mucho que superar. A nadie se le escapa que en los últimos tiempos se ve la educación como compartimentos estancos y así igualmente pasaba en la comunidad educativa de Karrantza. Últimamente las personas que estamos implicadas en educación nos echamos las culpas unas a otras, el profesorado dice que la educación pertenece a la familia, las familias piensan que pertenece a los profesores y profesoras, y así tristemente unos y otros nos instalamos en la queja, sin darnos cuenta de que la educación del alumnado es de las familias y del profesorado; sin darnos cuenta de que juntos podemos hacer más.

De manera que en Karrantza, al igual que en muchos institutos, las familias iban por un lado, el profesorado por otro y el alumnado por donde podía, sin que nadie se fijara que tenían un camino lleno de piedras que nadie les quitábamos.

Como los adultos no nos ocupábamos de ayudarles a saltar las piedras ni se las quitábamos del camino, una parte importante del alumnado iba tropezando y a veces, pocas, se levantaba y podía continuar, otras caía al precipicio y como había caído tanto ni se molestaba en intentar salir de él o quizá sí.

En realidad sí intentaba salir pero arrasando con todo, no le importaba insultar al profesorado, no hacer nada en las clases...

A esto se añadía que el instituto de Karrantza se encuentra ubicado en el Valle de Karranzta, en un entorno rural en el que la mayor parte de las familias se han dedicado siempre a la ganadería y ese trabajo y sacarlo adelante ha sido siempre su principal objetivo, igual que para el resto de nosotros y nosotras también lo es el sacar adelante nuestro modo de vida, con la diferencia de que en el entorno rural la ayuda de los hijos e hijas siempre ha sido muy importante y por ello estos siempre han tenido cierta responsabilidad en esas tareas. Lo que les llevaba en muchos casos a dar menos importancia a los estudios pues de cualquier modo tenían trabajo y además había que ayudar, pues es de lo que vive la familia. Aunque en la actualidad esto se da en menor medida, aún tenemos algunos casos de alumnas y alumnos que ayudan en casa y ese trabajo lo consideran indudablemente más necesario que estudiar. No es una crítica, al contrario, es un análisis porque entendiendo la realidad se accede mejor a ella. Y si no veamos la diferencia entre la actitud de Sancho y de Don Quijote.

Creemos que Sancho era un ignorante por ver la realidad como la veía; sin embargo, vivía más tranquilo porque la asumía de forma consciente. Si conocemos la realidad sufrimos menos, abordamos los problemas mejor y así nos sucedió.

Recuerdo un día de diciembre de 2005 en el que una alumna de aquellas que iban tan mal en el curso anterior, aunque traía las tareas hechas de casa y en clase trabajaba y no creaba conflictos. Una vez que no trajo los deberes hechos, yo le pregunté «pero ¿cómo hoy no traes los deberes hechos?», ella me respondió: «¿tú qué te crees que sólo tengo que hacer esto? Tenía que ayudar a mi madre a hacer la matanza».

Lo cierto es que por increíble que parezca creo que en aquel momento la comprendí, por lo menos más de lo que la comprendía durante el curso anterior.

Así que las expectativas de nuestras alumnas y alumnos no eran muy altas, tampoco las de sus familias ni las nuestras con respecto a ellas y ellos. No porque no quisieran, sino porque no podían. Era una realidad diferente y sólo se trataba de entenderla.

De manera que durante el curso 2004-05 las clases de segundo y tercero de ESO eran intransitables. La mitad del alumnado de cada una de las clases en septiembre no había comprado libros, ni cuadernos ni nada de todo aquello que hace falta para ir a estudiar. La verdad es que empezaban un camino que no estaban seguros de terminar. Quizá caerían una vez más al precipicio, así que pensarían que cuanto menos peso en la mochila, mejor. Pero no sólo ellos pensaban que aquel camino no lo acabarían, lo peor es que tampoco los adultos lo creíamos. Y si no creían en sí mismos y nadie creía en ellos, ¿para qué molestarse? Además, tradicionalmente se llevaba en el centro un índice de fracaso escolar muy alto, además de haberse convertido en alumnos y alumnas conflictivos.

Hasta ese curso sólo la mitad de los alumnos y alumnas del instituto lograba sacar el título de Secundaria.

Creemos que no querían molestarse. En realidad no lo sabemos porque tampoco les preguntamos qué ocurría. No nos habíamos planteado la importancia del diálogo y entonces resolvíamos aquellas situaciones de conflictividad de forma disciplinaria. Acababan cayendo inevitablemente en el precipicio, ya que no sólo no les quitábamos las piedras del camino sino que, al contrario, nosotros mismos se las poníamos.

Otros obstáculos habíamos interpuesto en sus caminos, como sacarles del aula cuando tenían dificultades, de forma que interiorizaban que eran los «tontos». Lo cierto es que habíamos hecho aquello pensando que era lo mejor y –por qué no decirlo– porque era lo que sabíamos hacer.

En vista de lo intransitable que eran aquellos dos cursos, en octubre de 2004 decidimos probar con algunas cosas nuevas y así alguna profesora entraba en las aulas con algunas de nosotras. Esa segunda profesora ayudaba a aquellos alumnos a atender las explicaciones de la asignatura, a hacer los deberes, les explicaba lo que no entendían, lo cual les facilitaba ir reduciendo aquellas barreras con las que habían comenzado aquel curso, el camino se les iba despejando, y poco a poco ellos fueron viendo que entendían las explicaciones de las profesoras; que cuando les preguntábamos en clase sabían responder, que se les tenía en cuenta, vieron que aprendían y poco a poco fueron tomando interés por esas asignaturas donde había un segundo profesor en el aula. Hacían los deberes en casa y atendían en clase. Así pasaron de suspender siete asignaturas en la primera evaluación a tres en la segunda y lograron pasar al curso siguiente. Aquellos mismos que, de otra manera –continuando con nuestras maneras tradicionales de hacer– habrían caído al precipicio y nosotros con ellos.

Pero no sólo eso, la convivencia mejoró en ambas clases y empezamos a darnos cuenta de que mejoraba en la medida en que progresaban académicamente. Es decir: no eran conflictivos y después fracasaban en los estudios, sino que, por el motivo que fuera, fracasaban académicamente y entonces creaban conflictos en las aulas. El proceso era al revés.

Jorge Manrique dice muy acertadamente en sus coplas que «nuestras vidas son ríos que van a dar en el mar, que es el morir». Menos mal que conseguimos cambiar el curso de sus ríos y en vez de acabar en el mar acabaron en buen puerto. No todos –la magia no existe y después de años y años de actuar de una forma determinada no es fácil lograr una transformación en poco tiempo–, pero sí una mayoría.

Comenzamos a solucionar de otra forma los problemas de disciplina; negociábamos más, hablábamos más con ellos y sus familias y nos dimos cuenta de que aquel diálogo servía para que con la colaboración de las familias mejoraran académicamente y en su comportamiento. Así, fuimos dialogando más y más y aquellos acuerdos nos llevaban a mejorar. Veíamos que merecía la pena todo aquello y que juntos progresábamos, ya que entre febrero y junio de 2005 los problemas de disciplina eran muy pocos y el aprendizaje mejoró considerablemente.

Aquel año un mayor porcentaje de alumnos aprobó Graduado Escolar.

Pero no era suficiente; debíamos llegar a acuerdos para organizar aún mejor para los cursos siguientes aquellas prácticas que veíamos que habían funcionado. El camino era algo más transitable, pero había que hacerlo totalmente transitable; lograr que nos gustara caminar por él, que sintiéramos deseos de andarlo cada día, de admirarlo. Para ello había que embellecerlo.

Así pues, los componentes del claustro hablamos y tomamos una serie de acuerdos aplicables para los siguientes años: decidimos no sacar al alumnado de clase (por lo tanto los refuerzos se iban a hacer dentro del aula), y reforzar las asignaturas instrumentales pues debíamos de valernos de los escasos recursos del centro. El curso siguiente ya se organizó con refuerzo en aula.

También se acordó buscar alguna experiencia de éxito en algún instituto que pudiera ayudarnos a mejorar el nuestro.

Entre todo lo que vimos, pensamos que Comunidades de Aprendizaje respondía a lo que nosotros necesitábamos: éxito para todo el alumnado y mejora de la convivencia.

Decidimos conocerlo y para ello pedimos la formación en este proyecto.

En septiembre de 2005 profesores y profesoras, madres, trabajadoras de Servicios sociales, asesores del *Berritzegune* y personal no docente del centro realizamos conjuntamente el curso de formación, denominado *Sensibilización*.

Era extraño formarnos los profesores y las profesoras con madres y personal no docente, acostumbrados a que cada uno estuviera «en su sitio». Sin embargo empecé a creer firmemente en esta fórmula de formación cuando detecté que las madres se adaptaban con mayor naturalidad que el propio profesorado. La ilusión y los objetivos compartidos se revelaron como clave para lograr comunicarnos y entendernos con mayor facilidad, y verificar también que no nos separa tanta distancia como creíamos.

Aquella semana por fin, nos dimos cuenta de una de las claves que siempre se nos había escapado: compartir metas. ¡Eso era lo que nos faltaba!, trabajar juntos. No podíamos actuar por separado, como estábamos haciendo.

He tenido muchas veces la sensación de que las madres ya nos lo habían demandado repetidamente, aunque nosotros habíamos frenado esta interrelación, quizás porqué temíamos que «entraban en nuestro territorio».

Durante una semana nos hablaron de los cambios sociales, familiares, etc. Y cómo estos cambios afectan a nuestro trabajo como docentes, a nuestros alumnos y alumnas; de la necesidad de la apertura del centro a la comunidad, de las ayudas que ésta nos puede prestar en nuestro quehacer diario, de la participación realmente democrática del alumnado, familiares, profesorado, personal no docente y de otros agentes de la comunidad.

Esta formación nos aportó una serie de herramientas que podían servir en las aulas para mejorar el aprendizaje y al mismo tiempo convivir mejor: Se trataba de que el alumnado aprendiera más, que aprendiera en todos los espacios, que aprendieran juntos, que pudiéramos extraer su capacidad máxima (lo que recuerda a otro poeta que definía «amar es sacar de ti tu mejor tú»). Desde luego, no puede haber una definición mejor de lo que supone amar a otra persona, ya que si amamos nuestra profesión también queremos *sacar* lo mejor de ella.

¿Y en qué campo se puede aplicar mejor que en la enseñanza cuyo objetivo es extraer lo mejor de nuestros alumnos y alumnas?

Sin embargo, no es menos cierto que para ello hay que tener herramientas y estrategias porque –al igual que los caballeros andantes no podían resolver todas las situaciones a las que se enfrentaban por sí solos, por mucho que Don Quijote de La Mancha se lo propusiera–, los y las docentes necesitamos estas ayudas en nuestro caminar diario. Pretendemos que la «aventura» de la docencia acabe mejor que las de Don Quijote quien, aunque a menudo maltrecho, nos enseñó lo hermoso que es tener sueños.

Y como pues «el camino se hace al andar», un trece de octubre nos reunimos en claustro y decidimos por mayoría iniciar un nuevo camino con Comunidades de Aprendizaje.

Que los comienzos de algo nuevo son difíciles nadie lo duda, pero si además eso conlleva algunos cambios profundos en la esencia de aquello que ya manejamos y que hemos hecho siempre de un modo determinado, entonces la tarea a realizar se presenta todavía un poco más complicada y nos da un poco más de miedo. Y es el miedo, implícito al ser humano, el que a la vez nos estimuló la ilusión de convertir los sueños en realidad. A principios del curso 2005-06 iniciamos pues el proceso de transformación del IES Karrantza.

A finales del curso 2004-05 aquel intransitable camino de segundo de ESO se había vuelto ya bastante transitable. Ese curso, ahora en tercero de ESO, arrastraba casos concretos de fracaso académico y algún expediente. En estos alumnos –que seguían creyéndose los *tontos* de la clase–, su nivel de autoestima era inexistente y no se veían capaces de superar el nuevo curso con éxito.

Y no estábamos equivocados porque el comienzo, aunque más calmado que el curso anterior, empezó con algunos problemas de disciplina –producto sin duda de la falta de confianza que tenían en sí mismos–. Así que con miedo, ilusión, ganas de poner en práctica algunas estrategias de Comunidades de Aprendizaje y con muchos nervios, decidí comenzar con dicho curso las tertulias dialógicas.

Como el miedo es mal consejero hice algo que no se debe hacer y empecé con cuentos en vez de con un libro.

Recuerdo especialmente aquella primera tertulia dialógica porque todo lo que nos habían contado iba sucediendo.

Subrayaron párrafos, levantaron la mano y comentaron, pero no sólo los que iban bien académicamente sino también aquellos y aquellas que traían suspensos de segundo, que se portaban mal en clase y que siempre habían ido mal en los estudios.

Estos últimos hacían comentarios muy interesantes que daban lugar a muchos otros comentarios, vieron que por primera vez nadie les decía que lo que comentaban era incorrecto o que estaba mal. Al contrario, veían que sus aportaciones eran tan válidas como las de los demás, de modo que comenzaron a sentirse mejor, a verse de otra forma. Lo mismo sucedió con el resto de sus compañeros, quienes empezaron a considerarlos y a incluirlos. Empezaron a sentirse parte del aula.

Por primera vez vi su sonrisa, empezaron a portarse mejor y se consiguió que durante aquellas horas de tertulia no hubiera conflictos.

Y no sólo esto: como profesora de Literatura me había pasado durante años hablando de lo importante que es la forma en el lenguaje literario, las figuras estilísticas; etc.; sin apenas lograr transmitirlo a mis alumnos. Sin embargo, aquel mismo día una alumna levanta de repente la mano; yo la invito a leernos su párrafo y al preguntarle que por qué lo ha subrayado responde: «porque me gusta cómo lo dice la autora».

Allí estaba *todo* lo que yo quería enseñar, se estaba refiriendo a la belleza del lenguaje, a la forma del mismo.

Esta experiencia no ocurrió únicamente aquel primer día, se repitió a lo largo de todo aquel curso y ha seguido repitiéndose después, pero tiempo al tiempo…

Un trocito de sueño comenzaba a cumplirse, el miedo empezaba a mitigarse, la tranquilidad se instalaba pero quedaba mucho por hacer.

Ese primer día, un alumno que había sido muy conflictivo el curso anterior no leyó el cuento ni subrayó ningún párrafo e intentaba distorsionar la clase. Me situé a su lado y recurrí a mi paciencia para no acudir a los métodos tradicionales –resolver el problema echándole de clase–. Resistí porque quería lograr que la tertulia funcionara sin realizar ninguna expulsión y me dediqué casi exclusivamente a él mientras que la profesora de apoyo –afortunadamente tenía su ayuda– ayudaba al resto en su lectura. Un factor muy positivo fue que ningún otro alumno le siguió el juego. Se dedicaron a su lectura y después, durante la tertulia las alumnas disruptivas participaron de la misma, en vez de seguirle a él.

En la siguiente tertulia literaria el alumno hizo lo mismo pero cuando llegó el momento de comentar los párrafos yo le presté uno ya subrayado por mí. Es de imaginar la cara de sorpresa cuando él ve que, en vez de reñirle, le invito a leer uno de mis párrafos. Tanta sorpresa fue que en vez de reaccionar mal, lo leyó, le dije que lo comentara y claro, no pudo. Entonces yo le reforcé diciéndole: «vale, vamos a medias yo lo comento». A partir de ese momento traía leídos los libros a la tertulia, y los subrayaba y participaba.

Esta idea se la copié a un compañero que coordina tertulias literarias y que nos enseñó la estrategia, así que gracias a él se consiguió que aquel alumno se incluyera en el aula.

A partir de aquel momento comenzó a portarse mejor no sólo en las horas de tertulias literarias sino también en mis otras clases de Lengua.

Otro trocito de sueño cumplido.

Veíamos que aquellos pequeños cambios iban funcionando, pues la organización de dos docentes en aula facilitaba el aprendizaje del alumnado. Al principio del curso hubo que superar algunos prejuicios pues era algo a lo que las alumnas y alumnos no estaban acostumbrados. Miraban de forma rara a las profesoras de apoyo que entraban en el aula. Además, acostumbrados como estaban a que estos profesores atendieran al alumnado de necesidades educativas especiales y a aquellos que tenían fracaso escolar, los que iban bien académicamente se dirigían exclusivamente al profesor titular para solicitar su ayuda. Sin embargo, cuando observaron –un poco sorprendidos al principio– que cualquier profesora se acercaba a cualquier alumno o alumna empezaron a aceptar con naturalidad la ayuda les viniera de quien les viniera, especialmente cuando notaban que iban mejorando. Se acostumbraron tanto a la presencia de la otra profesora en el aula, que si un día no venía por el motivo que fuese preguntaban por ella y estaban deseando que viniera a clase.

También sirvió para tener más comunicación con el alumnado, ya que las alumnas y alumnos, mientras resolvían alguna duda con estas profesoras o ellas las animaban a que hicieran los deberes, les contaban cosas que facilitaban la actuación posterior de la tutoría. El diálogo se hizo presente en las aulas y veíamos que funcionaba. En consecuencia, la convivencia mejoró. Había sido un acierto meter los refuerzos en el aula.

Y otro trocito de sueño cumplido.

Se iba cumpliendo el sueño: todos los recursos en el aula, tertulia dialógica, pero todavía había que poner en marcha otra fase del proyecto: el *Sueño*.

Empezamos a pensar en cómo recoger los sueños de todo el mundo, a la vez asistíamos a las reuniones de Comunidades de Aprendizaje y en una de ellas un Instituto de Zaragoza nos contó cómo hacían los grupos interactivos en su centro y los resultados que estaban obteniendo con esta estrategia. Nos contaron cómo los organizaban, cuántos voluntarios tenían, pero lo que nos llamó de verdad la atención fue la sonrisa permanente de la persona que lo contaba. Aquella sonrisa era el reflejo de la ilusión, así que pensamos que si aquello era así, si los grupos interactivos lograban arrancar aquella sonrisa, aquella ilusión, es que había algo. Algo que había que poner en marcha, naturalmente.

A aquella reunión asistimos dos compañeras y las dos salimos pensando lo mismo y casi al mismo tiempo nos dijimos que había que intentarlo, y además hacerlo enseguida.

Preparé los ejercicios de los grupos interactivos; pensé qué día los haría; busqué las voluntarias y hablé con ellas: la conserje del centro, la profesora de Pedagogía Terapéutica que entraba conmigo en el aula, la orientadora y yo misma.

Nuevamente aparecieron los nervios, la ilusión, el miedo que se nos incrusta y nos acompaña tantas veces y todos juntos hicimos aquel primer día grupos interactivos.

El miedo y yo habíamos decidido que en mi grupo estuviera aquel alumno que tenía expedientes, que acabó participando en la tertulia dialógica..., y lejos de no hacer nada, de estropear la actividad, se puso a trabajar con sus compañeros. Quería acabar los ejercicios por encima de todo y yo no tuve que echarle. El miedo se marchó porque no estaba ya invitado a aquella reunión; y también se marcharon los nervios y se quedaron conmigo y con las voluntarias la sonrisa, la ilusión, la seguridad de que aquello funcionaba, que juntos ese día los alumnos habían aprendido mucho; que se habían explicado entre ellos; que habían hecho muchos más ejercicios que en un día normal de clase; más de los que yo les hubiera mandado para casa.

Se quedó la ilusión porque no sólo nos gustó a las adultas que habíamos entrado en el aula sino también al alumnado. Y se quedó porque al terminar la clase ese mismo alumno que había sido disruptivo pidió repetir más ocasiones la actividad. Se nos quedó también la sorpresa instalada en la cara —aunque ésta se fue rápidamente–. y la ilusión se quedó.

Entonces la orientadora y yo comprendimos el porqué de aquella sonrisa de aquella profesora de Zaragoza.

Cuando di las notas de un examen hecho después de esos grupos interactivos, un alumno me dijo que él había aprobado aquel examen gracias a los grupos interactivos.

Este alumno tenía un fracaso escolar muy importante.

Como nada es perfecto, también aquel día ocurrió algo que podía haber estropeado la actividad. Una alumna de aquellas que tantos problemas había dado el curso anterior y que al principio de éste también había generado alguno, se enfadó cuando comenzaron los grupos interactivos porque no se llevaba bien con un compañero de los que había en su grupo, dijo que no participaba y se apartó.

Menos mal que la ilusión me advirtió que me calmara, que no la echara de clase, que aguantara un poco y así lo hice. La alumna, a su vez, hizo sola aquella primera actividad, y también la segunda, pero en la tercera ya no aguantó más y se unió al grupo donde yo la había dispuesto e hizo todos los ejercicios con los demás. Nunca más dio ningún problema en grupos interactivos, porque a partir de aquel día esta actitud positiva se extendió a las otras clases de lengua más tradicionales, hacía los deberes en casa y empezó a aprobar Lengua. ¡Y es que a nadie nos gusta sentirnos solos!

Era inevitable contar la experiencia: todas las personas que aquel día participamos en aquellos primeros grupos interactivos explicamos lo bien que habían ido y con qué nivel de participación... Naturalmente que hubo caras de sorpresas –si yo hubiera estado en su lugar también me habría pasado–, pero siempre hay quien recoge, quien se anima y así fue cómo las profesoras de Ciencias Naturales hicieron sus grupos interactivos que resultaron también altamente positivos. Así que otro paso dado hacia la transformación.

Poco a poco hacíamos cada vez más grupos interactivos, cada quince días, una vez al mes, para repasar aquellos conceptos que no quedaban claros en las explicaciones...

Éramos pocas profesoras las que hacíamos esta actividad pero como la ilusión se contagia, algunos más probaron y les gustó.

Hicimos una primera valoración en marzo de 2006, segunda evaluación y nos dimos cuenta de que el ochenta por ciento del alumnado había mejorado sus notas.

Éste es un dato objetivo y placentero. Además sirve para demostrar la verdad de lo que estaba ocurriendo, pero la mayor ilusión para el profesorado de Secundaria es que los propios alumnos pidan la actividad.

Esto sí que era novedoso, desde luego, yo no recuerdo que mis alumnas y alumnos de Secundaria me hayan pedido en muchas ocasiones repetir una actividad. El grupo de primero de ESO vino a la reunión de la segunda evaluación a pedir que se hicieran más grupos interactivos porque era una clase dinámica en la que aprendían.

Esta es la verdadera evaluación.

Se notaba también que en las asignaturas donde se hacían grupos interactivos se portaban mejor en el resto de clases de la asignatura que en aquellas donde no se hacían.

Otro trocito de sueño cumplido.

Si nos queríamos transformar en una Comunidad de Aprendizaje había que dar otros pasos.

En enero de 2005 comenzamos las tertulias literarias dialógicas con familiares y gente de la comunidad.

Leímos *La casa de Bernarda Alba, Algún amor que no mate, Antígona* ...

Al principio venían sólo madres que tenían a sus hijos en el centro, pero luego se fueron uniendo otras personas de la comunidad y decidimos que continuaríamos durante el curso siguiente.

Otro trocito de sueño cumplido.

Y como de soñar que se realizaba el sueño se trataba, teníamos ya decidido hacerlo y cómo. Empezábamos otra fase con igual ilusión que las anteriores, pero ahora bien acompañados, sin nervios, sin miedo.

Una vez más el alumnado demostró que tenía algo que decir.

Cuando las tutoras acompañadas por la orientadora propusieron realizar el sueño en clase las pizarras se llenaron: «clases dinámicas», «que haya un ordenador por pupitre», «que los profesores y profesoras no lleguen tarde a clase», parece que el Instituto les importa más de lo que acostumbramos el profesorado a creer, decir y quejarnos. Quizá es que hay que cambiar algunas cosas para que todo vaya mejor, para que consigamos la ilusión para todos y todas.

Los padres también soñaron: «Metodologías que ayuden a nuestros hijos a aprender», «que haya buena convivencia en las clases, respeto...».

El profesorado soñaba con «tener alumnos y alumnas que quisieran aprender», «respeto en las aulas»...

Había otros muchos pero estos y algunos otros coincidían, algo nos dice que no estábamos tan lejos unos de otros.

Los sueños de los alumnos y alumnas se expusieron por los pasillos del centro en carteles de colores hechos por ellos mismos.

Hacia el mes de mayo teníamos recogidos los sueños de toda la comunidad educativa. Se acercaba el final de curso que tan trepidante es en Secundaria, así que decidimos realizar la comisión mixta para la selección de prioridades para el curso siguiente.

Estábamos en mayo de 2006 y habíamos recorrido un buen trecho del camino iniciado junto con Comunidades de Aprendizaje, la transformación estaba en marcha. Notábamos más que éramos una comunidad de aprendizaje porque las familias se acercaban al centro, ya no había falta de comunicación.

Era cierto que habíamos abierto las puertas del mismo porque no les costaba nada acercarse, hablar, proponer...

Todo esto estaba bien y era el objetivo a cumplir pero si además se acercaban alegres, contentos, sin reparos ni prejuicios era aún mejor. Y así era.

Recordemos que muy poco tiempo atrás apenas existía comunicación, sólo con aquellos padres de alumnos que iban bien académicamente, a los otros ni los veíamos, pero es que siempre les decíamos lo mismo: «tu hijo se porta mal», «tu hijo no aprobará».

A finales de 2005 compartíamos más.

La valoración que se hizo a final fue positiva y la mayor parte del claustro pidió la formación en grupos interactivos para el curso 2006-07.

Terminábamos el primer año junto a Comunidades de Aprendizaje y era positivo.

Pero como el camino se hace al andar no podíamos parar, había que continuar, queríamos seguir. Además teníamos buenos compañeros de viaje: las tertulias dialógicas, los grupos interactivos y el sueño nos ayudaron mucho a transformar nuestro centro en un centro inclusivo. Ahora sí veíamos claro que se puede intervenir más desde el Instituto, sí veíamos claro que «amar es sacar de ti tu mejor tú».

Habíamos cumplio un trozo importante de sueño, pero nos quedaba más.

A comienzos del curso 2006-07 de una manera natural comenzaron a hacerse tertulias literarias dialógicas en más cursos y no sólo en Lengua Castellana también en Euskera.

Cada vez más se hacían también grupos interactivos en más asignaturas, en más cursos y aunque era complicado buscar voluntarias y voluntarios –Carranza está muy alejado de Bilbao y poca gente sabe euskera–, los encontramos.

Así fue como empezaron a entrar en las aulas más madres que el curso anterior, la técnica de juventud, una chica que trabajaba en el BBVA, el bedel y alguna vez la administrativa del Instituto.

Las personas voluntarias comentaban que era un buen método para aprender, que les gustaba mucho participar y nos pedían ser llamados siempre que los necesitáramos.

Todo el mundo encontraba sentido a aquella actividad, incluso el alumnado, ése del que nos quejamos siempre, que no se interesa por nada…

Un alumno pidió a la profesora que hiciera grupos interactivos para entender algunas partes del tema que estaban dando.

Una ex alumna me preguntó si se hacían grupos interactivos, le dije que sí y se quejó porque «todo lo bueno se hacía en el Instituto cuando yo ya no estaba»…

Si uno de los principios de la motivación al alumnado es que encuentren sentido en lo que hacen parece que este es un buen método.

El camino seguía haciéndose, los ríos no se salían de su cauce… de manera que con más tranquilidad, pues en este curso aún se convivía mejor, los resultados académicos en la primera evaluación eran mejores que los de la primera del curso anterior.

Formamos una comisión mixta de dos madres, dos alumnas, dos profesoras para hacer la selección de prioridades del sueño.

Salieron mayoritariamente tres: *metodología*, *comedor* y *convivencia*. Se formarán durante el curso 2007-08 las tres comisiones mixtas que trabajarán para realizar esos tres sueños.

El resto de sueños se han guardado para realizarlos cuando hayamos conseguido materializar los anteriores.

Durante el curso 2006-07 se han hecho tertulias literarias dialógicas en las aulas y con las familias y gente de la comunidad.

Con el alumnado de tercero de ESO hemos leído *Lazarillo de Tormes*, *Los cuentos de Canterbury*, *La Metamorfosis*, *Los santos inocentes*, es decir, literatura clásica.

En las horas de tertulia nunca dejaron de levantar la mano todos los alumnos; todos habían leído los libros; todos tenían algo que comentar.

Menos mal que por fin se desvanecía el mito de que los adolescentes no pueden leer literatura clásica; hemos visto que sí pueden.

En septiembre leeremos *Los Miserables*.

Lo mismo ha ocurrido con las madres y otros miembros de la comunidad que han acudido a la tertulia durante este curso 2006-07.

Hemos leído: *La fiesta del chivo*, *La Metamorfosis*, *Madame Bovary*, *Los santos inocentes*.

En septiembre de 2007 hemos acordado la lectura de *Cinco horas con Mario*.

Hemos llegado a junio de 2007. La evaluación final ha revelado unos resultados del alumnado en este curso mucho mejor que los del curso anterior. El 80% de los alumnos de cuarto de ESO han obtenido el título de Graduado Escolar.

Del resto del alumnado sólo un alumno repetirá.

Nadie duda que hay que mejorar, pero es evidente que los resultados han mejorado mucho en esta andadura.

Con una parte importante del sueño cumplido, pero sobre todo con la sensación de haber proyectado lo mejor de nuestro alumnado y con la ilusión muy recuperada en un centro de Secundaria, descansaremos en verano de nuestra marcha para continuar haciendo camino el próximo curso 2007-08.

Esperamos unir una vez más sueño y realidad y recorrer el camino de cada día en busca de nuevas aventuras que nos traigan la satisfacción de cumplir con nuestro cometido porque ya no lucharemos contra molinos de viento pensando que son gigantes.

Y porque los sueños sueños son.

MODELO DE GUIÓN PARA EL RELATO DE EXPERIENCIAS DE INNOVACIÓN DEMOCRÁTICA

(Red de Escuelas Democráticas - Proyecto Atlántida)

1. EL CONTEXTO DE CENTRO EDUCATIVO DE REFERENCIA

- Nombre, dirección postal, teléfono, dirección de correo electrónico, dirección de Internet…
- Breve historia del centro desde su inicio, descripción de algunas características singulares del centro escolar, de la comunidad educativa...
- Etapa educativa que atiende, características de aprendizaje del alumnado, contexto social y económico, titularidad, perfiles profesionales, cualificación y actitudes docentes en el profesorado, participación en proyectos de barrio o en otros entornos virtuales…

2. RELATO SOBRE EL MODO DE TRANSCURRIR LA VIDA COTIDIANA EN EL CENTRO

Este es el apartado que consideramos de mayor interés. Deberíamos intentar que el lector encontrara ejemplos cercanos al trabajo docente, percibiendo su viabilidad y algunas ideas para su puesta en práctica… Podría estructurarse en epígrafes como: «un día en clase», «incidencias en el patio», «una sesión de trabajo con familias», «una reunión de profesores y profesoras»…

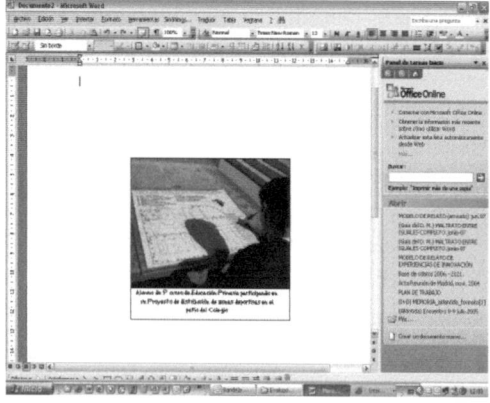

Es decir, se trataría de relatar distintos hechos, espacios, actividades relevantes y complementarias entre sí, que ofrezcan una imagen general del modo de proceder del centro y de sus profesionales respecto al proceso de aprendizaje del alumnado, la relación con las familias y el entorno, la organización del centro y del currículo...

Podría ser pertinente incluir algunas imágenes que recojan producciones del alumnado o sobre el desarrollo de algunos procesos... que sirvan para ilustrar mejor el texto del relato... *(Incluimos a modo de ejemplo, una imagen de uno de los centros que participan del modelo de escuela democrática apoyado por el Proyecto Atlántida).*

3. FUNDAMENTACIÓN TEÓRICA

Consistiría en facilitar algunas claves teóricas para que el lector pudiera encontrar las razones pedagógicas, éticas... que explicaría el modo de proceder del centro y, en concreto, de aquello que se ha relatado en el apartado anterior.

Esta parte podría estructurarse en torno a cuestiones como: *la concepción de currículum y de su construcción, el modelo de organización y de funcionamiento de la Institución educativa, el estilo y gestión de la formación del profesorado, el modo de ordenarse y poner en práctica relación con las familias y la comunidad, el modo de promover la educación en valores democráticos y la práctica de la ciudadanía...*

4. OTRA INFORMACIÓN RELEVANTE

* Nombre de persona de contacto. Responsabilidad en el centro. Teléfono. E-mail...
* Consideraciones, valoraciones que se estimen.

Fecha: ...

BIBLIOGRAFÍA

Apple, M.W. y Beane, J.A. (1997). *Escuelas democráticas*. Madrid: Morata.

Bárcena, F. (1997). *El oficio de la ciudadanía. Introducción a la educación política*. Barcelona: Paidós.

Beck, U. (2004). *Poder y contrapoder en la era global*. Barcelona: Paidós.

Beck, U. y Beck-Gernsheim, E. (2003). *La individualización. El individualismo institucionalizado y sus consecuencias sociales y políticas*. Barcelona: Paidós.

Bolívar, A. (2005). «Equidad educativa y teorías de la justicia». En *Revista Electrónica Iberoamericana de Calidad, Eficacia y Cambio en Educación (REICE)*, 3 (2), 42-69.

Bolívar, A. (2006a). «Evaluación institucional: entre el rendimiento de cuentas y la mejora interna». En *Gestâo em Açâo*, 9 (1), 37-60. Disponible en: http://www. gestaoemacao.ufba.br/

Bolívar, A. (2006b). «Familia y escuela: dos mundos llamados a trabajar en común». En *Revista de Educación*, 339, 119-146.

Bolívar, A. (2007). *Educación para la ciudadanía. Algo más que una asignatura*. Barcelona: Graó.

Bolívar, A. y Luengo, F. (2005). «Aprender a ser y a convivir desde el proyecto conjunto del centro y el área de Educación para la Ciudadanía». En AA.VV.: *Ciudadanía, mucho más que una asignatura*. Madrid: Proyecto Atlántida, 17-38.

Camps, V. y Giner, S. (1998). *Manual de civismo*. Barcelona: Ariel.

Carr, W. (1993a). «El currículum en y para una sociedad democrática». En P. Ortega y J. Sáez (eds.). *Educación y Democracia*. Murcia: Cajamurcia, 55-72.

Comisión Europea (2004). *Competencias clave para un aprendizaje a lo largo de la vida. Un marco de referencia europeo*. Bruselas: Dirección General de Educación y Cultura (Grupo de Trabajo B «Competencias Clave»).

Cortina, A.(1997). *Ciudadanos del mundo. Hacia una teoría de la ciudadanía*. Madrid: Alianza Ed.

Darling-Hammond, L. (2001). *El derecho de aprender: Crear buenas escuelas para todos*. Barcelona: Ariel.

Dewey, J. (1995). *Democracia y educación*. Madrid: Morata.

Dewey, J. (1997). *Mi credo pedagógico*. León: Universidad de León.

Dubet, F. (2005). *La escuela de la igualdad de oportunidades. ¿Qué es una escuela justa?* Barcelona: Gedisa.

Elboj, C. *et al.* (2002). *Comunidades de aprendizaje. Transformar la educación*. Barcelona: Graó.

Elmore, R.E. (2003). «Salvar la brecha entre estándares y resultados. El imperativo para el desarrollo profesional en educación». En *Profesorado. Revista de Currículum y Formación del Profesorado*, 7 (1-2), 9-48. Revista electrónica: http://www.ugr.es/~recfpro.

Escudero, J.M. (2005). «Valores institucionales de la escuela pública: ideales que hay que precisar y políticas a realizar». En J.M. Escudero y otros. *Sistema educativo y democracia: alternativas para un sistema escolar democrático*. Barcelona: Octaedro, 9-39.

Escudero, J.M. (2006). «Educación para la ciudadanía democrática. Currículo, organización de centros y profesorado». En F. Revilla (coord.). *Educación y ciudadanía: valores para una sociedad democrática*. Madrid: Biblioteca Nueva, 19-53.

Feito, R. (2006). *Otra escuela es posible*. Madrid: Siglo XXI.

García Gómez, R.J. (2007). «Los procesos de mejora en una escuela democrática». En Bolívar, A. y Guarro, A. (eds.). *Educación y cultura democráticas: El Proyecto Atlántida*. Madrid: Wolters Kluwer.

Gimeno Sacristán, J. (2001). *Educar y convivir en una cultura global. Las exigencias de la ciudadanía*. Madrid: Morata.

Guarro, A. (2002). *Currículum y democracia. Por un cambio de la cultura escolar*. Barcelona: Octaedro.

Guarro, A. (2005). «El currículum democrático y los retos de la escuela del siglo XXI». En J.M. Escudero y otros. *Sistema educativo y democracia: alternativas para un sistema escolar democrático*. Barcelona: Octaedro, 41-98.

Gutmann, A. (2001). *La educación democrática: Una teoría política de la educación*. Barcelona: Paidós.

López Ruiz, J.I. (2005a). *Construir el currículum global. Otra enseñanza en la sociedad del conocimiento*. Archidona (Málaga): Aljibe.

López Ruiz, J.I. (2005). «Nacimiento y crecimiento de las escuelas democráticas: cartografía de la aldea planetaria». En Proyecto Atlántida (2005) *Ciudadanía, mucho más que una asignatura*. Madrid: Proyecto Atlántida.

Luengo, F. (2006). «El Proyecto Atlántida: experiencias para fortalecer el eje escuela, familia y municipio». *Revista de Educación*, 339, 177-194.

Magnaghi, A. y otros (2002). *Carta del nuovo municipio*. Documento propuesto al Forum Social Mundial de Porto Alegre.

MEC (2006). *Competencias básicas*. Anexo I del Real Decreto de enseñanzas mínimas para la Educación Primaria y Secundaria.

Pedró, F. (2003). «"¿Dónde están las llaves?" Investigación politológica y cambio pedagógico en la educación cívica». En J. Benedicto y M.L. Morán (eds.): *Aprendiendo a ser ciudadanos. Experiencias sociales y construcción de la ciudadanía entre los jóvenes*, Madrid: Injuve, Ministerio de Trabajo y Asuntos Sociales, pp. 235-257.

Pettit, P. (1999). *Republicanismo. Una teoría sobre la libertad y el gobierno.* Barcelona: Paidós.

Putman, R.D. (2002). *Solo en la bolera: colapso y resurgimiento de la comunidad norteamericana.* Barcelona: Galaxia Gutemberg.

Putman, R.D. y otros (1994). *Para hacer que la democracia funcione: la experiencia italiana de descentralización administrativa.* Caracas: Galac.

Raventós, D. (coord.) (2001). *La Renta Básica. Por una ciudadanía más libre, más igualitaria y más fraterna.* Barcelona: Ariel.

Rychen, D.S. y Salganik. L.H. (eds.) (2006). *Las competencias clave para el bienestar personal, social y económico. Una perspectiva interdisciplinaria e internacional.* Archidona (Málaga): Ediciones Aljibe.

Subirats, J. (2005). «Escuela y municipio. ¿Hacia unas nuevas políticas educativas locales?» En J. Gairín (coord.): *La descentralización educativa.* Barcelona: Praxis, pp. 177-207.

Subirats, J. y Albaigés, B. (coords.) (2006): *Educació i comunitat. Reflexions a l'entorn del treball integrat dels agents educatius.* Barcelona: Fundació Jaume Bofill. Disponible en: http://www.fbofill.org

Taylor, C. (1997). «La política del reconocimiento». En Ch. Taylor: *Argumentos filosóficos.* Barcelona: Paidós, 293-334.

Thélot, C. (Presidente) (2004). *Pour la réussite de tous les élèves.* Rapport du débat national sur l'avenir de l'école. Paris: La Documentation Française. Disponible en: http://www.debatnational.education.fr/

Unión Europea (2005). *Recomendación del Parlamento Europeo y del Consejo de la Unión Europea sobre las competencias clave para el aprendizaje permanente.* Bruselas: Comisión de Comunidades Europeas.

Van Parijs, Ph. y Vanderborght, Y. (2006). *La renta básica. Una medida eficaz para luchar contra la pobreza.* Barcelona: Paidós.

Velasco, J.C. (2004). «Republicanismo, constitucionalismo y diversidad cultural. Más allá de la tolerancia liberal». En *Revista de Estudios Políticos*, nº 125, 181-205.

Villasante, T.R.; Montañés, M. y Martí, J. (2000). *La investigación social participativa. Construyendo ciudadanía.* Barcelona: Viejo Topo.

Westheimer, J. y Kahne, J. (2004). «What kind of citizen? The politics of educating for democracy». En *American Educational Research Journal*, 41 (2), 237-269.